本书由"宁夏大学民族学一流学科建设经费资助出版"（NXYLXK2017A02），
系 2022 年度国家社会科学基金重大项目
"阿拉伯文明西传的路径与影响研究（多卷本）"（22&ZD251）的阶段性成果

中东观察

CAPITALISM AND CLASS IN THE
MIDDLE
EAST

中东资本主义
与阶级

—— 社会变迁与经济发展理论 ——

Theories of Social Change and
Economic Development

〔英〕布莱恩·S. 特纳 著
(Bryan S. Turner)

冯璐璐 等 译

社会科学文献出版社
SOCIAL SCIENCES ACADEMIC PRESS (CHINA)

目 录
CONTENTS

第一章
社会静力学和动力学

永恒性是东方最显著的特征；从该隐和亚伯的古老冲突，到新月与十字架之间的现代斗争，人们总是保持着他们的思维习惯，与他们居住的国家所发生的变化相比，行动上的变化更少。

——艾略特·沃伯顿（Eliot Warburton），《新月与十字架》（1844 年）

玫瑰的时刻和红豆杉的时刻是相等的。一个没有历史的民族是不能从时间中得到救赎的，因为历史是一种永恒的时刻。

——T. S. 艾略特（T. S. Eliot），《四个四重奏》（1944 年）

在 19 世纪的社会学中，人们普遍认为对社会现象的分析涉及两种不同的活动。第一种是社会静力学，社会学根据社会系统存在的必要条件及其各部分之间的相互依赖性来发展社会学的类型。第二种是社会动力学，它是对社会系统的历史发展进行分析，以得出社会进化的一般规律。在社会动力学中，进化被定义为社会系统适应其环境的结构分化和更高层次的社会整合。无论是静态与动态的区分，还是进化论的分化概念，都清楚地表明了社会达尔文主义对社会理论的影响。生物学类比的使用、物理学科学术语的采用以及对实证主义的信仰也表明了 19 世纪社会思想"进步"的中心地位。[①] 在对社会进步进行分类时，人们通常是以阶段来看待历史，或是以某种决定性的社会转型来思考历史的。在赫伯特·斯宾塞（Herbert Spencer）的思想中[②]，人类历史上最重要的转变是从"好战"到"工业化"，即从以利己主义和冲突为基础的社会过渡到以利他主义和合作为基础的社会。在埃米尔·迪尔凯姆（Emile Durkheim）的思想中[③]，这一转变是从机械的团结（基于共同的信仰体系和共同的仪式）到有机的团结（基于复杂劳动分工产生的社会互惠），类似 19 世纪理论上的两分法（地位/契约、神圣/世俗、传统/理性），表明了人们对历史进步和社会目的论的潜在信心。[④]

尽管这些进化理论在原则上与人类社会的历史相关，但社会理论倾向于在西方社会的动态特征和东方社会的静态特征之间做出鲜明的区分。人们普遍认为，亚洲社会的文化传统和经济结构不同于西方社会；有人认为，亚洲社会缺乏私有财产制度、中产阶级和进步的宗教观。因此，经济停滞通常与政治专制相结合。这一理论在英国功利主义中表现突出，可追溯到 17 世纪法国关于王室专制主义的争论。然而，在 19 世纪，欧洲殖民主义在全球范围内的扩张加剧了西方工业社会与明显停滞不前的东方文明之间的对比，因此利益在"东方专制主义"的性质中尤为重要。用浪漫主义者艾略特·沃伯顿的话说，东方的特点是"永恒性"，所以东方社会变革的原因必然是外源性的。由于东方内源性文化的静态特征，西方的科学技术成为东方革命的唯一手

---

① R. Fletcher(ed.), *The Science of Society and the Unity of Mankind*, London, 1974.

② J. D. Y. Peel, *Herbert Spence: The Evolution of a Sociologist*, London, 1971.

③ E. Durkheim, *The Division of Labour in Society*, Glencoe, Ⅲ. , 1964.

④ R. Nisbet, *The Sociological Tradition*, London, 1967.

段。① 经济增长与停滞、议会民主与东方强权之间的对比，也是理性与非理性之间的对比。世俗主义和工业主义是东方发展的必要条件，这些条件很大程度上由欧洲殖民主义所提供。

尽管早期社会变迁理论中有些方面受到当代社会学家的严重质疑②，可以说，20 世纪 60 年代主导社会学的结构功能主义包含了斯宾塞进化论的大多数基本假设。静态和动态之间最初的区别成为功能主义系统相互作用类型和结构差异分析的一个基本特征。功能主义常常明确地从进化的角度看待社会变迁，并认识到生物功能主义对社会学理论发展的重要性。③ 从功能主义的角度来看，社会变迁的一般特征是社会系统的分化日益加剧④，这是系统适应其环境的结果。在发展社会学中，这种关于社会变迁的功能主义观点与现代主义理论密切相关，后者从传统与现代的二分法角度分析了发展。现代化进程本身是单一的，但最终的产物是世俗的、多元的、城市的和有文化的民主。传统的制度和价值观的顽强抵制可能会周期性地阻碍现代化进程，但全球现代化进程是不可阻挡的。处于痛苦发展过程中的社会可能会失去协调，其现代部门与传统部门之间的矛盾会造成社会和心理冲突。⑤

功能主义，尤其是现代主义的论题受到了广泛的批评。批评人士声称，功能主义在理论上的不足难以为社会变迁（特别是革命冲突）提供令人信服的解释，因为它关注与社会均衡有关的问题。⑥ 功能主义将社会变迁解释为社会系统的内在因素，因而忽略了变迁的外在来源。现代化理论受到了

---

① V. G. Kiernan, *European Empires from Conquest to Collapse 1815-1960*, London, 1982.

② K. Bock, "Theories of Progress, Development, Evolution", in T. Bottomore and R. Nisbet(eds.), *A History of Sociological Analysis*, London, 1979, pp. 39-79.

③ T. Parsons, *Social Systems and the Evolution of Action Theory*, New York, 1977.

④ B. Hoselitz and W. E. Moore(eds.), *Industrialization and Society*, The Hague, 1963.

⑤ D. Lerner, *The Passing of Traditional Society*, New York, 1964.

⑥ R. Dahrendorf, *Essays in the Theory of Society*, Stanford, 1968.

特别的批评，因为尽管它应用了现代化政策和改革，但仍无法充分解释某些边缘社会的落后。作为现代化论据的目的论假设也被注意到①，这实际上等同于现代化和西化。最后，它被批评为用来掩盖西方殖民剥削的残酷事实；第三世界不发达的真正原因不是农民的落后心态，而是全球生产和贸易格局中存在的不平等交换。②

近年来，发展社会学和更广泛的社会变迁分析越来越受到当代马克思主义思想的影响。然而，这种影响的悖论在于，这些理论是自觉的新马克思主义，而不是马克思主义；它们涉及对马克思、恩格斯关于变迁的解释的根本背离和修正。当代学者试图将马克思的理论应用于分析边缘社会形态和第三世界的不发达状况，从生产方式转变的角度来解释社会变革的某些问题和歧义。这里可以提到两个问题。第一，马克思、恩格斯在亚细亚生产方式的概念中，把东方视为"停滞"的。③ 东方土地私有制的缺失和小农经济的自给自足，意味着阶级分化没有发展，因此亚洲缺乏历史发展的动力，在那里，民众依附于国家。④ 第二，马克思认为社会主义是人类社会历史发展的必然结果。⑤ 当代学者对马克思社会变迁理论的探讨，实际上打开了传统马克思主义中一些更普遍的理论难题。其中一个问题是，在解释社会形态的共性时，是根据生产关系和生产力之间的系统化矛盾，参照关于阶级冲突的控制方式和生产方式的转换的解释来进行的。人们对生产方式的分析揭示了比在特定的结合点上对阶级冲突的分析更能说明关于历史

① J. D. Crockcroft, A. G. Frank and D. L. Johnson (eds.), *Dependence and Underdevelopment, Latin America's Political Economy*, New York, 1972.

② S. Amin, *Accumulating on a World Scale*, London, 1974.

③ A. M. Bailey and J. R. Llobera(eds.), *The Asiatic Mode of Production, Science and Politics*, London, 1981.

④ B. S. Turner, *Marx and the End of Orientalism*, London, 1978.

⑤ A. Giddens, *A Contemporary Critique of Historical Materialism*, London, 1981.

的确定性和进化性。这一困难在阿尔都塞式的马克思主义中尤为突出，它对提出的"科学"变迁理论产生了重大影响。

虽然这一系列文章公开地讲述了资本主义冲击下中东的社会变迁和社会结构的性质，但暗地里提出了在社会理论分析中的一些基本问题。这些理论问题的出现与两个问题有关，为本书撰写提供了信息。第一，马克思与韦伯之间的理论关系。总的来说，笔者认为，马克思主义和韦伯主义在对待前资本主义社会，特别是伊斯兰前资本主义社会的方法之间，不存在什么选择性。诚然，马克思通过强调中东和亚洲财产所有权的特殊性，从生产的经济关系来揭示伊斯兰社会的平稳性；相比之下，韦伯强调了军事和政治组织的重要性。此外，他们对亚洲的分析为分析西方社会发展提供了理论依据。因此，这些文章反对任何将马克思主义社会学和韦伯社会学之间截然分离的做法，这种分离成为许多枯燥辩论的背景。第二个理论问题是从结构主义的角度解释社会变迁的问题。但结构主义常常显得过于抽象，无法对现代社会政治和社会组织的实际变化做出任何解释。对社会变迁而言，要么是阶级冲突的偶然性，要么是生产方式内部矛盾的结构性变化。这种差别常常被认为是马克思主义的一种现代发展，特别是在路易·阿尔都塞（Louis Althusser）的著作中。

在《德国马克思主义和俄国共产主义》一书中，约翰·普拉门纳兹（John Plamenatz）概述了马克思历史唯物主义中的一系列哲学难题，尽管他的分析在许多方面已被近来对马克思主义理论的评价所取代，但他的许多批判性评论仍然与马克思主义中的当代问题有关。例如，普拉门纳兹提出，可以把社会革命解释为生产力和生产关系之间矛盾的结果，或者社会的革命重组是由阶级斗争所引起的。阶级不是社会变化的结果，而是社会变化的原因；阶级冲突既产生了"生产力"与"生产关系"之间的矛盾，又解决了这些矛盾。[①] 把社会阶级看作社会经济结构（生产关系/生产力）变化的结果，又是生产方式变化的原因，两者之间的这种明显矛盾与决定论的确切性质密切相关。在这一部分中，笔者试图展示这个理论问题是如何在当代"结构主义"的理论著作中再现的，特别是在尼科斯·普兰查斯（Nicos Poulantzas）的理论著作中，并指出"结构主义者"提供的解决方案是不充分的。这一理论困境具有深刻的政治含义，表现为社会阶级分析对革命的解释与生产方式分析对结构危机的解释之间的矛盾。

普兰查斯的早期作品，特别是《政治权力与社会阶级》[②]，似乎提供了一种明确的生产方式决定论理论，其中社会阶级是三种结构或实例（政治、意识形态、经济）的产物。虽然生产方式被视为三个层次的"铰接组合"，但经济层次仍然具有一定的优势，因为它决定了三个层次中哪一个将占主导地位。例如，在封建主义中，经济决定了它的意识形态（其宗教形式）占主导地位。然而，普兰查斯对生产方式、社会形态和阶级的立场并不代表放弃了决定论；该理论不是多因果、多因素或因果不确定性的理论。可以说，这一理论为传统观念提供了一种阐述和规范；复杂决定论取代了简单决定论。在《政治权力与社会阶级》一书中，普兰查斯对确定性科学的承诺与他对社会形态结构的强调密切相关，而不是强调个人的特征——其意图、态度和信仰。在与拉尔夫·米利班德（Ralph Miliband）的辩论中，他强调了其理论的这一特点，米利德班对国家的描述被认为是"主体问题"分析的弱点的体现。米利班德认为阶级和政治结构最终可以简化为社会群体成员之间的人际关系。相反，普兰查斯声称，他的理论认为国家和阶级

---

① J. Plamenatz, *German Marxism and Russian Communism*, London, 1954, p. 33.

② N. Poulantzas, *Political Power and Social Classes*, London, 1973.

是"有规律联系的系统"中的"客观结构"。① 从马克思主义的观点来看，个人并不具有因果意义；人（或普兰查斯所指的"代理人"）只是社会形态客观结构的承载者（träger），它由生产方式所决定。社会学是一种意识形态的实践，因为它未能在认识论上打破关于人的能动性因果意义的常识性假设，而马克思主义（具体来说是历史唯物主义）是一门确定性科学，其理论对象不是人，而是生产方式。

普兰查斯在《政治权力与社会阶级》中对结构决定论的坚持，清楚地表明了普兰查斯理论对路易·阿尔都塞作品的普遍依赖性。马克思的早期著作不被看作马克思主义生产方式学说的适用基础，因为"青年马克思"的作品本身就被锁定在主题的问题之中。这种对《资本论》重要科学意义的承认，意味着对《关于费尔巴哈的提纲》与《德意志意识形态》中人文主义的否定。社会阶级是三种结构综合决定的结果的观点与阶级的经济定义难以调和，因为生产力与生产关系的矛盾被打上了技术决定论的烙印。社会革命最有可能发生在最发达的资本主义社会中的观点，在那里，资产阶级无意中为自身创造了一个纪律严明的、团结的工人阶级掘墓人，这一观点拥护列宁关于"连接"的观点，却被阿尔都塞和普兰查斯所抛弃。阿尔都塞在《保卫马克思》一书中指出，革命绝不仅仅是"资本和劳动完美矛盾"的产物，而是矛盾"断裂连接"的必然产物。② 这些连接的多重矛盾包括帝国主义联系内部的社会形态之间的矛盾，社会形态内部生产方式的矛盾以及阶级矛盾。

---

① N. Poulantzas, "The Problem of the Capitalist State" and R. Miliband, "The Capitalist State: A Reply to Nicos Poulantzas", reprinted in J. Urry and J. Wakeford(eds.), *Power in Britain*, London, 1973.

② L. Althusser, *For Marx, Harmondsworth*, 1969.

这种关于革命的观点暗示了革命是资本主义边缘或最薄弱环节的特征；阿尔都塞和普兰查斯的反目的论观点反对各种形式的经济还原论（"经济主义"），而不是反对决定论。例如，普兰查斯，他对这个问题的具体看法直接受到夏尔·贝特兰（Charles Bettelheim）的影响，希望引起人们对转型时期某些问题的关注，即一种社会形态的主导地位被另一种生产方式所取代。[①] 事实上，在资本主义成为某种社会形态的主导方式之后，资本主义的生产方式可以保存封建生产方式中的要素。普兰查斯所阐述的决定论并没有拒绝目的论理论，从而为人类的能动性或意志论打开了后门。

如果人是由独立于他们的意志而存在的力量或结构所决定的，这些力量或结构不仅不受他们的控制，而且可能超出他们的理解力，那么组织人们进行政治行动有什么意义呢？与模式理论方法相比，社会阶级分析可能更不受这种明显困境的困扰，因为前者可能声称，如果阶级冲突改变了社会，那么在阶级意识、革命意识形态和政党方面组织人是很重要的。如果按照生产方式的分析，阶级只是三种客观结构的确定的结果。普兰查斯区分了结构和实践。尽管生产方式决定着阶级结构，但这些结构规定了阶级实践发生的范围。因此，政治实践包括领导阶级斗争，并控制国家机器。这样的解释很难将普兰查斯的科学与所谓的社会学或政治哲学的意识形态区分开。例如，史蒂文·卢克斯（Steven Lukes）的三维权力观，即认为人的能动性是在既定结构的间隙内行使的，形式上与普兰查斯在结构和阶级实践之间的区别有着密切的联系。[②] 普兰查斯立场的一个暗示是，生产方式的抽象分析不应该（实际上不可能）取代对一个具体社会形态中矛盾的具

---

① C. Bettelheim, *Economic Calculation and Forms of Property*, London, 1976.

② S. Lukes, *Power, a Radical View*, London, 1974.

体结合点的理解。例如，在《法西斯主义与独裁》一书中，普兰查斯否认存在"纯粹的"资产阶级革命，并指出第三国际未能掌握德国和意大利法西斯主义的具体性质，因为其理论盲目地坚持经济主义。① 普兰查斯通过援引列宁的观点来维护这种立场，主张马克思主义的核心是具体问题具体分析。在《政治权力与社会阶级》一书中，阶级实践是存在于结构空白点中的残余现象。此外，政治代理人可能会合理地发问：在分析具体的政治事件时，政治经验和敏锐性是否与抽象的生产方式理论一样有价值？简言之，唯物史观究竟是如何具体分析的？

普兰查斯在《政治权力与社会阶级》一书中认为社会阶级是结构决定的产物，并批评卢卡奇（Lukács）把阶级当作历史的主体，但在《当代资本主义的阶级》一书中，他似乎含蓄地放弃了这一立场，声称一种生产方式"不会自我生产，甚至不会以纯粹的状态存在，更不可能像这样被历史分期。恰好是社会形态中的阶级斗争才是历史的动力；历史的进程以这些形式为其存在的轨迹"。② 普兰查斯怎么能相信（a）阶级是由普拉门纳兹所说的"比自身更'基本'的东西"所产生的后果以及（b）阶级是原因（历史的动力）？在《政治权力与社会阶级》和《当代资本主义的阶级》中，普兰查斯提出命题（b）只是简单地附加在命题（a）上，而没有真正尝试对这些问题在理论上严格地予以解决。在这两部作品中，阶级斗争消失的部分原因是它们主要关注资产阶级及其各部分与国家的关系。工人阶级及其与资产阶级的斗争，在对资本主义国家的全面分析中几乎没有任何作用。在《法西斯主义与独裁》一书中，普兰查斯在分析中更为突出的是认为将阶级斗争作为"历史的动力"是正确的。但是，由于普兰查斯认为工人阶级的失

---

① N. Poulantzas, *Fascism and Dictatorship*, London, 1974.
② N. Poulantzas, *Classes in Contemporary Capitalism*, London, 1975, p. 23.

败先于法西斯主义的兴起，这本书再次主要关注权力集团的危机和小资产阶级作为统治阶级的作用。因此，尽管普兰查斯偶尔会呼吁"阶级斗争"在理论上的重要性，但他真正的分析是聚焦于由竞争的和垄断的资本主义的矛盾所产生的统治阶级危机。换言之，普兰查斯的三部主要作品都是从分析生产方式的角度进行的，偶尔会提到分析社会阶级的可能性或重要性。

当然，普兰查斯清楚地意识到这些分析形式之间的矛盾，并从工人阶级动员的角度意识到决定论的政治尴尬。过去，普兰查斯曾因各种形式的"结构性超决定论"而被米利班德批评过，在《新左派评论》的一篇文章中，普兰查斯试图为自己辩护，反对批评他忽视了阶级斗争在社会形态的产生和变革中的关键作用。普兰查斯为自己辩护说，选择与必然的二分法只是资产阶级唯心主义的一个方面，并声称在他的各种出版物中，他一直把"权力关系理解为阶级关系"。

他辩护的另一个特点是将他关于结构转型的概念与埃蒂安·巴利巴尔（Etienne Balibar）在《读〈资本论〉》中关于"转型的生产方式"的讨论中提出的观点作了对比。[①] 巴利巴尔被指责忽视了阶级斗争，这是巴利巴尔形式主义和经济主义的结果。普兰查斯因此断言，巴利巴尔未能在理论层面和具体的社会形态层面对生产方式进行严格区分。如果做出这样的区分，那么巴利巴尔就能够"掌握阶级斗争在社会关系的再生产/转变中的确切作用——实际上，阶级斗争是在具体的社会形态中运作的"。[②] 这一主张的一个可能含义是，阶级斗争不能在抽象的生产方式的层面上理论化；阶级斗争只能在实际社会形态中的具体社会现象的层面上加以把握。这意味着要么"方式"和"阶级"存在于不同的理论层面，要么就不存在阶级理论。"具

---

① L. Althusser and E. Balibar, *Reading Capital*, 1970.

② N. Poulantzas, "The Capitalist State: A Reply to Miliband and Laclau", *New Left Review*, No. 95, 1976, p. 78.

体问题具体分析"的概念是否意味着理解转换不需要对阶级进行确定性的结构描述? 无论普兰查斯的断言有什么含义,但他没有提供任何理论来填补这一差距,因此,他对阶级斗争的关注是经验主义的一种形式。

巴利巴尔的生产方式转换理论也受到巴里·辛德斯(Barry Hindess)和保罗·Q. 赫斯特(Paul Q. Hirst)的批评,他们证明了巴利巴尔的论点的目的论特征,这一论点未能认识到社会形态结构的变化是阶级斗争的结果。①在其他地方,辛德斯坚持认为贝特兰对过渡时期的生产关系和生产力之间"不一致"的分析是一种批判主义。辛德斯坚持:

> 从一种生产方式到另一种生产方式的转变必然涉及复杂的政治、经济和思想社会关系结构的转变。这种转变是在社会形态从一个过渡时期到另一个过渡时期的一系列转换过程中,通过阶级斗争的方式实现的。②

虽然辛德斯和赫斯特并没有试图揭露普兰查斯在分析巴利巴尔和贝特兰时的理论基础,但他们确实批评了普兰查斯未能就政治水平对阶级利益的影响提供一个连贯的理论。尽管表面上如此,但在结果上普兰查斯的理论却是一种复杂的还原论形式,特别是经济还原论。③尽管他们对普兰查斯的批评可能是有效的,但尚不清楚辛德斯和赫斯特是如何逃避在一个单一的、连贯的生产方式和社会形态理论中协调对阶级的分析和对生产方式的分析的问题的。他们断言,社会形态的转变最终是"过渡性结合"中阶级斗争的结果;这一论断指的是具体社会形态中的社会关系,但由于他们关

---

① B. Hindess and P. Q. Hirst, *Pre-Capitalist Modes of Production*, London, 1975, p. 262.

② B. Hindess, "Introduction", in Bettelheim, *Economic Calculation and Forms of Property*, p. 9.

③ B. Hindess and P. Q. Hirst, *Pre-Capitalist Modes of Production*, p. 38.

于这个主题的主要文本（《前资本主义的生产方式》）是对生产方式的理论分析，他们尚未对具体社会形态中的阶级斗争提供详细且严谨的说明。简而言之，他们并没有说明他们对各种模式的理论分析是如何准确地与阶级斗争联系在一起的。在笔者看来，调和在理论层面上对生产方式的分析和对具体社会形态中阶级斗争的分析存在着相当大的困难，因此辛德斯和赫斯特的一个解决办法就是放弃他们关于生产方式的现有理论立场，而代之对阶级斗争的分析。

为了清楚地揭示生产方式决定理论的政治后果，我们可以通过简单地考虑生产方式分析对传统马克思主义革命理论的影响来总结某些观察结果。例如，在马克思主义对革命的传统解释中，当一个以前占主导地位的阶级通过获得对国家的有效控制权，并从根本上改变生产关系的性质，来取代一个占统治地位的阶级，革命就发生了。普兰查斯通过区分代表占主导地位的阶级或统治阶级来管理国家机器，并主张革命前社会的各种要素可以被后来的生产方式保存下来的统治阶级，从而阐述了这种原始的革命方式。然而，可以说，生产方式分析对传统的革命观有着更为激进的影响。资本主义生产方式理论确立了两套功能，即资本积累和剩余价值生产，但该理论没有规定哪些特定的阶级或阶级部分是这些功能的承载者。[①] 例如，在实际的资本主义社会中，资本积累功能可以区分管理者和所有者。此外，在一个社会形态中，一种模式被另一种模式所取代，并不一定需要阶级的彻底更替。资本主义生产方式不要求封建生产方式下的农民成为资本家，也不排除封建地主曾经以租金的形式榨取剩余劳动力而存在的可能性，能够在资本主义生产方式支配的社会形态中行使资本功能。有人可能会说，生

---

① 关于阶级作为生产方式功能承担者的讨论，参见 J. Urry, "Towards a Structural Theory of the Middle Class", *Acta Sociologica*, Vol. 16, 1973, p. 182。

产方式理论上与哪个阶级行使积累、剥削或政治监督的各种职能无关。这种观点其中的一个含义是，方式的转变和国家控制权的斗争之间存在着相对的脱节。在一个社会形态中，生产方式的支配地位的改变或一种方式的阶段性转变（例如垄断资本主义的发展）在权力集团的构成中可能会在政治层面产生各种影响——没有一个阶级对国家机器行使霸权控制，或者以前的统治阶级在新的生产关系下继续行使政治控制，或者霸权主义阶级利用统治阶级的服务，或者通过政治革命，一个新的阶级获得对国家机器的控制。在特定的社会形态中，随着主导方式的转变，权力集团内的各种偶发的阶级联盟是可能的。因此，马克思的《资本论》作为一种理论建构，提供了资本主义生产方式下的一般危机理论，但并不要求特定的阶级承担特定的经济职能。资本主义生产方式理论并不排除封建地主作为资产阶级的可能性。一种生产方式中的主导阶级可以成为另一种生产方式中的支配阶级，而不是被以前占主导地位的阶级所取代，这种理论上的可能性实际上与向资本主义过渡的具体社会形态中实际发生的情况相对接近。在英国，资本主义的建立包括摧毁农民，使其成为工薪劳动者，农村转变为资本主义农业。一些封建领主转而从事采掘业和商业，从而使封建阶级成为资产阶级的一部分，控制着国家机器。17 世纪的革命和 18~19 世纪的政治斗争，仅仅是以生产方式的支配地位的变化为条件的，而不是资本主义方式所要求的存在条件。这种把阶级视为生产方式的影响，把革命视为生产方式的结果，这种分析的政治和思想后果，对于阶级意识、阶级斗争的政治组织和领导的因果意义的传统观点是至关重要的。因此，近年来，结构主义马克思主义者开始重新思考认为阶级是结构决定的结果的理论。

在关于结构主义马克思主义的讨论中，笔者试图指出在把社会阶级视为历史的主要动力，或者把生产方式中的生产力与生产关系之间的矛盾作为社

014 ◎ 中东资本主义与阶级：社会变迁与经济发展理论

会变革的原因时所产生的一些含糊之处。罗伯特·J. 霍尔顿（Robert J. Holton）建议对马克思的社会变革理论进行更细致的分析，他认为马克思的著作中有四种不同的社会变革解释。① 这些解释包括：（1）劳动分工的普遍化和全球交换关系体系的出现导致了变革；（2）变革是社会技术基础变化的结果（手工业给了人们一个与封建领主为伴的社会；工业给人们提供了工业资本家的社会②）；（3）变革是生产力发展的结果（在技能、知识、经验和技术方面）；（4）变革是社会内部阶级财产关系冲突的产物。马克思在其著作中对社会变革的不同分析方法，在一定程度上反映在现代马克思主义关于封建主义崩溃和资本主义兴起的争论中。对于发展社会学来说，尤其重要的是，弗兰克（Frank）、斯威兹（Sweezy）和沃勒斯坦（Wallerstein）③等所谓的新史密斯主义者以及希尔顿（Hilton）、多布（Dobb）和布伦纳（Brenner）的阶级关系方法之间的争论。④ 前者强调世界贸易在资本主义发展中的重要性，而后者则把阶级冲突视为封建制度解体中至关重要的因素。

在关于资本主义发展本质的马克思主义争论中，不管个人的贡献是好是坏，我们从这场争论中总能得出一些一般性的结论。第一，没有通向资本主义的捷径。从封建主义到资本主义的转变过程中所发展起来的阶级联盟的性质在各个社会之间有很大的不同；新兴的资产阶级并不是一定彻底地把传统的封建地主推翻。资本主义没有必要发展成代表资产阶级个人主义意识形态的议会民主制。在南欧，资本主义经常与法西斯主义结合在一

---

① R. J. Holton, "*Marxist Theories of Social Change and the Transition from Feudalism to Capitalism*", *Theory and Society*, Vol. 10, 1981, pp. 833-867.

② K. Marx, *The Poverty of Philosophy*, New York, 1966, p. 95.

③ R. Brenner, "The Origins of Capitalist Development: A Critique of Neo-Smithian Marxism", *New Left Review*, No. 104, 1977, pp. 25-92.

④ R. Hilton(ed.), *The Transition from Feudalism to Capitalism*, London, 1976; R. Brenner, "Agrarian Class Structure and Economic Development in Pre-industrial Europe", *Past and Present*, Vol. 70, 1976, pp. 30-74.

起，其基础是地主、实业家和金融家之间的联盟，这些人通过军队和公务人员阶级来控制国家。① 可以与资本主义经济关系相结合的意识形态、政治制度和阶级关系的多样性是非常可观的。由于通往资本主义的道路并不平坦，我们因此很难对"停滞的"东方和"活跃的"西方做出明确区分。这种全球对比是传统东方主义话语的产物，无法得到社会学研究的经验或理论支持。

本书中有关中东社会和文化的章节历时十年完成，它们有许多共同的论点，提供了一个相互关联的主题。第一，它们反映了东方社会是"停滞的"这一观念，这一观念不仅为社会学家和历史学家所认同，而且为一些传教士所认同。西方的活跃与东方的停滞之间的对比是一种特殊话语的产物，这种话语在欧洲人的思想中保持了几个世纪的弹性。

第二，这些章节试图批评任何形式的社会变革的进化论或目的论分析，强调要对比社会发达和不发达的偶然性、多样性和复杂性。

第三，这些是基于全球变革的假设。在这些研究中，笔者试图批评以特定社会中的某些缺陷或障碍来处理变革问题的，以及在全球市场外部约束层面上处理发展问题的。一个充分的社会变革理论必须将这两个视角结合起来，来说明经济发展是如何受到外部制约的，以及这些外部制约是如何与社会内部阶级结构相结合的。第十章对孟加拉国和埃及的分析试图证明这种做法是正确的。

第四，这些章节进一步统一了这样一个假设，即试图在社会学和马克思主义理论（特别是韦伯和马克思）之间划清界限的努力在很大程度上是徒劳和错误的。在某种程度上，韦伯对东方专制主义和亚洲传统有许多偏

---

① S. Giner, "Political Economy, Legitimation and the State in Southern Europe", *British Journal of Sociology*, Vol. 32, 1982, pp. 172-199.

见。他对东方停滞也采用了一些与马克思相似的解释。尽管韦伯经常错误地认为伊斯兰教的本质是经济增长的桎梏，但他关于受俸的政治结构的理论有很多值得赞扬的地方。因此，这些章节中的许多是元理论的，因为它们涉及程序问题，什么可以说或不能说，还涉及价值判断和种族中心主义的性质。然而，这些章节也传达了大量的经验性信息（关于以色列、伊斯兰历史、伊朗政治、孟加拉国的阶级结构、埃及农业和游牧社会），这将是广大读者感兴趣的。

作为一个整体，我们如何才能理解这是一本传统的人文主义的书？第一，我们永远无法理解他人的新文化（de nouveau），而只能从过滤和传播知识的文化框架和话语来理解。第二，东方本质上是西方的一个主观镜子；我们在试图看到别人的过程中看到了自己。[①] 进入东方，我们投射了对专制主义、宿命论、停滞的恐惧和焦虑。理解他人是一种虚妄，了解自己至少是一种可能。

本书的意图是消极的；它旨在揭示传统东方主义假设的失败，这些假设将中东描述为一个没有历史的地区，并强调西方资本主义发展的进步本质。本书的早期部分（第二章至第六章）概述了东方主义的主要特征，并试图证明这种观点的片面。本书的后半部分在意图上更为积极，它展示了外部和内部制约的辩证如何构建了中东的特殊发展。这些关于以色列、伊朗和埃及的章节，在全球资本主义体系的背景下，从历史角度审视了现代化问题。东方历史的书写离不开西方，但这并不足以说明当代中东的发展问题仅仅是 19 世纪殖民主义和 20 世纪新殖民主义的直接后果。中东的社会结构也必须从跨国贸易的角度来理解，这种贸易为中世纪的伊斯兰统治阶级提供了经济基础。反过来，这些外部交换关系必须在伊斯兰社会内部阶

---

① J. P. Charnay, *Les Contre-Orients ou comment penser l'Autre selon soi*, Paris, 1980.

级关系的背景下进行设置。第四、第九和第十章专门讨论了全球经济关系背景的历史变化问题。最后，本书有一个潜在的道德目标：促进对中东更广泛的社会学评价，而不受东方主义假设的偏见限制，即社会停滞是东方社会的基本特征。

第二章
马克思论社会的平稳性

近代的政治和工业双重革命从根本上改变了 18 世纪欧洲农村、结构稳定的社区。由于现代工业社会的基本要素是在 1789～1848 年形成的，19 世纪的社会理论试图适应这些戏剧性的社会变革也就不足为奇了。因此，早期社会理论反复出现的特点之一是试图制定二分理想类型，以总结从农业社会向工业社会过渡的主要特征。例如，在德国的社会思想中，费迪南德·托尼斯（Ferdinand Tönnies）从礼俗社会（Gemeinschaft）和法理社会（Gesellschaft）关系①的角度分析了乡村社会的崩溃和工业主义、竞争以及利己主义的出现。同样，随着资本主义官僚政党和工会的发展②，马克斯·韦伯也关注从基于魅力和传统到基于合理性权威的社会的政治统治模式转变。在法国，社会理论家更倾向在革命后的世俗社会中发现社会秩序的道德基础

---

① Ferdinand Tönnies, *Gemeinschaft und Gesellschaft: Abhandlung des Kommunismus und Sozialismus als empirische Kulturformen*, Leipzig, 1887. 最近的评论参见 Arthur Mitzman, "Tönnies and German Society, 1887-1914: From Cultural Pessimism to Celebration of the Volksgemeinschaft", *Journal for the History of Ideas*, Vol. 32, 1971, pp. 507-524。

② Max Weber, *Wirtschaft und Gesellschaft*, Tubingen, 1925; *Gesammelte politische Schriften*, Munich, 1921.

这一问题。深受福斯特·德·科兰格斯（Fustel de Coulanges）对《安提奎岛》（*La Cité Antieque*，1864）中的神圣性的历史分析的重大影响，埃米尔·涂尔干（Emile Durkheim）在《社会分工论》（*De la division du travail social*，1893）[1] 中将那些基于共同道德和压制性法律（"机械团结"，"mechanical solidarity"）的社会与基于劳动分工和恢复性法律（"有机团结"，"organic solidarity"）的现代社会进行了对比。最后，在英国，关于前工业社会确定性的丧失，能看到类似的猜测尝试，以埃德蒙·柏克（Edmund Burke）的《法国大革命反思录》（1790 年）和亨利·梅因（Henry Maine）的《古代法》（1861 年）最为著名。

社会学思想中经典理想类型之间的相似性促使许多作家认为，整个社会学的起源和本质可以看作人们对 19 世纪双重革命所产生的秩序问题的共同反应。特别是，罗伯特·A. 尼斯贝特（Robert A. Nisbet）断言，"如果不引用两次革命对欧洲社会的破坏性影响，就很难解释 19 世纪整个社会学传统的主题和重点"[2]。对尼斯贝特论点的主要反对也许是，在欧洲不同地区，工业化和政治变革的过程采用了截然不同的形式。英国社会和社会理论在许多方面与欧洲大陆上出现的社会结构及其相关的社会学有很大的不同。与法国和德国不同的是，英国的工业化在 19 世纪并没有伴随着大规模的政治动荡。巴灵顿·摩尔（Barrington Moore）和佩里·安德森（Perry Anderson）都指出，英国在 17 世纪和 18 世纪进行了深刻的资本主义革命，而其社会结构没有发生革命性变化。[3] 尽管英国建立了民主体制，但政治仍然是"过时的贵族制的

---

① 关于 19 世纪法国的道德冲突的某些方面，参见：Theodore Zeldin（ed.），*Conflicts in French Society*，London，1970；Bruce Brown，"The French Revolution and the Rise of Social Theory"，*Science and Society*，Vol. 30，Fall 1966，pp. 385-432。

② Robert A. Nisbet(ed.)，*Émile Durkheim*，Englewood Cliffs，New Jersey，1965，p. 19.

③ Barrington Moore, Jr.，*Social Origins of Dictatorship and Democracy*，Harmondsworth，1966，ch. 1；Perry Anderson，"The Origins of the Present Crisis"，in *Towards Socialism*，London，1966，pp. 11-52.

特权"。① 英国从礼俗社会到法理社会的过渡在很大程度上是和平且渐进的。社会思想较少关注道德秩序问题的系统化概念。相反，功利主义和自由主义更多地集中在将城市工人阶级纳入政治民主制度的实际问题上。

因为英国资产阶级没有达到霸权阶级的地位，安德森认为资产阶级（功利主义）的主要社会理论本身就是偏颇的和狭隘的："它狂热的荒谬的唯物主义事实上阻止了它创造那种作为霸权思想标志的文化和价值体系。"② 虽然安德森在英国阶级结构中对功利主义进行了敏锐的评论，但功利主义至少在一个领域确实取得了权威地位，即在英国帝国主义合法化的领域。尽管英国社会理论家没有在灾难性变革的社会背景下工作，但他们确实不断地反思工业社会与已经进入英国世界市场轨道的传统社会之间的巨大差异。在这种改良的过程中，功利主义产生了一种二分法的理想类型，这一理想类型在很大程度上被持有社会学理论的历史学家所忽视。这种持续的二分法试图从约翰·S. 穆勒（John S. Mill）所说的社会"平稳性"以及社会动力的角度将东西方分开的基本社会差异概念化。当然，将亚洲社会视为一个停滞的社会实体的"东方专制主义"的概念在欧洲政治思想中占据了几个世纪的重要地位，但关于"亚细亚社会"的争论在 19 世纪的英国社会理论中具有特殊的意义。③ 对亚洲社会的理解在为英国帝国主义辩护的背景下立即变得重要起来，但它也为理解英国自身的工业主义和民主问题提供了标准。当欧洲大陆的社会学家忙于制定一套对比（神圣-世俗，社区-协会，地位-阶级）来分析他们自己的社会时，英国的社会理论更多地着眼于解释资本主义经济对传统亚洲社会的影响。然而功利主义者却隐约地意

---

① Jacques Droz, *Europe between Revolutions, 1815–1844*, London, 1967, p. 129.

② Anderson, "Origins of the Present Crisis", p. 33.

③ Cf. R. Koebner, "Despot and Despotism: Vicissitudes of a Political Term", *Fournal of the Warburg and Courtauld Institutes*, Vol. 14, 1951, pp. 275–302.

识到，新殖民地的适当政府与本国工人阶级的适当监管之间存在着相似之处。

在这个讨论中，笔者将试图概述 1818～1867 年出现在英国社会理论中的关于亚洲社会停滞的理论。虽然功利主义和马克思主义两个"学派"的人对于亚洲本土进步力量的缺乏有着共同的假设，但他们对帝国主义产生的原因和结果的态度却截然不同。在研究过程中，我们有可能指出功利主义政治经济学与马克思的亚细亚生产方式之间的连续性和间断性。我们可以把马克思和恩格斯视为 19 世纪英国社会理论主流的一部分，不仅因为他们碰巧生活在英国，还因为他们从功利主义的来源借用了关于亚洲的事实信息；两者在概念上也有显著的重叠。

功利主义与大英帝国、印度之间的联系极为重要，如果不考察帝国扩张的背景，就无法理解功利主义的社会观。詹姆斯·穆勒（James Mill）和约翰·穆勒都曾在东印度议院（East India House）担任审查员，这一职位为他们提供了殖民商业管理实践的第一手经验，但也非常适合"业余"资产阶级知识分子的需求。① 造成该状况的部分原因是功利主义在东印度公司的战略地位上对印度政府产生了直接影响。殖民地提供了一个社会实验室，可以在其中应用和检验实用的理性原则。在公司与印度建立关系的早期，在罗伯特·克莱夫（Robert Clive）和沃伦·黑斯廷斯（Warren Hastings）的指导下，主要原则是间接管理和保护印度的传统文化和社会结构，但这一政策在 19 世纪被一场社会改革和直接干预运动所取代。改革运动的许多理论和实践内容都是由功利主义者提供的。

詹姆斯·穆勒的《英属印度史》（1818 年）提供了专制政府的社会弊

---

① 约翰·穆勒所说：这种职业适合任何"不处于独立环境中"的有"私人智力追求"的人，*Autobiography*，London，1971，p. 51。

病清单，以及将印度转变为进步社会的实际补救办法。当地政府是绝对的和武断的，同时也是无效和低效的：

> 根据亚细亚生产方式，在印度教信徒中，政府是君主制的，除了通常的宗教及牧师以外，政府是绝对的。似乎没有任何一个进入个人或其立法者头脑中的法律制度观念与某个人的意志有所不同。[①]

政治上的专制主义与包罗万象的法律体系相结合，而法律、宗教、道德和礼仪之间却没有充分的区分。印度教文化未能区分公共监管和私人良知，这对于功利主义计划来说是如此珍贵。正式的法律传统没有得到有效的管理，以至于人们"即使在私人和日常交易中也没有自由"。亚洲专制主义的特点是社会停滞、人身和财产不安全。尽管王朝的人事关系变动了，但专制结构不变。因此，大亚洲悖论：人际关系快速坍塌，社会角色和社会结构完全僵化。社会停滞的部分原因可以从乡村组织中找到，詹姆斯·穆勒赞同地引用了 1810 年下议院委员会关于东印度事务的第五次报告：

> 乡村的边界极少改变……这些居民并不担心王国的解体与分裂；当村庄保持完整的时候，他们并不关心它被移交给了什么势力，或者它被移交给了什么政权，其内部经济保持不变。[②]

封闭、停滞的乡村生活被包裹在一套宗教信仰体系中，詹姆斯·穆勒认为这"一切都是模糊、黑暗、不连贯、不一致和混乱的"，由最恶劣的神

---

① James Mill, *The History of British India*, London, 1848, 4th edn. , Vol. 1, pp. 202-203.

② James Mill, *The History of British India*, London, 1848, 4th edn. , Vol. 1, p. 314.

职人员管理。他们生活在专制统治和神职人员的结合之下，因此毫不奇怪詹姆斯·穆勒会得出这样的结论：印度教信徒是"人类遭受奴役最深的人群"。詹姆斯·穆勒的功利主义计划旨在使这个停滞的社会脱离传统的封闭，这看似简单，即"减轻赋税和建立良好的法律体系"。这种结合将为私人提供财产和自由的安全，这对詹姆斯·穆勒来说是社会进步的标志。实际上，这个简单的公式暗示着印度社会的全面重建：强大的中央政府的建立；法律和行政现代化；所有土地权的登记和管理。

人们经常观察到，尽管他们强调个人和个人的幸福，但在杰里米·边沁（Jeremy Bentham）和詹姆斯·穆勒鼓吹的哲学激进主义中，有强烈的威权主义、反自由主义主题。[①] 尽管功利主义者似乎将幸福放在了人类活动的中心，他们真正关心的是痛苦以及通过有效法律和政府机构对人的保护。人们只有在社会上摆脱了危险，变得安全以后，才可以尽情享乐。自由主义的世界不是一个充满自信的人追求利益的世界："自由主义理论中的经济人是一种被随时可能出现的损失吓坏的动物，而不是痴迷于追求利益的动物。"[②] 脆弱的社会关系就是要通过法律和公众舆论实行相当大的社会控制来加以稳固。

毫不奇怪，功利主义思想中的威权主义主题应该出现在詹姆斯·穆勒的印度改革计划中。詹姆斯·穆勒反对那些主张为印度人提供广泛教育并鼓励他们担任政府职位的改革者。詹姆斯·穆勒认为，印度人想要的是善政，而不是代议制政府。在詹姆斯·穆勒的一篇文章中，我们发现他主张有效但武断的控制："一种简单的专制政府形式，受到欧洲荣誉和简单的欧

---

① 对于哲学激进主义和功利主义的威权主义方面的讨论，请参见：Alisdair MacIntyre, *A Short History of Ethics*, London, 1967, p. 227; Eric Stokes, *The English Utilitarians and India*, Oxford, 1959, p. 9; J. W. Burrow, *Evolution and Society*, Cambridge, 1966, ch. 5。

② Sheldon S. Wolin, *Politics and Vision*, London, 1961, p. 328.

洲智力的调节，是目前唯一适用于印度的形式。"① 尽管詹姆斯·穆勒在边沁之后坚持认为，遏制"邪恶利益"（贵族）在英国的影响的最佳方法是扩大民众控制范围，他在与印度民众打交道时却提倡一种仁慈的专制主义。印度民众最大的幸福将通过英国专制制度带来的税费和法律改革来确保。幸福被认为是人类活动的不言而喻的终结，因此，参照边沁主义者的人类心理学观点，很容易将专制主义纳入印度改革的功利主义计划中。英国在印度的专制会限制传统的印度专制带来的痛苦和不安全感。

约翰·穆勒在快乐和文化的问题上脱离了哲学激进主义。对于他来说，图钉不如诗歌好。有人可能会怀疑，约翰·穆勒会得出这样的结论：印度人的幸福不可能由英国人决定。事实上，年轻的约翰·穆勒对英国在印度的控制问题不感兴趣。困扰约翰·穆勒的不是印度的自治政府，而是英国大规模民主的危险。约翰·穆勒以他父亲对印度专制政府的研究作为分析西方民主社会"僵化"的模型。随着选举权的扩大和议会的改革，约翰·穆勒担心，作为亚洲历史典型的停滞最终会压倒迄今为止充满活力的美国和英国社会。他对"多数人万能"感到焦虑，在阅读了亚历克西斯·德·托克维尔（Alexis de Tocqueville）于1835年春天出版的《美国的民主》（*Democracy in America*）后更加剧了。托克维尔所概述的多数人统治的危险促使约翰·穆勒定义了他所谓的民主，即一种人们拥有"良好政府的安全"的社会秩序。这样的社会秩序只能由"最明智的政府来实现，而这些政府一定永远是少数"。② 这些表明詹姆斯·穆勒和约翰·穆勒之间的连续性，

① *Edinburgh Review*, Vol. 16, 1819; attributed by A. Bain, *James Mill*, London, 1882, p. 109.
② John Stuart Mill, *Dissertations and Discussions*, London, 1875, 3rd edn., Vol. 1, p. 471. 对于约翰·穆勒关于民主的讨论，参见 J. H. Burns, "J. S. Mill and Democracy, 1829-1861", *Political Studies*, Vol. 5, 1957, and reprinted in J. B. Schneewind (ed.), *Mill: A Collection of Critical Essays*, London, 1969, pp. 280-328。

因为他们都更关注"良好政府的安全"而不是政治自由。然而，约翰·穆勒想要保留的是不受多数控制的个人意见的发展和培养。

对约翰·穆勒来说，民治会产生一种令人窒息的一致性，正如习俗在亚洲产生了"静止性"：专制主义的习俗是人类进步的永久障碍，它不断地与追求比习俗更好的东西的倾向对立……①尽管欧洲一直在进步，但新的民主制度威胁到它鼓励个性的能力，约翰·穆勒在中国历史上找到了一个合适的警示。中国人，尽管是一个"才华横溢的民族"，但已经变得故步自封。② 约翰·穆勒总结自己的立场，声称自己担心的不是"太大的自由，而是太容易屈服；不是无政府状态，而是奴性；不是太快的变化，而是中国的平稳性"。③

约翰·穆勒坚持某些政治手段是必要的，以制止与大众民主相一致的统一主义，这是他整个政治观上一致的一个方面。相比之下，他对英国在亚洲的作用的态度则是变化和矛盾的。约翰·穆勒在他的论文《论自由》（1859年）中认为，落后的国家只能由外国人发展，这是理所当然的。在同一篇文章中，谈到摩门教一夫多妻制（他最不喜欢的制度）时，约翰·穆勒认为，没有人有权干预。尽管一位当代作家曾敦促以"平等"来反对摩门教，但约翰·穆勒抗议说，没有哪个社区拥有"强迫他人变得文明的权力"。然而，约翰·穆勒认为可以通过仁慈的专制来改善英国殖民地的处境，这并不是一种愧疚。约翰·穆勒在《代议制政府》（1861年）中断言，在落后的社会里，"一个好的专制者是一种罕见而短暂的偶然：但是，如果他们所统治的是一个

---

① J. S. Mill, "On Liberty" (1859) in *Utilitarianism, Liberty and Representative Government*, London, 1962, p. 127.

② J. S. Mill, "On Liberty" (1859) in *Utilitarianism, Liberty and Representative Government*, London, 1962, p. 129.

③ J. S. Mill, *Dissertations and Discussions*, Vol. 2, p. 56.

更文明的民族，那么这个民族就应该不断地为他们供应……这个案例所承认的唯一选择就是专制"①。约翰·穆勒可以以"野蛮的"土著人无法自行判断为理由，对专制干预落后殖民地进行辩护。当历史停滞的社会原因"太过遥远以至无法承受"时，明智的统治者有责任保护自己的臣民免于无知。

人们经常说，约翰·穆勒打破了对边沁的幸福主义的哲学激进主义的基本原则，但是这种理性的突破是显而易见的。约翰·穆勒隐含地认为，我们可以知道什么对他人有好处，并且我们有义务维护幸福。尤其是，正是约翰·穆勒对亚洲"平稳性"的评论，揭示了19世纪自由主义政策的独裁性。正如约翰·穆勒担心英国民主制度中的"暴民"，主张维持一个有闲阶级［这个想法使他与科尔里奇（Coleridge）的"知识分子"观点结合在一起］一样，约翰·穆勒因此担心文明会被国外野蛮的标准所污染。正是这个原因，对民主自由的功利支持和帝国主义的专制之间才没有矛盾。由于约翰·穆勒担心欧洲和亚洲的"僵化"，这两个对立面的组合发生了。

马克思的社会学与专制理论之间存在着内在的联系。马克思本人在写给韦德迈尔（Weydemeyer）的信中指出了资产阶级斗争的一个方面，这种关系的一个方面是："在我看来，资产阶级历史学家早就描述了这种阶级斗争的历史发展。"马克思在1849年到达英国后，他的中心任务之一是对以史密斯（Smith）、里卡多（Ricardo）、马尔萨斯（Malthus）和约翰·穆勒为代表的功利主义政治经济学基础进行系统的批判。功利主义与马克思主义的一个主要相似之处在于分析了亚洲社会的社会停滞和国际资本主义的进步作用。造成这种相似性的一个次要原因是，马克思和恩格斯不得不依赖古典经济学家收集的信息、报告和其他官方资料。

---

① J. S. Mill, "Representative Government" (1861), in *Utilitarianism, Liberty and Representative Government*, pp. 382-383.

马克思在其著作中都将亚洲社会和西方社会区别分析。像约翰·穆勒一样，马克思相信，和世界经济一样，作为资本主义发展的结果，外部因素是发生重大变革（亚洲社会经济基础的转变和阶级的出现）的重要诱因。马克思和恩格斯在 1848 年宣称，作为其历史角色的一部分，资本主义把一切民族甚至最野蛮的民族都卷进文明中来了。西方列强的廉价商品是用来摧毁一切万里长城、征服野蛮人最顽强的仇外心理的重炮。[①] 正是在马克思移居伦敦之后，他日益关注亚洲社会制度对自己理论建构的关键作用。马克思在 1853～1859 年为《纽约每日论坛报》撰写了一系列文章，阐述了他对亚洲经济以及资本主义与亚细亚生产方式转变之间的关系的看法。[②]

恩格斯向马克思提出的建议是，没有土地私有制是"整个东方的关键"，马克思一开始就强调了环境因素对财产所有权的重要性。由于大型公共工程的特殊要求，亚洲的中央集权国家主导了整个社会秩序：

> 气候和土地条件，特别是从撒哈拉经过阿拉伯、波斯、印度和鞑靼区直至最高的亚洲高原的一片广大的沙漠地带，使利用渠道和水利工程的人工灌溉设施成了东方农业的基础。[③]

在中央集权国家中，大规模的社会和经济职能的持久性有助于形成静态的社会结构。在这里，马克思强调了功利主义者发展的社会"平稳性"

---

① K. Marx and F. Engels, *The Communist Manifesto*, 1848, Moscow, n. d. , p. 55.

② 关于亚细亚生产方式，参见：Karl A. Wittfogel, *Oriental Despotism: A Comparative Study of Total Power*, New Haven, 1957; George Lichtheim, "Marx and the Asiatic Mode of Production", St. Antony's Papers, Vol. 14, 1963, pp. 86 – 112; Jean Chesneaux, "Le Mode de production asiatique: quelques perspectives de recherche", *La Pensée*, Vol. 114, 1964, pp. 33–55; Maurice Godelier, "La Notion de mode de production asiatique", *Les Temps Modernes*, Vol. 20, 1965, pp. 2002–2027。

③ K. Marx, "The British Rule in India"(1853), in K. Marx and F. Engels, *On Colonialism*, New York, 1972, p. 37.

这一共同主题。当政治上层建筑处于不断变化的状态时，印度的"自古以来最遥远的社会条件仍然没有改变"。国家对公共工程的监管与"村庄制度"相结合，使农业和制造业结合起来，从而产生了自给自足的社会统一体。英国的棉纺织业破坏了"手工编织、手工纺纱和小农耕作的农业体系"："它破坏了这些公社的经济基础，从而引起了亚洲所经历过的最大的、说实话也是唯一的社会革命。"① 尽管马克思在乡村生活和公共工程上使用了与约翰·穆勒相同的资料，但马克思主要关注的是财产的性质和农业生产资料的所有权。约翰·穆勒在他对亚洲社会的态度上主要关注风俗和舆论。因此，从马克思的角度来看，亚洲历史的真正线索在于，国家是唯一的"真正的地主"。马克思于 1853 年写信给恩格斯，提到弗朗索瓦·贝尔尼埃（Francois Bernier）的《大莫卧儿帝国旅行记》，声称土地私有制的缺伯是亚洲社会结构的基础，也是"通往东方天堂真正的钥匙"。在这些观察的基础上，马克思得出的结论是，亚细亚生产方式不能等同于欧洲的封建制度。印度的"地税包收者"（Zamindars）是"当地的收税者"，而不是封建地主。同样，亚细亚生产方式与具有古典时代特征的私人奴隶制有很大不同。在集中控制的条件下，由于大规模的灌溉工程，大多数人都受到"普遍（国家）奴役"。

正是由于这些鲜明的特点，马克思将亚细亚生产方式视为独特的，其历史与西方社会完全不同。在 1853 年之前，马克思和恩格斯看到了奴隶社会、封建社会和资本主义社会的历史发展，而在马克思"发现"了没有土地私有制的社会之后，亚细亚生产方式被添加到最初的社会变革和社会类型模型中。马克思强调的是东西方社会发展的一个重要区别。资本主义经

---

① K. Marx, "The British Rule in India"(1853), in K. Marx and F. Engels, *On Colonialism*, New York, 1972, p. 40.

济的矛盾产生了冲突和进步，印度社会根本没有历史，至少是没有为人所知的历史。我们通常所说的它的历史，不过是一个接着一个的征服者的历史，这些征服者就在这个一无抵抗、二无变化的社会的消极基础上建立了他们的帝国。① 亚洲社会没有经济阶级，因为作为"真正的地主"的国家面对的是全体民众，即公共奴隶制。因此，不可能出现西方路线上的阶级冲突，产生一种动态的历史力量。由于马克思、恩格斯坚持历史是"阶级斗争的历史"的观点，亚洲没有以进步的社会冲突为基础的历史。因此，正如功利主义者所说的那样，亚洲社会经济基础的根本变化只有通过外部来实现，这是国际资本主义的"历史使命"。②

当马克思在1857~1858年为他的六卷《经济学》起草一些笔记时，黑格尔关于增加历史上的自由和人类意识的主题在他再次翻阅黑格尔的《逻辑学》时在他脑海中浮现。在《政治经济学批判大纲》里，社会的"稳定性"可以追溯到部落组织，在这种组织中，社会统一是在个人的统治下实现的。马克思试图表明专制主义和私有财产的缺乏与村级制造业和农业的结合有关，从而使多余的生产不能摆脱其狭窄的社会局限。然而：

> 一部分剩余劳动属于最终作为一个个人而存在的更高的共同体，而这些剩余劳动既表现在贡赋等等的形式上，也表现在为了颂扬统一体——部分地是为了颂扬现实的专制君主，部分地为了颂扬想象的部落体即神——而共同完成的工程上。③

---

① K. Marx, "The Future Results of the British Rule in India"(1853), *On Colonialism*, p. 81.

② 关于马克思对资本主义历史和进步作用的进一步讨论，参见 Schlomo Avineri's introductory essay, in *Karl Marx on Colonialism and Modernization*, New York, 1969。

③ K. Marx, *Grundrisse: Foundations of the Critique of Political Economy*, translated by Martin Nicolaus, Harmondsworth, 1973, p. 473.

这种情况并没有促成自治的城市公社的出现，从而阻碍了独立市民文化的发展，马克思认为这是西方历史进步的一个重要组成部分。① 最后，我们可能会注意到，马克思在写《资本论》时又回到了政治不确定性和结构僵化的主题，他讨论了"这些自给自足的社区中生产有机体的简单性"。"这种简单性为我们揭开了亚洲社会不变之谜，这与亚洲国家的永久解散和重建以及朝代的不断更迭形成了鲜明的对比。"②

用"这种单薄、停滞不前和植物性的生活"来描述亚洲的停滞，并断言印度大陆没有"真正"的历史，马克思和恩格斯发现自己与一种既定的政治思想传统相联系，这一传统曾被亚洲人民对专制政府的极端默许所迷惑。③ 马克思对亚洲的看法与功利主义者的观点至少在表面上是完全一致的。双方都认为，亚洲的"平稳性"只有在外生力量的作用下才能变得有活力。对马克思来说，殖民主义在某种程度上是一种进步的力量。在某种程度上，恩格斯比马克思更为明确地指出了殖民主义和帝国主义向落后市场扩张的革命力量。恩格斯在《北极星报》上写到了法国在阿尔及利亚的殖民主义，他说："现代资产阶级，有文明、工业、秩序，至少还有相对的启蒙运动，比封建领主或劫匪更可取，因为他们所处的社会状态是野蛮的。"④ 那么，功利主义者和马克思的帝国主义观是否有明显的区别？他们一致认为亚洲停滞不前；他们是否也同意帝国渗透的本质？

① 这将是一个很有趣的讨论来展示马克思与马克斯·韦伯关于资本主义和城市文化的观点的理论关系。参见 Max Weber, *The City* (Glencoe, 1958)；一些问题参见 Vatro Murvar, "Some Tentative Modifications of Weber's Typology：Occidental Versus Oriental City", *Social Forces*, Vol. 44, 1966, pp. 381–389。
② K. Marx, *Capital*, 4th edn, London, 1957, Vol. 1, pp. 378–379.
③ 虽然笔者试图揭示马克思与功利主义的关系，但在全面的分析中也有必要表明马克思对黑格尔关于古代和东方社会中的农奴关系的分析的欠缺：Georg Hegel, *The Philosophy of History*, trans-lated by J. Sibree, New York, 1956。
④ Lewis F. Feuer(ed.), *Marx and Engels: Basic Writings on Politics and Philosophy*, London, 1969, p. 489.

乔治·利希姆（George Lichtheim）声称，在19世纪50年代，马克思把帝国主义看作一种进步的力量，但到了1867年，马克思的立场已经变成了"毫无保留的敌意和蔑视"。[①] 然而，即使他在19世纪50年代为《纽约每日论坛报》撰写的文章中，马克思也毫不留情地谴责英国的方法，特别是英国的暴行。[②] 马克思始终坚持这样一个立场：虽然资本主义最终是一种进步的力量，但它也是毁灭性的。马克思问他的读者，资产阶级是否曾在没有"把个人和民族拖进血泊和泥土"的情况下带来进步？并指出，印度民众：

> 在大不列颠本国现在的统治阶级还没有被工业无产阶级取代以前，或者在印度人自己还没有强大到能够完全摆脱英国的枷锁以前，印度人是不会收获到不列颠资产阶级在他们中间播下的新的社会因素所结的果实的。[③]

马克思与功利主义者的不同之处在于，除了他对亚洲"平稳性"的批判之外，他还是一个对英国殖民方式的顽强的批判者。然而，从另一个意义上讲，马克思对殖民扩张持中立态度，认为没有必要提出从道德上为殖民主义的整个发展辩护的问题。资本主义扩张和创造新市场是资本主义经济矛盾的必然结果。帝国主义不是反对专制的亚洲政府的道德使命，而是资本主义欧洲生产过剩的经济后果。事实上，马克思蔑视任何试图用道德情操掩盖经济剥削的企图，有一次他提到了"煽动基督教和宣扬文明的英国政府"。相比之下，功利主义者认为基督教是虚假的，但却是有用的。

---

① Lichtheim, "Marx and the Asiatic Mode of Production", p. 98.

② Cf. Marx's comments in "The Annexation of Oudh"(1858), reprinted in *On Colonialism*.

③ Marx, "The Future Results of the British Rule in India", p. 85.

　　然而，马克思仍然对英国参与印度事务持乐观态度，因为他认为这将有意为印度的自我发展和独立创造条件。尽管所有以前的征服者最终都被现存的印度教文化同化，但马克思认为英国人不会被接纳，因为他们成功地摧毁了亚洲的传统经济基础。现代化通信系统的出现，一支受过英国训练的军队和一个自由的新闻界将为印度的最终解放创造条件。（因此，马克思和恩格斯对兵变的兴趣）① 最重要的是，如果你想要在一个幅员广大的国家里维持一个铁路网，那你就不能不把铁路交通日常急需的各种必要的生产过程都建立起来，而这样一来，也必然要在那些与铁路没有直接关系的工业部门应用机器……所以，铁路系统在印度将真正成为现代工业的先驱。② 马克思在分析印度超越其"静态性"和殖民依赖性的潜力时，再次强调了本质上的黑格尔帝国主义观点。自相矛盾的是，英国正在向印度引入消除其自身、废除和超越静态专制主义［黑格尔的"扬弃"（Aufhebung）的概念］的因素。在这里，马克思显然与主要的功利主义评论家站在一边。马克思把殖民依附视为迈向一个充满活力的、独立的社会的一步；约翰·穆勒认为要提供最好的服务就要在联邦内部建立一个强大的政府。

　　总之，我们可以注意到，亚洲并不是一个分析的对象，而是一面镜子，19 世纪的理论家在这面亚洲的镜子里看到了西方资本主义的动态性，约翰·穆勒看到了大众民主中悠闲的知识阶层面临的多重危险。马克思注意到两件事，他看到了停滞的亚洲社会和法国革命时期农民的反动作用之间的相似性。对马克思来说，亚洲乡村的"农耕生活"是欧洲农民落后的又一个例子（"文明中的野蛮"）。马克思还看到了进步亚洲的出现和欧洲城市无产阶级革命的发展之间的相似性。马克思与功利主义者的基本区别在

---

① K. Marx and E. Engels, *The First Indian War of Independence, 1857–59*, Moscow, 1959.

② Marx, "The Future Results of the British Rule in India", p. 85.

于，尽管后来有波普主义的批评家，马克思看到了冲突与自由之间的必然关系，而功利主义者尽管有着自由放任的意识形态，却致力于压制性的制度监管形式，把他们结合在一起的是基于社会"平稳性"概念的英国社会理论中流行的类型学的共同基础。

第三章
伊斯兰、资本主义与韦伯的理论

在过去的半个世纪里，韦氏学术在欧洲发展出一个重要传统，其重点是对韦伯关于宗教与资本主义关系的探索进行细致分析。当然，这一学术涉及对韦伯在欧洲清教徒禁欲主义传统和亚洲宗教的神秘伦理之间的基本对比的考察。这一重要社会学传统的结果之一是相对忽视了韦伯对伊斯兰教的态度。[①] 虽然在完成其宗教社会学并对伊斯兰教进行全面研究之前韦伯就去世了，但他对早期伊斯兰教的评论和对伊斯兰法更为细致的探索都非常有趣，值得对其进行更仔细的考察。伊斯兰教是一种预言性的、主张平等主义的、救赎性的宗教，在犹太教和基督教的基础上发展而来，它是对韦伯关于禁欲主义和理性经济活动理论的重要检验。在关注韦伯关于伊斯兰教不是救赎宗教的论断之前，本书首先要澄清韦伯对宗教与资本主义关系的分析中存在的多种解释。

[①] 学者提出的异议参见：Maxime Rodinson, *Islam et capitalisme*, Paris, 1966; Ernest Gellner, "Sanctity, Puritanism, Secularization, and Nationalism in North Africa", *Archives de Sociologie des Religions*, Vol. 8, 1963, pp. 71-86; Sami Zubaida, "Economic and Political Activism in Islam", *Economy and Society*, Vol. 1, 1972, pp. 308-338; Robert J. Bocock, "The Ismailis in Tanzania: A Weberian Analysis", *British Journal of Sociology*, Vol. 22, 1971, pp. 365-380。

在韦伯关于伊斯兰教的研究中，有三个相关的论点需要介绍：第一个论点是，至少可以发现四篇韦伯关于宗教信仰与资本主义之间联系的论文，这四篇论文在韦伯关于宗教教义的世俗意义这一连贯性论断中并没有实现完全的调和。因此，任何将伊斯兰教看作韦伯社会学的检验案例的尝试都必将是一个复杂的过程。笔者的论点是，韦伯的这些论文中至少有三篇论文要么是错误的，要么是零碎的。第四篇论文考察了父权统治的后果，将其作为对某些伊斯兰教发展的合理解释。第二个论点是，除了关于伊斯兰教事实上的不足以外，韦伯还提出了关于伊斯兰教存在的问题。他的主要关切是解释欧洲以外的理性资本主义的缺失，但其真正的社会学问题是解释伊斯兰教从货币经济向农业、军事领域的过渡。第三个论点是，韦伯对伊斯兰教的分析并不是特别成功；富有讽刺意味的是，当伊斯兰改革者开始解释伊斯兰教面对的挑战时，他们含蓄地使用了韦伯的论点。但是，也不能据此就简单地证明韦伯新教伦理理论的正确性。

在社会学家中，他们对新教伦理论断的解读产生出相当大的分歧。这些分歧产生的原因可能是对韦伯社会学产生的严重误解，或者是韦伯的社会学自身包含了不一致的论断。尽管存在一定的误解，但也揭示了大量独特理论都是从韦伯的社会学中孕育出来的。[1] 当一个人关心社会学家的思想发展历史的时候，总是试图从他们那里，尤其是一位伟大的社会学家那里读出一致性来。[2] 一个人往往可以同时通过许多方法引出韦伯所欣赏的这些不同论断。讨论阿拉斯代尔·麦金太尔（Alisdair MacIntyre）关于"社会科学中因果关系的错误"的论断，会颇有收获，他指出，社会学家在试图证

---

[1] 这些错误概念的范围被米歇尔·希尔予以揭示和批判，参见 *A Sociology of Religion*，London，1973。

[2] 关于这些问题的讨论参见 Quentin Skinner，"The History of Ideas"，*History and Theory*，Vol. 8，1969，pp. 3-53。

明信仰与行动之间的关系时，往往是始于一篇强有力的论文，而以妥协告终。① 占据优势的论点是认为信仰为次要的（马克思和帕累托），或者说信仰是依赖性的（韦伯）。大多数社会学家都以收回说过的话而告终，因此，按照麦金太尔的观点，韦伯滑向了"轻率的互动主义"，即信仰导致行动，反之亦然。这种框架可以用来说明韦伯宗教社会学中的四种不同论断。

学者对新教伦理论文的首要解释是认为它包含着理想主义价值观理论。第二篇论文是关于资本主义产生的必要条件和充分条件的讨论。韦伯的论文对他的文化社会学提供了更为广阔的角度，强调了理解概念在其科学哲学中的重要性。韦伯的第二篇论文是以马克思和韦伯之间的连续性为主线，表明韦伯不断吸引人们对信仰受其社会经济环境影响的途径的关注。韦伯指出，伊斯兰制度与资本主义是不相容的，因为其长期被父权主义历史所支配。伊斯兰信仰当然具有一定的影响力，但要从属于父权制度环境。遗憾的是，这一论文与韦伯对伊斯兰历史进行解释的其他论文并存，从而动摇了韦伯理论的地位。

经济和社会历史学家也许是最先将新教伦理看作强大的理论的人，该理论主张加尔文宗信仰导致了现代资本主义的产生。例如，H. M. 罗伯逊（H. M. Robertson）试图反驳那些将韦伯的理论看作心理论，并主张资本主义产生于"物质条件"而不是"某些宗教冲动"的人。② 特雷弗-罗珀（Frevor-Roper）声称，韦伯和索巴特（Sombart）扭转了马克思的唯物主义。③ 为了赢得对这一特别论断的支持，赛义德·阿拉塔斯（Syed Alatas）称，帕森斯（Parsons）、索洛金（Sorokin）和本迪克斯（Bendix）都把新教伦理这一论

---

① A. MacIntyre, "A Mistake about Causality in Social Science", in P. Laslett and W. G. Runciman (eds.) *Philosophy, Politics and Society*, (Second MD Series), Oxford, 1962, pp. 48-70.

② H. M. Robertson, *Aspects of the Rise of Economic Individualism*, Cambridge, 1935, p. 13.

③ H. R. Trevor-Roper, *Religion, Reformation and Social Change*, London, 1967, p. 4.

断当作理想主义的理论来看待。① 尽管有人表明，韦伯认为观念常常从因果上来讲是重要的，伴随该解释的主要问题是韦伯自己否认关于加尔文持有这样一种理论。在《新教伦理和资本主义精神》一书中，韦伯坚持认为，"资本主义是宗教改革的产物"这种理论是一种"愚蠢的、教条主义的论断"。② 韦伯在海德堡的同事们也有证据表明，他本人对新教伦理论断的理想主义解释深感"恼火"。③

那些反对新教伦理解释的社会学家通常声称，关于新教伦理的第一篇论文只是早期的、尝试之作。从这一角度来看，禁欲主义是理性资本主义的充分必要条件，但禁欲主义需要与其他关键变量放在一起。④ 因此，社会学家转向了对韦伯的"一般经济史"的研究，我们发现现代资本主义的先决条件包括资本主义所有制模式、自由劳动模式、理性法律和自由市场运动。此外，人们有时还会认为韦伯试图通过跨文化比较的方式建立一个新教伦理的总体经验验证方案。帕森斯注意到，韦伯从一致的方法转向了差异化的方法，开始了一系列规模宏大的比较研究，这些研究都集中于一个问题：为什么现代理性资本主义只有在现代西方才成为一种主导现象而出现呢？⑤ 尽管相对于单纯的"理想化"视角而言，韦伯的解释对于韦伯整体的社会学来说更为公正，但这种解释至少包含两个难题。首先，该理论倾

① Syed Hussein Alatas, "The Weber Thesis and South East Asia", *Archives de Sociologie des Religions*, Vol. 8, 1963, pp. 21-35.

② Max Weber, *The Protestant Ethic and the Spirit of Capitalism*, translated by Talcott Parsons, London, 1965, p. 91.

③ 参见 Weber's Comments on Hans Delbruck, in Paul Honigsheim, *On Max Weber*, New York, 1968, p. 43。

④ 关于这种观点的例子参见 Niles M. Hansen, "The Protestant Ethic as a General Precondition for Economic Development", *Canadian Journal of Economics and Political Science*, Vol. 24, 1963, pp. 462-474。

⑤ Talcot Parsons, *The Structure of Social Action*, Glencoe, Ⅲ., 1949, p. 512.

向于假设韦伯接受了约翰·穆勒的方法论，最终低估了韦伯的"理解"（verstehende）社会学。其次，它假定新教伦理论断是连续的，且是韦伯后期社会学的中心。然而，在《古犹太教》《中国的宗教》《印度的宗教》中，与官僚主义、父权主义和乡村组织相关的问题被提出，这远比新教伦理理论的主题宽泛得多。在某些方面，禁欲主义的问题是激进的社会变迁的一个方面，它切中了韦伯对亚洲社会进行分析的要害。①

一些社会学家认为韦伯的主要关切是探索价值与意义的历史关联，他们否认韦伯试图通过跨文化比较的方法揭示价值的因果至上。根据这一观点，韦伯不是要去寻找任何被简化的因果链，而是要去探究社会意义间复杂的"密切关系"或"一致性"。例如，彼特·伯格（Peter Berger）指出，韦伯的首要关切是"选择性亲密"，也就是说，在历史中，特定的观念和特定的社会进程"寻找彼此"的方式。② 同样地，费迪南德·克勒盖尔（Ferdinand Kolegar）批判那些只是简单将韦伯的资本主义理论看作是经济发展的因果解释的评论家。在克勒盖尔看来，韦伯试图揭示经济与宗教伦理之间的"互相巩固"。③ 韦伯持有的不是实证主义的或者休谟（Humean）的因果观；他是试图通过捕捉他们的主观意义来解释行动。

显然，这种观点赋予了韦伯自己的方法论以合法地位，但是，强调"选择性亲密"而不是"经验因果"的观点会遇到三个问题。它假设了一个很有争议的问题，即韦伯一贯遵循自己的方法论准则。韦伯的"解释性说明"涉及对行动者的概念和术语的哲学解释。然而韦伯从未面对例如"伊

---

① 一个评论参见 Hisao Otsuka, "Max Weber's View of Asian Society", *The Developing Economies*, Vol. 4, 1966, pp. 275-298。

② Peter Berger, "Charisma and Religious Innovation: The Social Location of Israelite Prophecy", *American Sociological Review*, Vol. 28, 1963, p. 950.

③ Ferdinand Kolegar, "The Concept of 'Rationalization' and Cultural Pessimism in Max Weber's Sociology", *The Sociological Quarterly*, Vol. 5, 1964, p. 362.

斯兰"这样复杂的意义系统是否可以被简单看作"宗教"的问题。揭示包含在"伊斯兰"一词中的多重意义是社会学家的基础任务的一部分。[①] 从主观意义做出解释导致的一个更深远的困难是，它们没有把这些意义与其社会背景联系起来，因此很难超越对主观状态的似是而非的描述。[②] 最终，通过优先考虑有意义的因果关系，而不是经验的因果关系，人们发现这种解释很难将韦伯从"轻率的相互作用论"的指责中解救出来。也许有人认为韦伯是以特殊的案例展示社会群体是如何作为价值和信仰的载体，以及"选择性亲密"是如何在载体群体的社会经济基础和特殊的信仰群体之间发展，以此来关注上述几个问题。然而，这种"选择性亲密"的解释非常接近于马克思的观点，即信仰是根据占主导地位的经济利益而建立起来的。

韦伯的第四种观点往往是从反驳所谓的"韦伯是在讨论'马克思的幽灵'"这一轻率的观念开始的。例如，汉斯·格思（Hans Gerth）和莱特·米尔斯（Wright Mills）声称韦伯的部分任务是"通过政治和军事唯物主义"来弥补马克思的经济唯物主义。[③] 他们还暗示，随着韦伯对德国政治的日益不满，他对物质因素的重视程度也将越来越高。他们通过对韦伯1896年在弗莱堡（Freiburg）做的关于古典文明的公开演讲的思考，显示了韦伯社会学中一贯存在的马克思主义暗流。[④] 同样，诺曼·伯恩鲍姆（Norman Birnbaum）也指出韦伯对马克思关于利益与意识形态的分析贡献了一个复杂动机的社会

---

① 关于伊斯兰含义的分析参见 Wilfred Cantwell Smithy, *The Meaning and End of Religion*, New York, 1964。

② 关于这一问题，参阅 John Rex, "Typology and Objectivity: A Comment on Weber's Four Sociological Methods", in Arun Sahay (ed.), *Max Weber and Modern Sociology*, London, 1971, pp. 17-36。

③ H. H. Gerth and C. Wright Mills(eds.), *From Max Weber: Essays in Sociology*, London, 1961, p. 47.

④ Max Weber, "The Social Causes of the Decay of Ancient Civilization", translated by Christian Mackauer, *Journal of General Education*, Vol. 5, 1950, pp. 75-88.

学。① 当代对马克思的《巴黎手稿》和《政治经济学批判大纲》的重新评价极大地提升了我们对马克思与韦伯之间关系复杂性的认识，韦伯的动机观仍然是一个重要的问题。② 保罗·沃尔顿（Paul Walton）认为韦伯的社会学能够促使我们研究"由特定的行动者或团体"所掌握的词汇、短语或观点，它们远不是利益的理性主义或神秘主义，而是作为行动本身的动力。③ 沃尔顿的声明遵循了莱特·米尔斯的理论，即在语言学上，通过把好的或坏的动机归咎于行动，来实际地行使社会控制。④ 米尔斯指出，他的方法与韦伯作为"主观意义的综合体"对动机的辩护是一致的。⑤

韦伯的动机理论与马克思主义对思想和意识形态的处理是不相同的。韦伯认为动机词汇决定社会行为，这并不矛盾，但这些词汇被锁定在特殊的社会经济语境中。的确，米尔斯竭力指出，某些社会环境排除了一些类型的动机，在世俗环境中，有动机的宗教词汇要么是不恰当的，要么是不可用的。不难想象，随着宗教精英社会力量的衰落，传统宗教语言对社会行动的描述和影响已经过时。和韦伯一样，马克思认为封建主义的宗教文化在资本主义条件下是完全无关紧要的：在没有无神论运动的情况下，适合资本主义社会关系的新动机将会发展。⑥ 用这些术语来精确解读韦伯对禁欲动机的分析并非难事。韦伯本人声称有必要研究禁欲动机是如何由"社

---

① Norman Birnbaum, "Conflicting Interpretations of the Rise of Capitalism: Marx and Weber", *British Journal of Sociology*, Vol. 4, 1953, pp. 125-141.

② 关于复杂性的讨论参见 Anthony Giddens, "Marx, Weber and the Development of Capitalism", *Sociology*, Vol. 4, 1970, pp. 289-310。

③ Paul Walton, "Ideology and the Middle Class in Marx and Weber", *Sociology*, Vol. 5, 1971, p. 391.

④ C. Wright Mills, "Situated Actions and Vocabularies of Motive", *American Sociological Review*, Vol. 5, 1940, pp. 904-913.

⑤ Max Weber, *Theory of Social and Economic Organization*, translated by A. M. Henderson and Talcott Parsons, New York, 1966, p. 98.

⑥ 参见 Nicholas Lobkowicz, "Marx's Attitude towards Religion", *The Review of Politics*, Vol. 26, 1964, pp. 319-352。

会条件，特别是经济因素的总和"形成的。① 因此，韦伯第四篇论文认为，为了解释行动，我们需要理解社会行动的主观意义，但用来描述和解释行动的语言是由社会和经济环境决定的。

韦伯首先认为伊斯兰教是基于拒绝巫术的伦理预言之上的一神教。由于真主是全能全知的，人则被前定，禁欲主义可能作为潜在的"救赎渴望"的解决方法而出现。韦伯声称，禁欲主义被两个重要的社会群体所阻碍。战士群体是伊斯兰教社会的主要载体，而苏菲兄弟会则发展了一种神秘的宗教。为了使《古兰经》符合战士生活方式的社会经济利益，通过吉哈德的观念，追求救赎的目标被重新解释为对土地的追求。其内心救赎的观念从未得到充分的发展，坚持社会的外在仪式比内在的转变更有意义："古代伊斯兰教满足于对真主和先知忠诚的忏悔，加上一些实际的和仪式上的基本戒律，作为成员资格的基础。"②

战士群体把信仰追求变成了一次领土冒险，伊斯兰教禁欲主义表现出的是军事集团纪律严明和朴素的基本特征。然而，伊斯兰教确实发展出了一条真正地实现最终宗教目标的救赎之路，但这种追求是神秘的、他者的世界。韦伯将苏菲派看作一种大规模的宗教崇拜，它通过本土的象征和仪式，使广大被征服的臣民接受它。韦伯认为苏菲神秘主义将魔力的、狂野的因素带入伊斯兰教中，削弱了一神论的色彩。将一种战士的信仰与接受一个神秘世界相结合，从而产生以下结果：

> 具有独特的封建特征；毫无疑问地接受奴隶制、农奴制和一夫多妻制……非常简单的宗教要求和更为简单朴素的伦理要求。③

---

① Max Weber, *The Protestant Ethic and the Spirit of Capitalism*, 1965, p. 183.

② Max Weber, *The Sociology of Religion*, translated by Ephraim Fischoff, London, 1965, p. 72.

③ Max Weber, *The Sociology of Religion*, translated by Ephraim Fischoff, London, 1965, p. 264.

鉴于这种宗教伦理，伊斯兰教无法提供社会杠杆以使中东走出封建"停滞的"状态。在这个层次上，人们很容易把韦伯解释为"伊斯兰教不能产生资本主义"，是基于它具有一个与资本主义精神不相适应的文化假定。或者，人们可以得出结论，韦伯声称战士群体的需求和从原始的伊斯兰中产生的军事主义价值之间存在着选择性亲密关系。事实上，韦伯的论断更加复杂。当韦伯转而分析伊斯兰法的时候，他的论点似乎是建立在一系列资本主义发展所必需的先决条件之上。

韦伯的法律社会学的核心是区分武断的、临时的立法和逻辑上源自普通法的法律判决。在实体法、非理性法的案例中，立法者不遵循法律的一般原则，而是根据纯粹的主观因素来判断每一个案件。根据韦伯的观点，这种法律的典型案例是根据个人的、特殊的理由判断案件的卡迪（qadi or cadi）。卡迪裁决的法律结果缺乏普遍性和稳定性。然而，伊斯兰教确实拥有一部普遍性的法典，尽管属于不同的法律流派，具有沙里亚法的形式，韦伯将其归类为实质性的、理性的法律。这种法律遵循的原则来自通过征服所强加的神圣的启示、神学或信仰体系。"沙里亚"一词是指从最终的预言和神圣启示中衍生出来的"额外的法"。然而，卡迪正义是不稳定的，但神圣的审判缺乏一定的灵活性，不可能系统地扩展以适应新的情况和状况。在伊斯兰教诞生最初的3个世纪里，沙里亚被视为是完美的，因此在理论与实践之间出现了一个鸿沟，通过法律手段（hiyal）连接起来："创新必须通过法特瓦（fetwa）得到支持"，它几乎总是在特殊状况下获得，有时是通过良好的信仰，有时是通过手段，或者是通过几个相互竞争的正统学派的辩论获得。①因此，中东地区缺乏发展资本主义的必要条件，即系统的正式法律传统。

---

① Max Rheinstein(ed.), *Max Weber on Law in Economy and Society*, translated by Edward Shils and Max Rheinstein, Cambridge, Mass., 1964, p.241.

韦伯对标准的法律社会学的解释，他认为理性形式法是实现理性资本主义的必要前提，因此，对资本主义简单的经济解释是不充分的。尽管有明确有力的论断，韦伯承认，就英国的法官法而言，缺乏一套无懈可击的法律制度并没有阻碍英国资本主义的发展。在英国，和平法庭就像卡迪正义一样，欧洲大陆上的正义程度尚不为人知。韦伯接着指出，大陆的荣誉审判可能因此而损害资产阶级的利益，实际上，英国在各民族之间实现资本主义至上并非因为其司法制度。①

在韦伯看来，英国资本主义之所以没有在这方面遭到危害，主要有两个原因。由于律师和企业家都来自同一个阶层，分享共同的利益；作为一个职业团体，律师享有很大的政治自主权。因此韦伯似乎认为，并不是法律的内容，而是法律的社会背景和制度化对资本主义的契约关系至关重要。同样，卡迪正义的不稳定性和沙里亚的不灵活是世袭统治的产物，而不是关于伊斯兰文化的无法弥补的事实。仔细阅读韦伯的论文，就可以看出这一最终的解释。西方资产阶级阶层更倾向于形式理性的法律，东方的统治者则"更倾向于"由实质性的卡迪正义为其来服务，这就呈现"绝对任意性和主观不稳定性的可能性"。②

从这个角度看韦伯对法律的态度，使我们对韦伯关于伊斯兰的分析有了最新的阐释。韦伯这一论断似乎主张，伊斯兰社会不能生成资本主义工业化，是因为穆斯林家园被外国军队所控制的世袭官僚制统治了几个世纪。正是世袭制的经济和政治结构解释了资本主义精神、理性法律和独立城市的缺失。而且，尽管韦伯主要的理论问题似乎是解释了欧洲以外地区资本

---

① Max Rheinstein(ed.), *Max Weber on Law in Economy and Society*, translated by Edward Shils and Max Rheinstein, Cambridge, Mass, 1964, pp. 230-231.

② Max Rheinstein(ed.), *Max Weber on Law in Economy and Society*, translated by Edward Shils and Max Rheinstein, Cambridge, Mass. , 1964, p. 229.

主义的缺失，但韦伯确实认识到，中东历史的一大难题是解释 12～19 世纪经济上的相对停滞。韦伯试图从世袭军队的财政问题给出解释：

> 当塞尔柱军队和马穆鲁克分得土地和臣民的税收后，经济的封建化得到了促进；有时，土地被作为服务财产转让给他们……纳税人那种极不正常的法律风险伴随着军队的专横，从而使商业乃至货币经济陷入瘫痪；事实上，自塞尔柱王朝以来，东方市场经济出现了衰退或停滞。①

货币经济的衰退伴随着法律、土地权、财产所有制与市民关系随意性的加剧。韦伯用"素丹主义"一词概括了这些政治状况，描述了世袭统治者靠纯粹的专断来裁决的情形。由于财产持有变得不确定，城市商人投资于相对不受干涉的瓦克夫（家族对神圣事业的虔诚信仰）。这些投资鼓励资本的较大范围的固定化，"它完全符合古代经济的精神，即把积累的财富作为租金的来源，而不是作为取得资本的来源"②。由于城镇只是世袭军队的军营，世袭制阻碍了向贸易和手工业中投资，因而，资本主义的生活方式和道德没有在中东地区得到发展。因此，韦伯得出结论：伊斯兰帝国的俸禄制封建主义（Prebendal Feudalism）"本质上是对资产阶级商业功利主义的藐视，将其看作肮脏的贪婪和对自己有特殊敌意的事物"。③

根据本理论，伊斯兰的价值观和动机当然影响到穆斯林在他们的经济、

---

① Max Weber, *Economy and Society* (Guenther Roth and Claus Wittich eds.) Vol. 3, New York, 1968, p. 1016.

② Max Weber, *Economy and Society* (Guenther Roth and Claus Wittich eds.) Vol. 3, New York, 1968, p. 1097.

③ Max Weber, *Economy and Society* (Guenther Roth and Claus Wittich eds.) Vol. 3, New York, 1968, p. 1106.

政治和社会活动中的行动方式，但我们仅能通过研究那些决定中东历史的社会经济条件（世袭统治和俸禄封建制）来理解这些价值观和动机为什么存在。

韦伯关于伊斯兰的"封建伦理"是伊斯兰教依赖于其社会承载者——战士的地位的结果这一理论事实上是错误的。伊斯兰首先是城市的、商业的和文学的。麦加从战略上说，处于地中海和印度洋之间的贸易路线上；穆罕默德自己的部落——古莱氏部落早就在该地区的商业力量的基础上取得了政治上的主导地位。先知本人曾受雇于商队，他们把拜占庭的商品带到麦加市场。"古兰"本身是一个商业术语。① 在伊斯兰教中，占统治地位的城市虔诚信仰者与沙漠游牧者的价值观之间存在着持续的冲突，但是这种冲突也是经济上的。沙漠部落威胁贸易通道，并向商人征收税款。伊斯兰教提供了一种文化，能够将贝都因人和城市商人团结在一个社会中。因此，伊斯兰教既是城市对沙漠的胜利，也是阿拉伯人对波斯人和基督徒的胜利。

韦伯对伊斯兰法的描述更为有效和准确。大多数学者已经认识到沙里亚是一种理想的法律，它允许理想和实践之间存在差距。② 这种差距只能通过最复杂的制度和法律手段来填补。因此，问题不在于韦伯对伊斯兰法的描述，而在于他对伊斯兰社会背景的解释。把对伊斯兰法的观点融入理性法律是资本主义发展的必要条件这一理论中并非易事。韦伯已经证明，英国资本主义尽管是由法官制定的法律制度发展起来的，因而形式上的理性

---

① 关于该术语的解释参见 Charles C. Torrey, *The Commercial-Theological Terms in the Koran*, Leiden, 1892。
② 关于伊斯兰法中这种情形的各种陈述参见：J. Schacht, *An Introduction to Islamic Law*, Oxford, 1964；N. J. Coulson, *A History of Islamic Law*, Edinburgh, 1964；N. J. Coulson, "Doctrine and Practice in Islamic Law: One Aspect of the Problem", *Bulletin of the School of Oriental and African Studies*, Vol. 18, 1956, pp. 211-226。

法也许有助于资本主义的发展，但它并非必要条件。而且，一些学者认为，伊斯兰法的不灵活性及其对高利贷的禁止从来没有真正干扰过商业。[①] 伊斯兰世界商业生活面临的主要威胁是世袭统治者通过没收财产和货物来供养军队。

因此，韦伯的结论，即伊斯兰货币经济的衰落要根据世袭制结构来解释的理论似乎具有经验层面的支撑。对中东国家的相对衰落有从国际贸易、人口危机甚至气候方面做得不同的解释，但有一种普遍的理论认为，伊斯兰统治机构的失败与军事财政问题密切相关。[②] 东方有一条古老的格言说，"统治者没有士兵就没有权力，没有金钱就没有士兵，没有臣民的福祉就没有金钱，没有正义就没有臣民的福祉"[③]。奥斯曼帝国法学家认为，素丹应当在社会的两个部分之间、在阿斯克里（askeri，军队、公务员和乌里玛）与雷亚（reaya，穆斯林和非穆斯林纳税人）之间保持平衡。素丹没有能力确保每个社会阶层履行其特殊职能，无法伸张正义，这些削弱了伊斯兰社会的结构，在奥斯曼帝国统治时期尤是如此。

最终，正义取决于成功的战争和强大的素丹。战争提供了战利品和土地，素丹可以通过这些土地来进行奖励和支付报酬。没有新的土地，农业税和贿赂就会成为政治上的主要手段。由于没有强大的素丹政府，奥斯曼帝国复杂的官僚机构缺乏方向和目的，伊斯兰教未能扩展、素丹退出公共

---

① 这一点被强调参见 Rodinson, *Islam et capitalisme*. 关于高利贷的法律视角的几个方面参见 J. Schacht's comments on "riba" in *Encyclopaedia of Islam* (1st edn.)。

② 关于伊斯兰教衰落的不同背景参见：Hamilton Gibb and Harold Bowen, *Islamic Society and the West*, Oxford, Vol. 1, p. 1, 1960; Halil Inalcik, *The Ottoman Empire: The Classical Age 1300-1600*, London, 1973; Claude Cahen, "Quelques mots sur le déclin commercial du monde musulman à la fin du moyen age," in M. A. Cook (ed.), *Studies in the Economic History of the Middle East*, London, 1970, pp. 31-36; J. J. Saunders, "The Problem of Islamic Decadence," *Journal of World History*, Vol. 7, 1963, pp. 701-720。

③ Halil Inalcik, "Turkey," in Robert Ward and Dankwart A. Rustow (eds.), *Political Modernization in Japan and Turkey*, New Jersey, 1964, p. 43.

生活、军队效率日益低下是与社会衰落相关联的几个方面。当奥斯曼帝国的领土扩张在 1570 年达到极限时，国家为了筹钱来供养常备军，不得不让帝国的封地首领向农民征税。西帕希（sipahi，拥有土地的骑兵）走向衰落是因为火器、枪支的使用越来越多，同时也因为当西帕希死后缺乏继承人时，他们的土地被国家收回并租给农民。随着西帕希的衰落，农民受到日益壮大的穆塔齐姆人阶层（multezims，包税人）的摆布。由于西帕希、农民和商人随着统治机构的崩溃而衰落，地方大亨（亚扬，Ayan）和一些小王朝（德雷-贝伊斯，Dere-beyis）的兴起对帝国中央机构构成威胁。作为一个政治实体，奥斯曼帝国无法阻止巴尔干半岛的民族主义运动，不能抵制欧洲殖民者，也不能发展自己的工业和贸易。[①] 韦伯从作为政治体制的"素丹制"的矛盾和不平衡的角度解释了伊斯兰社会的这些发展。

韦伯在许多的论文中对社会，尤其是对资本主义的发展进行了不同的解释，笔者认为只有从某些军事经济矛盾的角度解释伊斯兰社会衰落的那篇论文才能获得现代研究的支持。其他三篇论文则导致了理论的模糊性和循环性，或者它们实际上是错误的。因此，具有讽刺意味的是，一些中东改革者来为自己解释伊斯兰文明表面上的"衰落"时，他们含蓄地使用了韦伯的论点，尤其是个人禁欲主义动机的理论，而不是进行结构的解释。

欧洲的殖民扩张造成了神义论的一个尖锐问题：如果伊斯兰教是真正的宗教，那么异教徒在这个世界上怎么会这么成功？穆斯林对这一问题的回答得到了大多数各式各样的改革派运动的认同，即基督徒之所以强大，是因为他们不是真正的基督徒，穆斯林之所以软弱，是因为他们不是真正

---

① 贸易控制权落入犹太人、希腊人、美国人和非奥斯曼商人手中。参阅 Traian Stoianovich，"The Conquering Balkan Orthodox Merchant"，*Journal of Economic History*，Vol. 20，1960，pp. 234-313。

的穆斯林。① 为了变为"真正的穆斯林"，有必要消除外来的、叠压在伊斯兰教上面的东西，并发现原始的纯粹的伊斯兰教，与现代科学世界完全兼容是必要的。纯粹的伊斯兰教是建立在禁欲的、行动主义的这些世俗伦理的基础之上。纯粹的伊斯兰教和现代社会的对立面都是由苏菲派、柏柏尔马拉布特和相关群体引入伊斯兰教的一系列态度，即宿命论、顺从和神秘主义。当然，几个世纪以来，苏菲主义一直受到正统伊斯兰教持久的批判，现代人们对苏菲神秘主义的摈弃又重新强调这一点，即它是对经济资源的消耗，与禁欲主义和行动主义不相容。墓葬和节日的开支受到了广泛的批判，尤其是在北非地区。因此，积极参与这个世界成为伊斯兰改革者反对苏菲寂静主义的主要论题。改革者阿富汗尼（Afghani）最喜欢《古兰经》中一句话是"真主必定不变更任何民众的情况，直到他们变更自己的情况"②。同样，拉希德·里达（Rashid Rida）认为伊斯兰教的第一原则就是"积极努力"。

因此，韦伯对新教的叙述与伊斯兰改革的基本主题之间有一些有趣的相似之处。纯粹的伊斯兰教与清教主义在它们基本的宗教文献中寻求伦理，继而从神秘的仪式中解脱出来，其结果是形成一套禁欲主义、行动主义和责任的规范。欧洲清教徒禁欲主义与中东的伊斯兰现代主义之间的联系是表面的、衍生的。最重要的区别可能是伊斯兰"改革者"所处的社会环境。伊斯兰改革是对外部军事和文化威胁的被动式回应；这是对西方殖民主义所造成侵扰的一种应对。尽管在前殖民时期有瓦哈比派、罕百里学派，但现代伊斯兰改革与其说是一种自主发展，不如说是一种使外生资本主义的社会结果合法化的尝试。基本的伊斯兰术语在不太符合词源的情况下被简单地转化为欧洲术语：

① Albert Hourani, *Arabic Thought in the Liberal Age*, London, 1962, p. 129.
② Cf. Nikki R. Keddie, *An Islamic Response to Imperialism*, Berkeley and Los Angeles, 1968.

"伊本·赫勒敦的'奥姆兰'（Umran）逐渐变成了基佐（Guizot）的'文明'，马立克派法学家和伊本·泰米叶（Ibn Taymiyya）的'公共利益'（maslaha）变成了约翰·穆勒的'功利'，伊斯兰法学的'公议'（ijma）变成了民主理论中的'舆论'……"①

伊斯兰的"新教伦理"是间接的，这是因为伊斯兰现代主义的领导人要么接受欧洲的教育，要么接受欧洲的传统。韦伯的新教伦理理论之所以能够适应伊斯兰现代化，仅仅是因为穆斯林接受了欧洲如何发展资本主义的观点。阿富汗尼、穆罕默德·阿卜杜（Muhammad Abduh）和拉希德·里达等改革派代表都接受了这样的观点，特别是基佐（欧洲文明通史）所表达的观点，即欧洲的社会进步是随着新教改革而来的。因此，阿富汗尼将自己看作伊斯兰教的"路德"，这一点儿也不令人感到奇怪。

在探究韦伯伊斯兰观的过程中，笔者试图表明，在韦伯的文化社会学中，我们可以理直气壮地设想四种不同的论断。在当代研究和理论探讨的基础上，有三个论断可以被认为是错误的，或者在理论上是薄弱的。第四个论断是，伊斯兰社会衰落了，最终被迫在经济上依赖欧洲，因为它无法解决韦伯所说的"素丹制"固有的弊端。在最后一个论断中，伊斯兰教仍然被视为有影响力的，但是此种信仰的存在，而不是其他信仰的存在，是可以通过世袭制的社会和经济结构来解释的。当伊斯兰改革家解释中东经济的衰退时，常常使用苦行动机理论，但这一事实不能证明禁欲主义是资本主义发展的一个必要方面。

---

① Hourani, *Arabic Thought in the Liberal Age*, p. 344. 关于亚洲伊斯兰改革的研究，参见 W. F. Wertheim, "Religious Reform Movements in South and Southeast Asia", *Archives de Sociologie des Religions*, Vol. 12, 1961, pp. 52-62。

第四章
中产阶级和资本主义的企业家精神

人们通常认为，中东工业化进程普遍缓慢且有限，这可以用社会学原因而非经济学原因来解释。伊斯兰帝国并没有创造出一个创新型企业家精神能够蓬勃发展的社会环境，相反的是，它却阻碍了商业的发展。伊斯兰帝国的政治不安全性使得对生产性工业资本的投资过于冒险。穆斯林商人转而从奢侈品交易、短期投机性投资或项目投资中寻求快速收益。这一社会学解释试图在欧洲和阿拉伯社会之间建立一个清晰的二分法。在西方资本主义中，19世纪工业革命发展的一个关键原因是一个自主的、充满活力的中产阶级的存在，他们愿意投资新技术。相比之下，阿拉伯社会阶级的一个特点是没有独立的城市中产阶级或这个阶级很弱。真正的中产阶级是夹在国家官僚的工薪阶层和广大民众之间的一个薄弱阶层，因此阿拉伯社会非常缺乏管理和创业人才。这一观点的支持者对所谓的国家工作人员"新中产阶级"作为创新创业载体的能力表示怀疑。根据这一理论，中东经济落后的最终根源在于社会分层制度的某些特点。出于论证目的，笔者将把这个观点称为"缺失的中产阶级问题"。

本章内容是对一个普遍的观点提供一个不同的评论，这个观点认为，企业家精神是资本主义生产方式出现的重要原因，并且这个观点排斥了所有具体的论点。这些论点认为，缺失的中产阶级或许可以解释中东相对缓慢的工业化。在反驳这些传统的社会学观点的同时，也有必要批判一系列关于资本主义竞争本质的设想。笔者将提出生产方式及其转变的理论中的一些基本问题。事实证明，这些批评的范围以及其中一些争论错综复杂，因此，在开头采取这一独特的步骤来阐述笔者的观点，是非常必要的。

作为一般原则，夸大企业家精神在资本主义出现中的作用是错误的。总的来说，社会并不缺少富有创造力的个人，但是这些创造的努力导向军事成就、艺术表现、贸易或生产性投资，将取决于在结构上确定的客观条件。"企业家角色"的存在是由社会决定的，而不是由个人创造性活动所产生的。企业家精神是资本主义结构发展的结果，反之则不成立。巴兰（Baran，1973，p.385）清晰地表达了这个观点，他声称，企业家是经济学的中心人物的观点是一种同义反复，这可以归结为"没有工业资本主义就没有工业资本家"。在大多数不发达的社会中，创业技能并不短缺，但是，即使在经济落后的客观环境下，这些人才只能在流通领域而不是工业化生产中得到运用（Elkan，1973）。

正是因为欧洲和北美资本主义的存在改变了发展的条件，英国在18世纪和19世纪的资本主义发展状况不能被欠发达国家在20世纪重复。当然，这一概念是发展社会学（Frank，1969）和依附论（Santos，1970）的核心。竞争性资本主义在英国的成功意味着法国、德国和意大利必须走截然不同的发展道路。因此，企业家精神在中东是"缺失的一环"这一论点，必须假设只有一条可行的工业化道路，即自由放任的英国资本主义。事实上，欧洲的经济史表明，工业增长可以通过多种发展途径来实现（Cipolla，1973）。

可以说，没有一条通往资本主义的捷径，具有创新精神的中产阶级是前进的必要一步（Poulantzas，1973）。

创业的功能（创新、冒险、管理）已经由各种各样的机构来执行。在英国资本主义发展的早期阶段，所有权的功能和管理集中在资本主义家族内部，资本家通过公司利润获得投资资金。这种自由企业资本主义的典型范例很少在别的地方被复制。在进口商品的竞争从威胁到扼杀新生的和本土工业的地方，或者在当地资产阶级特别薄弱的地方，或者在技术进步的成本令人生畏的地方，一些公共机构就扮演了企业家的角色。在德国，这一角色是由银行履行的，而在俄国，这一角色则是由国家充当的（Gerschenkron，1962）。总之，即使在欧洲资本主义发展的范围内，中产阶级企业家也远不是工业化进程中的唯一载体。此外，正如《共产党宣言》中所描述的那样，中产阶级企业家并不一定是前资本主义文化和社会结构的溶剂。虽然欧洲资产阶级可能在经济事务中发挥了激进的作用，但它往往在政治和文化上是保守的。

一些学术研究表明，伊斯兰教并不敌视商业活动，伊斯兰文化（特别是法律关系）并没有阻碍商业机构的发展（Rodinson，1974）。有证据表明伊斯兰"资产阶级"在很早就存在（Goitein，1957）。还有一个非常明显的例子，黎巴嫩是东西方贸易的重要集散地（Issawi，1968）。尽管从描述性层面上来讲，这些对消失的中产阶级论题的反对是有效的，但作为一种理论批判，它们最终还是不令人满意的。它们充分说明了中世纪伊斯兰教中商人和商业机构的存在，但它们非法地混淆了"商人"和"资本家"。商人的存在从来不是资本主义生产关系存在的指南。商人存在于多种生产方式（奴隶、封建、古代）的条件下。要证明伊斯兰价值观没有敌视商人的商业行为，并不能证明伊斯兰教是资本主义活动的催化剂或抑制剂。

中产阶级缺失的问题，必然要建立在社会阶级与生产方式关系的一般理论之上，即阶级之间的斗争或导致生产方式发生转变的社会阶级活动。因此，中东社会生产方式中激进变革的缺失是激进创新型中产阶级缺失的结果。本书基于相反的假设：社会阶层是生产方式结构发展的结果。为了对欧洲的"中产阶级"和中东的"中产阶级"进行对比，我们必须建立一个生产方式之间的比较。

中产阶级缺失的问题试图将19世纪英国自由竞争时代资本主义的资产阶级与后殖民时代中东的新中产阶级相提并论。在国家社会主义或各种形式的资本主义条件下，家族资本主义并不繁荣，这并不奇怪，在这些条件下，国家干预是循环资本的必要特征。在中东，国家官僚和中东新中产阶级表现的社会优越感并不奇怪，因为大多数发展中社会都是由历史条件所迫使的，并且由于全球资本主义的特点，保护其市场和本土工业免受外国控制。一般来说，很少有落后的社会能满足自由竞争时代资本主义作为其工业发展阶段的条件。大多数国家（包括西班牙、意大利等欧洲国家的例子）都是在国际发展的客观条件下被迫从前资本主义模式走向垄断资本主义模式的。国家对资本主义投资的中心地位、控制权和所有权的分离、大规模生产的集中、复杂的社会和技术劳动分工——这些都是垄断资本主义的特征。它们绝不是与军事独裁不相容的；垄断资本主义的发展不一定需要民主框架内活跃的中产阶级的存在。可以说，法西斯主义在欧洲的统治实际上促进了资本主义生产关系的传播，特别是在农业领域（Poulantzas，1974）。对军队作为现代化推动者的角色感到震惊的中东专家并未发现中东有任何特殊之处。

在某种程度上，笔者的观点可能看起来像传统的"环境主义者"的观点，即中东地区特殊的资源、人类态度和历史背景的混合体需要集中规划上的努力，这将比西方资本主义利用追求利润的企业家少得多（Meyer，1959，p. 33）。虽然这一观察可能是完全正确的，但它似乎带有不正确的成分，即追求利润的企业家是促进工业资本主义发展的重要力量。从历史上来看，独立的资本主义企业家可能在英国的工业化进程中发挥了重要作用，但在整个欧洲大陆却不那么重要。一些研究表明，在荷兰，创业活动的主要职责是由共和国的高效管理者承担的，而不是由自治的加尔文商人承担的（Wertheim，1964）。从这个角度来看，中东经济体中中产阶级企业家的特殊缺席，以及在经济事务中对国家指导的依赖开始成为历史上的正常现象。资本主义国家投资盈利能力的不断下降、发展研究成本的不断增加以及福利支出的压力增大，使得它们的社会支出占国内生产总值的比重有所增加。这些例证表明，那些坚持认为独立商人和小型家族企业的重要性不可降低的人属于一种特殊的经济哲学学派，根据这种学派的观点，任何国家干预都是对经济健康发展的破坏。

社会学界对资本主义发展的性质，特别是在伊斯兰社会中的滞后工业化问题上的分歧可以追溯到韦伯和马克思。韦伯的《新教伦理与资本主义精神》深刻阐述了私人企业家精神、理性计算和成就动机在资本累积过程中的中心地位（Weber，1930）。加尔文主义资本家为韦伯提供了分析伊斯兰价值观和经济变革之间关系的主要标准。韦伯的解释可以分为两个部分。

第一，尽管《古兰经》一神论包含了一种苦行僧的精神（入世禁欲主义），原始的启示被伊斯兰教重要载体的战士的物质利益所改变。其结果是，最初的宗教救世运动转变为对土地的军事追求。在加尔文主义中驱使人们在世界上呼唤的宗教倾向在伊斯兰教中消失，虽然清教主义是前资本主义欧洲的价值观和制度的宿主，但伊斯兰教具有一些"封建精神的特征"（Weber，1968，p. 626），因此，在伊斯兰教成为强势文化的社会中，它并不具备摧毁这种前资本主义遗产的内部机制。

第二，在欧洲封建制度中，封地可以被继承，在伊斯兰社会，则不能被继承。在韦伯看来，这种安排意味着权力更集中在居统治地位的世袭家族中，而在封建主义的"主权分割"条件下（Anderson，1974），外围拥有相对的政治自治权。也许中东阿拉伯地区和基督教世界之间最显著的区别在于，欧洲发展出了独立的城镇，这些城镇在内部没有被种族、宗教或文化差异所分割（Weber，1958）。欧洲城市的法律和政治自治鼓励了行会和专业团体丰富的交往活动的发展。这为城市虔诚、资产阶级理性主义、商业稳定和独立的法律体系的发展提供了理想的社会环境。相比之下，这些资本主义发展的先决条件在中东地区并不存在，因为城市主要是国家的军事前哨，在那里行会和商人受到国家官僚机构的密切监督。此外，中东的城市在内部被划分为小社区，并没有发展出综合性的机构。这些普遍特征——中央集权的国家机构、预先的土地权、官僚控制的行会——韦伯将其概括为"素丹主义"，这是一种权力体系，鼓励通过武断的决策而不是理性的、普遍的规范来提拔官员，并导致法律和金融条件的不稳定。与其把他们的财富投资于生产性资本，商人更有可能在瓦克夫财产本身中寻求安全感。这种资本的固定化"完全符合古代经济的特点，即把积累的财富作为租金来源，而不是作为盈利资本"（Weber，1968，p. 1097）。

第二个论点肯定不是原创的。韦伯关于"素丹主义"的观点只是一个众所周知的理论的简单版本，即中东社会的落后是东方专制主义的产物（Koebner，1951；Venturi，1963）。从孟德斯鸠开始，人们普遍认为东方社会的落后是由三个原因造成的：（1）土地私有财产的缺失；（2）没有阶级差别而导致的信仰与传统的单调统一；（3）专制统治者的专断权力。这一传统理论是由社会科学家约翰·穆勒和韦伯围绕这样一个概念发展起来的。

约翰·穆勒和韦伯围绕着这样一个概念，即一个同时追求资本主义和民主的社会的关键因素是一个强大的、政治活跃的中产阶级。约翰·穆勒将受过教育的英国中产阶级视为对抗日益增长的文化一致性和狭隘性的主要堡垒。同样，韦伯记录了新教中产阶级对欧洲经济发展的巨大贡献，但在德国，韦伯认识到政治统一和经济实力更多地归功于俾斯麦、军方和容克阶级，而不是资产阶级的领导。德国面临的问题是传统容克派的衰落和中产阶级未能发展出任何政治意识和领导力（Giddens，1972）。因此，当约翰·穆勒和韦伯反思亚洲中产阶级缺失的影响时，他们也同样对中产阶级在各自社会位置中的模棱两可感到担忧。

人们普遍认为，为了取代韦伯，我们必须求助于马克思和恩格斯。传统观念认为，韦伯的社会学理论建立在社会行动者的主观取向上，而马克思则相反地确立了对生产方式客观结构的唯物主义分析。简而言之，马克思把新教视为新兴资产阶级在与封建统治阶级斗争中的经济利益协调的结果（Birnbaum，1953）。就我们的目的而言，马克思和韦伯一个更重要的区别在于，马克思反对资本主义积累的根源在于创新创业活动。马克思彻底推翻了这样一个谬论，即资本的"所谓原始积累"是由一些"勤劳、聪明、最重要的是节俭"的善良的少数人实现的，他们因此与"在放纵的生活中浪费他们的物质的懒鬼"群体区分开来（Marx，1930，p.790）。在反对这一谬论时，马克思试图表明，资本主义制度是在自由农民与生产资料（土地）残酷分离的情况下出现的，目的是把他们变成无地的工薪阶层。同时，工业资本家不得不摧毁封建主的特权和传统工匠大师的限制性行会组织。资本主义的真正起源不在于企业家的节俭、精打细算的活动，而在于"生产者脱离生产资料的历史过程"和"这种剥夺的历史是用血与火的文字载入人类编年史的"（Marx，1930，p.792）。

在不回顾关于马克思与韦伯关系的古老争论的前提下，注意到马克思对待全球资本主义崛起的两个方面是很重要的。首先，在他的早期著作中，马克思确实将资产阶级作为传统关系的伟大溶解剂，赋予其具有历史创造性和活力的角色。在《共产党宣言》中，马克思和恩格斯非常明确地宣称，"资产阶级在历史上曾经起过非常革命的作用……它创造了完全不同于埃及金字塔、罗马水道和哥特式教堂的奇迹"（Marx and Engels，1973，p. 70）。其次，马克思和恩格斯在他们对中东和亚洲的评论中提出了亚细亚生产方式的概念，在这种生产方式中，国家是真正的地主，生产资料中没有私有财产。亚洲缺乏激进变革的关键机制，即阶级之间争夺财产控制权的斗争。在一个由国家和官僚统治的社会中，帝国的城市仅仅是"皇家营地"（Marx，1973，p. 479），在这里，市民阶级无法壮大。正如约翰·穆勒和韦伯认为政治不稳定导致了东方社会缺乏生产性投资一样，恩格斯在他对土耳其的评论中得出了同样的结论：剩余价值"无法保证不受总督和帕沙的贪婪和劫掠；没有资产阶级从事经营活动的第一个基本条件，即保证商人的人身及其财产的安全"。（Marx and Engels，1953，p. 40）。

由于其内部的静态条件，东方社会只能由外部力量，即资本主义、帝国主义和殖民主义来改变。世界上最古老最巩固的帝国 8 年来在英国资产者的大批印花布的影响之下已经处于社会变革的前夕（Marx and Engels，1972，p. 18）。廉价商品是英国资本家迫使所有国家接受"资产阶级生产方式"的重炮（Marx and Engels，1973，p. 71）。特别是在印度，英国通过把土地变成商品，组建现代军队，建成铁路系统和现代化通信系统，给亚洲带来了社会革命。类似的结果也出现在法国中东的殖民地。因此，恩格斯在他为《北极星报》撰写的关于阿卜杜勒·卡德尔（Abdel Kader）在 1832 年至 1847 年反抗法国入侵的文章中称，那次反抗运动是"毫无希望的"。恩格斯对法国的征服表示欢迎，认为这是"文明进步的一个重要而幸运的事实"，并反对"野蛮的社会状态"（Feuer，1971，p.489）。马克思和恩格斯一直认为，中东和亚洲固定式的社会只有通过资本主义扩张的破坏性影响才能发生转变。

在 18 世纪和 19 世纪，社会学和政治经济学的主要人物——恩格斯、黑格尔、马克思、约翰·穆勒、孟德斯鸠和韦伯——得出结论，中东经济落后是社会和政治原因综合作用的结果，尤其是缺乏一个强大的中产阶级资本主义企业家。他们对中东社会分层的看法得到了以下事实的证实：在特权与豁免协定之后的时期内，伊斯兰商业生活的传统渗透通过少数民族（希腊人、犹太人、亚美尼亚人、南斯拉夫人）逐渐增强。外国企业家在中东商业生活中的存在，可以从各种因素来解释。韦伯声称"军事宗教"是对理性经济精神的敌视，并且"天生蔑视资产阶级的商业功利主义"（Weber，1968，p.1106）。伊斯兰知识分子和专业人士更愿意把为政府服务作为他们社会阶层唯一值得尊敬的工作。奥斯曼帝国的对外贸易往往受到犹太人、基督徒和非奥斯曼帝国商人的控制，而帝国的政治和行政任务则更多地受到本土宗教阶层的控制。一个更简单的解释可能是，通过一系列特权与豁免协定协议，外国集团能够确立一系列广泛的特权，从而使它们对奥斯曼帝国商业有实质性的控制。1535 年早期的投降，给予法国商人安全保障，1580 年逐渐扩大到英国商人，1612 年又扩大到荷兰商人。在 18 世纪，这些协议不断被授予众多被保护人（protégés）领事特权（berâts）的做法所滥用（Gibb and Bowen，1950；Hodgson，1974）。

当代的学术争论提供了三个讨论的领域：（1）以心理动机和价值承诺作为经济"起飞"前提的研究；（2）关于自主中产阶级持续缺失的研究；（3）调查新兴中产阶级，特别是军队作为现代化机构的潜在作用。

美国社会学家，特别是丹尼尔·勒纳（Daniel Lerner，1958）和大卫·C. 麦克莱兰（David C. McClelland，1962，1963）的研究明确支持了韦伯的观点。在勒纳的传统社会崩溃理论中，城市化和社会流动性促进了同理心的发展，即塑造和扮演新的、多样的社会角色的能力。这种从刻板型到共情型的性格类型的社会心理转换，对于建设一个开放、民主的社会是很重要的，在这个社会中，人们必须获得和表达对不同商品、政治领袖和社会结构的偏好。中东的普遍问题是，在现代社会的客观结构没有得到充分发展的情况下，人们的期望增长得太快。这种期望和供给之间的差距是年轻的中产阶级抛弃传统生活方式的典型经历。在叙利亚，于 1941 年独立后，一个新的中产阶级出现了，但"大量受过教育的年轻人渴望社会流动，该群体数量的增长速度远远快于叙利亚政府机构令人满意地吸收他们的能力"（Lerner，1958，p. 276）。他们获得高级社会职位的途径被既定的寡头政治集团所阻碍。此外，直到 1950 年，超过一半的大学生毕业于法律专业，而农业和工程专业的职位无法填补。大多数学生希望在政府部门获得安稳的职位，因为"在官僚机构之外，很少有机会使用通过法律或人文培训获得的技能"（Lerner，1958，pp. 276-277）。中产阶级的挫败感导致了其对现有政府的不满，并向激进和极端政党倾斜。叙利亚中产阶级的困境实际上是受过教育的现代男性的问题，他们的发展受到了农村和传统环境的限制。在勒纳的模型中，传统伊斯兰社会向现代性的过渡需要彻底的世俗化。

在麦克莱兰关于成就动机和经济产出增长的研究中也有类似的理论。在这个理论中，创业的主要动机是对成就的需求，这是在早期社会化过程中产生的，那时儿童面临高标准的表现和自立的要求。尽管麦克莱兰关于企业家精神的观点在整个社会学中颇有影响（Kilby，1971；Smelser，1976），但还没有在中东具体的应用尝试。此外，麦克莱兰自己对落后社会中企业家精神的看法是高度矛盾的。1950 年，他发现贫穷国家的成就需求普遍高于发达国家。麦克莱兰的解释是，意识到它们在国际上的落后，这些社会"现在有动力缩小自己与更多工业发达国家之间的差距"（McClelland，1961，p. 102）。然而，当麦克莱兰发现意大利和土耳其的成就需求水平低于美国时，他给出了一个简单的解释，即这一发现并不罕见，因为它"符合这些国家的发展水平"（McClelland，1961，p. 287）。

勒纳和麦克莱兰得出结论：中东（黎巴嫩除外）的文化和家庭环境不利于中产阶级创业，其他社会学家也证实了这一论点，他们指出，与欧洲资本主义行为相比，中东的创业活动更缺乏组织性和理性。商业不是按照理性的、普遍的原则组织的，而是按照传统的和局部的规范组织的。对黎巴嫩企业结构的研究表明，人们明显不愿意接受企业形式、工厂组织和劳动纪律，而且明显倾向基于亲属关系的商业伙伴关系（Sayigh，1962 and 1963）。塞伊格还坚称，在阿拉伯社会，人们普遍对工业生产和商业生活的时间表要求持漫不经心的态度。从经验法则到合理的业务计算的转变是缓慢的。商业理性发展的迟缓归因于"对不熟悉的计算过程的怀疑，传统主义认为不需要进行详细的数据收集和计算，以及不愿再把一个行动领域交给商业机构的专家"（Sayigh，1965，p. 65）。

A. J. 迈耶（A. J. Meyer）也论述了类似的情况，他评论说，按照韦伯的理性官僚组织标准，大多数中东公司将被视为传统企业（Meyer，1958 and 1959）。在中东资本主义中，零售和批发几乎没有区别，一个品牌的产品规格化程度低，缺乏授权。一方面，企业缺乏合理的组织结构，另一方面，偏好农业和土地投资，而不是工业，这在很大程度上解释了这一点。迈耶认为，富裕的阿拉伯人在农村和农业环境中比在城市、工业环境中保护大家庭要容易得多。尽管迈耶关于家族企业与资本主义理性不相容的观点可以通过具体的参考来加以质疑，例如黎巴嫩（Khalaf and Shwayri, 1966），他的立场与普遍共识一致，即在落后的社会，企业家的技能主要用于土地贸易，而不是工业——"进入资本流动迅速的贸易领域，进入比工厂更安全、更具流动性的土地领域"（Habakkuk, 1971, p. 48）。

另一组历史学家和社会科学家认为，历史上缺失的资产阶级并没有出现在当代社会分层体系中。这一历史主张与以下观念有关：在中东社会，虽然国家机构发展成熟，但实际上没有"公民社会"。在关于东方专制主义的经典论述中，东方停滞的问题是干预和中间制度造成的［用韦伯的话说，就是法律社区（*Rechtgemeinschaften*）的缺失］。可以说，中东地区只有国家没有社会。因此，"奥斯曼帝国缺乏那些被马基雅维利和孟德斯鸠认为构成东方专制主义和西方封建主义差异的'中间'结构"（Mardin, 1969, p. 264）。这种东西方中间制度（尤其是资产阶级制度）的对比在许多当代文学作品中反复出现。阿尔弗雷德·博恩（Alfred Bonné）列举了一系列阻碍中东资本主义出现的原因：人口密度低、市场范围受到限制、外国人对商业的控制以及廉价的欧洲商品对没有充分保护的当地市场的影响。但在他列举的原因中，最重要的是中产阶级企业家的缺失（Bonné, 1960, p. 217）。

在第二次世界大战结束后的 20 年里，在大多数中东社会中，超过一半的就业人口从事农业生产；工人阶级仍然相对微不足道。例如，1947 年的埃及人口普查显示，从事工业生产的城市工人阶级占总就业人口的 6%（Gordon and Fridman, 1964）。埃及的例子很有代表性，因为即使在中东社会，工业化已经超过在地区内的其他社会，自我雇佣的中产阶级、小投资者和专业人士在总人口中占 6%～10%（Berger, 1957, 1958 and 1964）。中产阶级既弱小又内部分散，分为城市和农村部门（Hussein, 1973; van

Nieuwenhuijze，1965）。最显著的变化是出现了一个新的国家雇员中产阶级，而不是小资产阶级的发展。法律、医学和技术专业的专业协会的发展表明了这些变化（Reid，1974；Ziadeh，1968）。中产阶级工薪阶层数量的增加是国家在经济中作用迅速扩大的结果，新的中产阶级因石油工业的发展而产生。沙特阿拉伯的案例特别清楚地说明了这一过程（Rugh，1973）。

尽管工业化进程产生了一个新的中产阶级，但大多数研究表明，它并不具有任何社会融合性。该阶级中没有一个团体能够行使任何决定性的政治领导权。新的职业群体倾向于分为传统和现代两大派别。因此，"认为专业人士是一个具有共同社会观的、有凝聚力的群体是具有误导性的。许多人是从地主上层阶级中脱颖而出的，尽管他们的教育和职业经验丰富，但他们仍继续认同这个群体"（Reid，1974，p.56）。在平民中产阶级内部缺乏一支完整的精英队伍的情况下，社会科学家们普遍认为军队是中东创新和现代化的替代力量。

关于军队是新中产阶级政治利益先锋的争论，与哈尔彭（Halpern）的研究密切相关，他的主要论点是"军队已成为新中产阶级的主要角色和工具"（Halpern，1962，p.278）。军队能够发挥这种现代化的作用，是因为它接受了先进的技术、现代化的教育以及合理的组织和效率的原则。传统的精英阶层和小资产阶级在发展阿拉伯社会方面的失败，吸引了新的中产阶级加入军队，作为迅速酝酿社会变革的替代机构。军队一直坚持自己代表国家的意识形态，不受政党政治的影响，但实际上军队并不能避免"统治军政府内部派系主义"的影响（Halpern，1962，p.304）。尽管人们普遍认为，军队确实发挥着重要的社会作用，但在产生军事冲突的社会条件方面，他们存在着明显的意见分歧。哈尔彭分析了军队是整合中东新中产阶级的连贯工具。

与哈尔彭相反，珀尔穆特（Perlmutter，1967 and 1970）证明了正是新中产阶级的弱点、阶级冲突的存在和政治权威的缺乏推动了军人进入政治。军队一旦掌权，就不再是一个具有凝聚力的社会因素，作为快速现代化的推动者也没有获得任何持久的成功。"缺乏一个强有力的、有凝聚力的、能言善辩的中产阶级是建立禁卫军政府的条件"（Perlmutter，1977，p. 97）。军队不能直接代表新中产阶级，因为这个阶级的利益是分裂的，这个阶级的政治不发达。军人对叙利亚、伊拉克和埃及进行军事干预的历史表明，中产阶级失去了政治权力。军队不仅不代表中产阶级，反而使弱小的中产阶级服从于它（Hottinger，1968，p. 124）。

从这个角度来看，许多社会科学家所受到的冲击，并不是新中产阶级与军队关系所带来的社会变革，而是军队社会霸权的巨大历史延续性。这种特殊的解释可以与韦伯的观点联系起来，即中东社会是以一种宗教的名义被征服而建立的，"圣战"（*jihad*）对于这个宗教来说是一个具有重大拯救意义的习惯。从古至今，军事美德比资产阶级美德更重要。这种对社会连续性的强调也将当代分析与黑格尔和马克思关于东方社会停滞的论述联系起来。

中东社会缺乏真正的革命传统，也被认为缺乏拥有财产的中产阶级。阿维内里（Avineri）关于民族主义运动未能带来真正的社会革命（1970，p. 34）的观察得到了政治科学家的广泛支持（Zartman，1976）。西方经历了一系列以阶级冲突为基础的革命斗争，涉及具有革命思想的社会大众，而中东社会只经历了社会精英之间的政治斗争。军事政变引起了执政人员和政治联盟的变化，但并没有引起社会结构的根本性变化。最近一次关于革命的讨论会得出结论："中东争取独立和激进运动的斗争、政变和叛乱，到目前为止并不构成革命。"（Vatikiotis，1972，pp. 12-13）19 世纪和 20 世纪的斗争是政治名流之间的争斗（Hourani，1968），而不是阶级性质的革命冲突。这种缺席也被认为是中产阶级缺失的一个原因。由于城市二元中产阶级未能作为社会的一股动力发展起来，相应的、激进的资产阶级传统在思想和法律上都不存在。在西方，资产阶级对封建主义进行了激进的批判：反抗坏政府的权利理论、三权分立理论、个人权利理论和资产阶级社会产生的信仰主体（社会契约、个人主义、平等、交换自由）。在中东，激进社会变革的概念是从革命的欧洲引进的，尽管知识界获得了一套新的口号，但资产阶级激进主义的机构（议会、独立司法机构、新闻机构和世俗大学）仍然不发达（Lewis，1953）。

总之，现代版的东方专制主义理论指出，东方社会一直由高度集权、专制和武断的国家所统治，其基础是通过受俸的土地权对土地实行公共控制。这种中央集权的国家机器排除了独立城市、自治行会和拥有财产的资本家的城市中产阶级的发展。资产阶级特有的制度和美德没有发展起来。由于这一缺失的环节，中东社会停滞不前。中东在近代的变化只是表象。中央集权国家、国家官僚机构和军队的潜在延续性是中东无处不在的特征。新中产阶级的到来并没有改变阿拉伯社会的基本结构和风气。新的工薪阶层已经过于软弱和分裂，无法承担社会重建的任务。

与东方专制理论相对立的是，传统观点认为，传统的伊斯兰文化和社会安排中没有任何东西可以阻碍工业资本主义社会的发展：指出，从早期伊斯兰时代起，商业文化的发展、中东社会的商业化、银行业的迅速发展以及贸易的中心地位，都是有可能的。韦伯认为，伊斯兰价值观的社会载体是战士，而伊斯兰教未能在商业中形成一种禁欲主义的号召，这一观点是不能得到支持的（Turner，1974）。

对韦伯传统最系统的批评是由罗丁森（Rodinson）发展起来的。在《古兰经》和圣训中，罗丁森证明，伊斯兰教非但没有阻碍经济参与，反而明确地规定了贸易和商业的合法性："经济活动、寻求利润、贸易以及因此而产生的市场化生产，在穆斯林传统中的地位不亚于《古兰经》本身。我们甚至发现了关于商人的颂词"（Rodinson，1974，p. 16）。控制资本利息的法规并没有妨碍投资和创业。从先知时代起，商人就完全符合韦伯类型学的要求；商业资本得到广泛发展，小商品生产占主导地位，尽管工场确实雇用了工薪阶层工人（Rodinson，1974，p. 51）。资本主义部门与现存的前资本主义土地生产方式并驾齐驱，早期的工业企业（尤其是纺织业）在商业和银行机构的支持下得到了良好发展。

　　第一个阻碍这种商业发展的因素是外部势力，如十字军和蒙古铁骑入侵。早期的文化和经济扩张让位给了传统的帝国，更强调纪律、顺从和模仿。17 世纪，欧洲社会开始在经济和军事上胜过中东国家。到 19 世纪，工业企业的经济增长"只是按照欧洲模式，模仿它，一般来说，处于它的支配下"。欧洲的优势使这一发展非常困难，特别是由于欧洲技术已经取得了领先，缺乏保护，以武力强加的自由贸易，以及那些仍然保持独立的国家的附庸，通过公共债务的机制，以及由于其经济和军事上的弱点而保持独立（Rodinson，1974，pp. 130-131）。罗丁森的中心论点是，伊斯兰教并没有阻碍资本主义的发展，但直到西方在非常不利的条件下植入了资本主义，资本主义才成为占主导地位的生产方式。20 世纪上半叶，中东被迫走上了依赖资本主义的发展道路。

　　这些对韦伯传统的批评就其本身而言是有效的，但作为对整个东方主义观点的批评（Turner，1979）还不够深入，因为它的许多主要假设仍然没有受到质疑。为了反驳伊斯兰教阻碍了资本主义生产方式的发展这一论点，这些作者的特点是试图证明穆斯林商人的存在。这里的假设是，商人将发展成为资本家。在《资本论》第三卷中，马克思指出，商人的存在不仅不能推翻前资本主义的生产方式，而且在事实上还保存了早期的经济条件。资本家必须不断变革生产资料以确保资本生产能够产生出更多的资本（"积累啊，积累啊！这就是摩西和先知们"）。相反，商人是在流通中而不是在生产中买卖。在前资本主义王国中，商人控制的贸易发展并不是资本主义诞生的征兆："仅仅是货币财富的存在，甚至是它本身获得某种至高无上的地位，都不足以让这种资本解体的情况发生。或者古罗马、拜占庭，等等，会通过自由劳动和资本终结其历史。"（Marx，1973，p. 506）。商人的财富始终存在于流通领域，从未以任何创新的方式应用于农业或工业生产。所谓的商业革命丝毫没有改变封建的生产方式（Hilton，1976，p. 23）。因此，东方历史学家试图通过证明穆斯林商人的存在来驳斥韦伯的说法并不那么重要了。

这个问题被东方历史学家倾向使用"商人"和"资产阶级"这两个术语的互换而进一步混淆了。商人经营的是流通领域，而不是生产领域。更重要的是，如果没有事先确定生产方式，就不可能确定社会阶级——阶级是由它们在生产方式中的功能决定的。为了对解决中东资本主义问题的现有方法提出批评，有必要超越这种确定商人存在或有利于贸易的行业或制度的姿态的状况。有必要对欧洲资本主义作为中东发展模式的神话历史进行逐渐削弱。

所有欧洲资本主义社会要么在革命之前工业化，要么没有革命。在英国，资本主义的基础是在16世纪由地主在农村建立起来的，地主对羊毛的需求猛增而圈地养羊。到1600年，圈地运动摧毁了农民阶级，从而为无土地的雇佣劳动奠定了基础。土地资本主义是由乡村绅士和上层市民之间的联盟而产生的（Moore，1967）。在1640年和1688年革命之前，资本主义关系已经渗透到农村，这不是资产阶级反对反动的封建贵族的革命。17世纪的斗争为资本主义的传播创造了一定的法律和政治条件，但并没有诞生资产阶级的政治统治。国家的控制权掌握在传统贵族手中，其中很大一部分已经转向了农业资本主义。农业资本家和工业资本家之间的这种联盟使英国资本主义具有了稳定性。1780~1840年的工业革命发生于资产阶级在1832~1850年取得政治霸权之前。人们经常注意到，英国社会的许多古老特征——特权的存留、商业、君主制、国教和上议院的缺乏——可以归因于英国在没有资产阶级革命的情况下实现了资本主义工业化（Anderson，1964）。

法国大革命传统上被认为是资产阶级革命成功的例子，因为它使资产阶级掌握了权力，改变了国家，并以雅各宾主义的形式创造了典型的资产阶级意识形态（Poulantzas，1973）。但是，资产阶级战胜贵族是通过巩固农民和小资产阶级的经济和政治地位来实现的。尽管法国大革命可能为资本主义的发展创造了条件，但在一个以小家族企业为主导的经济体中，大规模的工业生产却迟迟没有出现。与工业需求相联系的银行系统也缺乏。在农村，农民农场的连续性导致了劳动力的不流动性和资本主义商品的国内市场的局限性。从这个角度来看，法国大革命代表了资产阶级过早的政治胜利，它明显与工业革命不对应，甚至它在政治方面也因必须与资产阶级和小资产阶级结盟而受到限制。这种特殊的结合使马克思相信法国大革命在政治上是早熟的，1848年的一场闹剧是一场悲剧。

没有明确的资产阶级革命，资本主义迅速地扩张，德国、意大利和俄国也出现了这种情况。德国的工业化是在国家支持下进行资本主义扩张的一个特别有说服力的例子。资产阶级从未取代容克阶级的政治控制。显然，"经济增长和民主化之间没有紧密的对应关系。甚至可以合理地将经济发展至少部分地归因于政治上的迟缓"（Borchardt，1973，p. 115）。在意大利和俄国的例子中，经济、政治和社会发展之间也存在类似的脱节（Gerschenkron，1962）。在整个西欧，"每一种情况都有一个非常显著的共同点，也许应该注意到：资产阶级缺乏政治能力（由于其阶级结构），以公开行动成功地领导其发动的革命"（Poulantzas，1973，p. 183）。简而言之，没有任何历史依据可以断言中东不具有在欧洲资本主义发展中起决定性作用的特征。相反，两者共有的是一个工业化进程，在工业化进程中资产阶级通常是"缺失的"。

欧洲资本主义发展道路的不同，也为创业创造了不同的条件。英格兰再一次提供了特例。资本主义在煤炭开采、工程、纺织、农业改良和造船等方面的发展，都是在国家对经济没有进行重大干预的情况下进行的。此外，英国资本主义并没有一个满足长期工业投资需要的银行体系。同样显著的是，英国的工业革命早在1870年首次尝试在小学建立普及教育体系之前就已经结束了。这并不是说英国就拥有大量的成就动机——有动力、有创新精神的企业家愿意把他们的资本冒险投入不确定的工业发明中。更重要的是，作为第一个工业国家，英国具有巨大的优势——稳定的政治环境、不断扩大的国内市场、较低的运输成本、廉价的能源，最重要的是，它实际上垄断了海外市场。因此，英国棉花产业并不是依靠它的"竞争优势，而是依靠英国海军和英国商业霸权对殖民地和不发达市场的垄断地位"（Hobsbawm，1969，p. 58）。

英国作为一个资本主义国家的存在改变了欧洲类似发展的条件。相对落后的法国、德国和意大利被迫采取不同的发展战略。它们集中精力引进最先进、最昂贵的技术，引进大型工厂和培育投资产业（Gerschenkron，1962）。这些发展战略的资金来源不是英国的私人家族资本家，而是国家和银行，在意大利还有外国的投资。

通过对欧洲经济发展的概述，我们可以得出的主要结论是经济革命（确立资本主义生产方式的主导地位）和政治革命（确立资产阶级对自由、议会民主的政治统治）很少重合。瓦提裘提斯（Vatikiotis）、刘易斯（Lewis）、阿维内里和其他人提出的观点是，在中东，工业发展没有伴随着中产阶级主导的民主，这一论点也适用于欧洲的发展。的确，资本主义竞争阶段发展的极不平衡和落后性质，以及统治阶级各部分之间特别不稳定的联盟，使得像普兰查斯（1974 年）这样的理论家得出结论：垄断资本的经济集中和农村的资本主义发展需要法西斯主义。

先进工业社会的特点是，家族资本主义（自由竞争资本主义）的制度从属于垄断资本主义制度，基于大型国际公司，资本重组投资通过跨国公司和公共机构（如投资银行、养老基金和国家）融资。先进资本主义要求政府为基础设施提供无偿服务，帮助应对资本主义危机，纠正地区资源分配不均的问题，并约束劳动力（Holloway and Picciitto，1978）。

国家在现代经济运行中的成长也与新中产阶级的成长相联系。在某种程度上，这种新的中产阶级是随着工业生产技术的日益成熟而出现的，但它的存在也被从工业管理和所有权的划分方面所解释。经理、监管者、会计人员、规划师和服务工人等职业阶层的成长，是先进资本主义对资本积累的新要求。虽然在许多先进资本主义社会，国家支出占国内生产总值的百分比已经达到了非常高的水平（20 世纪 60 年代英国为 52%），但阶级结构发生了深刻变化，美国和英国的新中产阶级占所有雇员数量的 48% ~ 54%。相应地，相对于其他社会阶层，美国、欧洲国家和日本生产性体力劳动者的占比继续下降。

在西方资本主义发展的背景下，我们可以对中东工业化的性质进行更现实的评价。英国的工业发展从根本上改变了其他社会"自发资本主义"

的条件。特别是，这意味着相对落后的社会在资本主义竞争条件下实现工业化的可能性受到严重限制。大多数发展中社会被迫在国家、政党或军队的指导下选择"自上而下发展"的战略。在这方面，国家的中心作用、强大的中产阶级的缺失以及中东新中产阶级的崛起，似乎不像平常那样具有历史特殊性。真正独特的例子仍然是英国，在英国，竞争资本主义有着悠久的历史，新投资的资金是从家族企业的利润中获得的。由于 20 世纪全球范围内垄断资本主义的存在，发展中国家在自由放任的条件和私人企业家精神下取得工业成功的可能性十分有限。萨达特总统的"门户开放政策"并没有刺激埃及的工业投资，而是创造了奢侈品进口繁荣的局面，这是一个特别好的例证，说明自由创业在发展中社会的影响（Aulas，1976）。大多数中东国家，由于殖民传统使其相对落后、跨国公司在控制世界贸易和加强国际竞争方面的作用，选择了某种形式的国家管理，通常是带有阿拉伯社会主义意识形态的国家资本主义。在这方面，阿尔及利亚独立后的发展就是一个很有启发性的例子。阿尔及利亚的工业集中发展是基于这样一个认识，即只有在经济自给自足的基础上才能实现完全独立，而且，如果阿尔及利亚的石油资源在 1984 年枯竭，则必须迅速发展本土生产资料（Clegg，1971；Farsoun，1975）。除黎巴嫩外，大多数中东国家（尤其是土耳其、伊拉克、叙利亚、埃及、阿尔及利亚和突尼斯）在国家干预下开始了工业化进程，而没有进入竞争性资本主义阶段。这是一个典型的，而不是特殊的发展战略。

所有传统上被认为阻碍资本主义在伊斯兰世界蓬勃发展的条件——对财富不利的宗教态度、对公务员的偏爱而非商业职业、企业家人才的匮乏、武断的立法程序——也出现在欧洲社会中。在中东，中产阶级政治上弱小，经济上落后，企业家的角色通常由外国移民来填补（Trevor-Roper，1967）。

如果说资产阶级革命没有发生在阿拉伯社会，那么从资产阶级政治革命没有与工业革命同步这一意义上来说，欧洲也同样没有资产阶级革命。在这两个地区，在面临迅速政治统一、社会发展和资本积累任务的社会中，国家、军队或银行一直是发挥企业家作用的主要工具。北欧社会和中东社会之间的重要区别在于不同的发展条件，而这些条件不可避免地构成了"后发展者"。在面对快速、密集的工业化问题时，"后发展者"通常会被迫解决积累问题，不是通过外部殖民地，而是通过它们自己的农业和前资本主义部门。解决之道不在于企业家的冒险行为。

参考文献和延伸阅读：

[1] Al-Azmeh, Aziz, "What Is the Islamic City?" *Review of Middle East Studies*, 2(1976): 1-12.

[2] Alexander, A. D. "Industrial Entrepreneurship in Turkey: Origins and Growth", *Economic Development and Cultural Change*, 8(1960): 349-365.

[3] Anderson, Perry, "Origins of the Present Crisis", *New Left Review*, 23(1964): 26-54.

—*Lineages of the Absolutist State*, London, 1974.

[4] Aulas, Marie-Christine, "Sadat's Egupt", *New Left Review*, 98(1976): 84-97.

[5] Avineri, Shlomo, "The Palestinians and Israel", *Commentary*, 49(1970): 31-44.

— "Modernization and Arab Society: Some Reflections", in Irving Howe and Carl Gershman, (eds.), *Israel, the Arabs and the Middle East*, New York, 1972.

[6] Baran, Paul A., *The Political Economy of Growth*, Harmondsworth, 1973.

[7] Bellah, Robert N. (ed.), *Religion and Progress in Modern Asia*, New York, 1965.

[8] Berger, M., *Bureaucracy and Society in Modern Egypt*, Princeton, N. J., 1957.

— "The Middle Class in the Arab World", in W. Z. Laqueur (ed.), *The Middle East in Transition*, London, 1958.

—*The Arab World Today*, New York, 1964.

[9] Binder, L. (ed.), *The Study of the Middle East*, New York, 1976.

[10] Birnbaum, Norman, "Conflicting Interpretations of the Rise of Capitalism: Marx and Weber", *British Journal of Sociology*, 4(1953): 125-140.

[11] Bonné, Alfred, *State and Economics in the Middle East*, London, 1960.

[12] Borchardt, Kurt, "The Industrial Revolution in Germany 1700 – 1914", in Carlo M. Cipolla(ed.), *The Emergence of Industrial Societies*, London, 1973.

[13] Burns, J. H., "T. S. Mill and Democracy 1829-61", in J. B. Schneewind(ed.), *Mill*, London, 1968.

[14] Cipolla, Carlo M. (ed.), *The Emergence of Industrial Societies*, London, 1973.

[15] Clegg, Ian, *Workers' Self-Management in Algeria*, New York, 1971.

[16] Clough, S. B., *The Economic History of Modern Italy*, London, 1964.

[17] Elkan, Walter, *An Introduction to Development Economics*, Harmondsworth, 1973.

[18] Farsoun, Karen, "StateCapitalism in Algeri", *MERIP Reports* 35(1975): 3-30.

[19] Feuer, Lewis S. (ed.), *Marx and Engels: Basic Writings in Politics and Philosophy*, London, 1971.

[20] Fisher, S. N. (ed.), *Social Forces in the Middle East*, New York, 1968.

[21] Frank, A. G., *Capitalism and Underdevelopment in Latin America*, New York, 1969.

[22] Gerschenkron, A., *Economic Backwardness in Historical Perspective*, Cambridge, Mass., 1962.

[23] Gibb, H. A. R. and Bowen, H., *Islamic Society and the West*, Vol. 1, London, 1950.

[24]Giddens, A., *Politics and Sociology in the Thought of Max Weber*, London, 1972.

[25]Goitein, S. D., "The Rise of the Near-Eastern Bourgeoisie in Early Islamic Times", *Journal of World History*, 3(1957): 583-604.

[26]Gordon, L. A. and Fridman, L. A., "Peculiarities in the Composition and Structure of the Working Class in the Economically Underdeveloped Countries of Asia and Africa(the example of India and the UAR)", in T. P. Thornton (ed.), *The Third World in Soviet Perspective*, Princeton, N. J., 1964.

[27]Gramsci, Antonio, *Quaderni del Carcere(II Risorgimento)*, Vol. 3, Turin, 1949.

[28]Habakkuk, J., "Lectures on Economic Development", in I. Livingstone(ed.), *Economic Policy for Development*, Harmondsworth, 1971.

[29] Halpern, Manfred, "Middle Eastern Armies and the New Middle Class", in J. J. Johnson, (ed.), *The Role of the Military in Underdeveloped Countries*, Princeton, N. J., 1962.

[30]Hilton, R., (ed.), *The Transition from Feudalism to Capitalism*, London, 1976.

[31]Hobsbawm, E. J., *Industry and Empire*, Harmondsworth, 1969.

[32]Hodgson, Marshall G. S., *The Venture of Islam*, Chicago and London, 1974, 3 vols.

[33] Holloway, John and Picciotto, Sol (eds.), *State and Capital a Marxist Debate*, London, 1978.

[34] Hoselitz, Bet F., "Entrepreneurship and Economic Growth", *American Journal of Economics and Sociology*, 12(1952): 97-110.

[35] Hottinger, Arnold, "How the Arab Bourgeoisie Lost Power", *Journal of Contemporary History*, 3(1968): 111-128.

[36] Hourani, A., "Ottoman Reform and the Politics of Notables" in W. R. Polk and R. C. Chambers(eds.), *The Beginnings of Modernization in the Middle East*, Chicago, 1968.

[37]Howe, Irving and Gershman, Carl(eds.), *Israel, the Arabs and the Middle East*, New York, 1972.

[38]Hussein, Mahmoud, *Class Conflict in Egypt: 1945-1970*, New York, 1973.

[39]Issawi, Charles, "The Entrepreneur Class", in S. N. Fisher(ed.), *Social Forces in the Middle East*, New York, 1968.

[40]Johnson, J. J. (ed.), *The Role of the Military in Underdeveloped Countries*, Princeton, N. J., 1962.

[41] Khalaf, Samir and Shwayri, Emilie, "Family Firms and Industrial Development: The Lebanese Case", *Economic Development and Cultural Change*, 15(1966): 59-69.

[42]Kilby, Peter(ed.), *Entrepreneurship and Economic Development*, New York, 1971.

[43]Koebner, R., "Despot and Despotism: Vicissitudes of a Political Term", *Journal of the Warburg and Courtauld Institute*, 14(1951): 275-302.

[44]Laquear, W. Z. (ed.), *The Middle East in Transition*, London, 1958.

[45]Lerner, Daniel, *The Passing of Traditional Society*, New York, 1958.

[46] Lewis, Bernard, "The Impact of the French Revolution on Turkey", *Journal of World History*, 1 (1953): 105-125.

[47] Livingstone, I. (ed.), *Economic Policy for Development*, Harmondsworth, 1971.

[48] Mardin, S., "Power, Civil Society and Culture in the Ottoman Empire", *Comparative Studies in Society and History*, 11 (1969): 258-281.

[49] Marx, K., *Capital*, London, 1930, 2 Vols.

—*Grundrisse*, Harmondsworth, 1973.

[50] Marx. K. and Engels, F., *The Russian Menace to Europe*, London, 1953.

—*On Colonialism*, New York, 1972.

—*The Revolution of 1848, Harmondsworth, 1973.*

[51] McClelland, David C., *The Achieving Society*, Princeton, N. J., 1961.

— "National Character and Economic Growth in Turkey and Iran", in Lucian W. Pye (ed.), *Communications and Political Development*, Princeton, N. J., 1963.

[52] Meyer, A. J., *Middle Eastern Capitalism*, Cambridge, Mass., 1959.

— "Entrepreneurship and Economic Development in the Middle East", *Public Opinion Quarterly*, 22 (1958): 391-396.

[53] Moore, Barrington, Jr., *Social Origins Dictatorship and Democracy*, Harmondsworth, 1967.

[54] Owen, Roger, "Islam and Capitalism: A Critique of Rodinson", *Review of Middle East Studies*, 2 (1976): 85-93.

[55] Perlmutter, Amos, "Egypt and the Myth of the New Middle Class: A Comparative Analysis", *Comparative Studies in Society and History*, 10 (1967): 46-65.

— "The Myth of the Myth of the New Middle Class: Some Lessons in Social and Political History", *Comparative Studies in Society and History*, 12 (1970): 14-26.

— *The Military and Politics in Modern Times*, New Haven and London, 1977.

[56] Polk, W. R. and Chambers, R. C. (eds.), *The Beginnings of Modernization in the Middle East*, Chicago, 1968.

[57] Poulantzas, Nicos, *Political Power and Social Classes*, London, 1973.

— *Fascism and Dictatorship*, London, 1974.

[58] Pye, Lucian W. (ed.), *Communications and Political Development*, Princeton, N. J., 1963.

[59] Reid, D. M., "The Rise of Professions and Professional Organization in Modern Egypt", *Comparative Studies in Society and History*, 16 (1974): 24-57.

[60] Rodinson, Maxime, *Islam and Capitalism*, Harmondsworth, 1974.

[61] Rugh, William, "Emergence of a New Middle Class in Saudi Arabia", *Middle East Journal*, 27 (1973): 7-20.

[62] Santos, R. Dos, "The Structure of Dependence", *American Economic Review*, 60 (1970): 231-236.

[63] Sayigh, Yusif A. , *Entrepreneurs of Lebanon: The Role of the Business Leader in a Developing Economy*, Harvard, 1962.

— "The Modern Merchant in the Middle East", in C. A. O. van Nieuwenhuijze (ed.), *Markets and Marketing as Factors of Development in the Mediterranean Basin*, The Hague, 1963.

— "Cultural Problems and the Economic Development of the Arab World" , in Robert N. Bellah(ed.), *Religion and Progress in Modern Asia*, New York, 1965.

[64] Schatz, Sayne P. , "n-Achievement and Economic Growth: A Critical Appraisal", *The Quarterly Journal of Economics*, Vol. 79, No. 2 1965, 234–241.

[65] Schneewind, J. B. (ed.), *Mill*, London, 1968.

[66] Shinder, Joel, "Career Line Formation in the Ottoman Bureaucracy 1648–1750: A New Perspective", *Journal of Economic and Social History of the Orient*, 16(1973): 217–237.

[67] Smelser, Neil J. , *The Sociology of Economic Life*, New Jersey, 1976.

[68] Smith, Anthony D. , *Theories of Nationalism*, London, 1971.

[69] Stoianovich, Traian, " The Conquering Balkan Orthodox Merchants ", *Journal of Economic History* , 20(1960): 234–313.

[70] Thornton, T. P. (ed.), *The Third World in Soviet Perspective*, Princeton, N. J. , 1964.

[71] Trevor-Roper, H. R. , *Religion, the Reformation and Social Change*, London, 1967.

[72] Turner, Bryan S. , *Weber and Islam: A Critical Study*, London, 1974.

— "The Concept of ' Social Stationariness' : Utilitarianism and Marxism", *Science and Society*, 38(1974): 3–18.

—*Marx and the End of Orientalism*, London, 1979.

[73] van Nieuwenhuijze, C. A. O. (ed.), *Markets and Marketing as Factors of Development in the Mediterranean Basin*, The Hague, 1963.

—*Social Stratification and the Middle East*, Leiden, 1965.

[74] Vatikiotis, P. J. (ed.), *Revolutions in the Middle East and Other Case Studies*, London, 1972.

[75] Venturi, Franco, "Oriental Despotism", *Journal for the History of Ideas*, 24(1963): 133–142.

Weber, Max, *The Protestant Ethic and the Spirit of Capitalism*, London, 1930.

—*Economy and Society*, New York, 1968a, 3 Vols.

—*The City*, New York, 1968.

[76] Wertheim, W. E. , "Religion, Bureaucracy and Economic Growth", Transactions of the Fifth World Congress of Sociology, 1964: 73–86.

[77] Zartman, I. William, "Political Science" in L. Binder (ed.), *The Study of the Middle East*, New York, 1976.

[78] Ziadeh, F. Lawyers, *The Rule of Law and Liberalism in Modern Egypt Stanford*, 1968.

第五章
东方主义、伊斯兰和资本主义

任何试图查明伊斯兰是否妨碍工业资本主义发展的社会学，都与较大、较为复杂的通常关于伊斯兰社会、政治、经济的特点的理论是分不开的。相应地，这个宽泛的比较社会学的问题与关于基督教世界和伊斯兰世界的历史发展异同的传统争论难以分开。[①] 因此，那些把关注点局限在了建立伊斯兰机制和经济行为之间的关系上的研究，比如企业家活动这种经济行为[②]，只能被适当地理解为伊斯兰教和基督教文化之间复杂的、历史的、冲突的特殊方面。伊斯兰社会现实中政治和学术的观点已经被为了主导全球贸易事务而进行的长达几个世纪的军事和经济的斗争深深地模式化了。[③] 另外，随着 17 世纪的专制主义和 19 世纪议会民主的兴起，使伊斯兰社会结构走向概念化的类型学也在欧洲的政治斗争背景中变得复杂起来。这些观察

[①] 在这次讨论中，笔者将首先关注"伊斯兰教""伊斯兰教的""伊斯兰教世界""伊斯兰式的"之间的区别，in Marshall G. S. Hodgson, *The Venture of Islam*, Chicago, 1974, 3 Vols。

[②] 关于讨论创业活动参见：C. Issawi, "The Entrepreneur Class", in S. N. Fisher(ed.), *Social Fores in the Middle East, Ithaca*, 1955; A. J. Meyer, "Entrepreneurship and Economic Development in the Middle East", *Public Opinion Quarterly*, Vol. 22, 1958, pp. 391-396; A. J. Meyer, *Middle Eastern Capitalism*, Cambridge, 1959; Y. A. Sayigh, *Entrepreneurs of Lebanon*, Cambridge, 1962。

[③] Norman Daniel, *Islam, Europe and Empire*, Edinburgh, 1966.

只能说明，在知识社会学中，有关伊斯兰教和资本主义之间关系的任何评论一定是同时并存的。

作为一种信仰的伊斯兰教和作为社会文化体系的伊斯兰世界，已经被一种特殊观点主导了几个世纪，它决定着西方学者的研究主题、关注点和结论。因此，把有利于伊斯兰研究的各种学科，包括历史、哲学、社会学等，视为相同概念框架之内的不同方法是很有可能的。这种观点或概念化的框架通常都被指向"东方主义"。尽管有大量的各种各样的东方主义观点，但在关于伊斯兰教和资本主义的讨论中，只被区分为"早期的"或"古典的"和"当代的东方主义"。就这个角度而言，笔者指的是由这种观点建立起来的关于伊斯兰的理论问题以及一系列相应的由不同的概念界定而产生的不同答案的一套假设。为了使用一个更为复杂的词语，东方主义变成一个"不确定"的问题，在既定的一套准则范围之内影响着理论、方法和结论。任何不确定的预设认知以外的理论进步和对限制的终极超越都受传统框架的影响。笔者认为东方主义不仅主导着传统的伊斯兰研究，还影响着传统上所认为的相互区别和分离的观点，即韦伯和马克思两人的社会学观点。在伊斯兰研究领域，尤其是关于伊斯兰教和资本主义的争论，马克思主义者还没有将韦伯的发展社会学的局限性予以充分地改变。

在伊斯兰世界的社会结构理论中，东方主义符合大量基本命题。第一个是在伊斯兰社会的静态历史和结构与西方基督教文化的动态革命特点之间做了二分矛盾的对照。这种二分的关键特点是：基督教是同质的和动态的。在阿拉伯半岛上爆发伊斯兰征服运动之后，伊斯兰世界始终是保持平稳的。初期的二分法提出的问题用来解释早期中东社会的衰落及其之后的停滞。[1]

---

① David Waines, "Cultural Anthropology and Islam: The Contribution of G. E. von Grunebaum", *Review of Middle East Studies*, No. 2, 1976, pp. 113-123.

第二个，东方主义的重要特点是提供了解释中东社会停滞的原因。这些原因主要包括私有财产的缺席、奴隶制和政府专制的存在。东方社会停滞的这三个原因带来的影响是民众都谦卑地服从于统治者的意愿。由于在专制和民众之间没有很多的干预机制，人们生活在一个与中央和专制政权的绝对意愿通常一致的环境中。所以，所有的社会制度都属于"统治制度"。既然统治者侵吞了所有的社会权利，东方社会没有自治的组织和机构。尤其是，独立的城市在专制的条件下从没有得到充分的发展，这些地区的古老城市实际上只是一些军事营地。这些条件综合起来，使得社会生活和经济生活变得十分危险。在一个财产被政府任意干预剥夺的环境里，这些地区很难形成城市中产阶级。通过对拥有过度发达的国家但没有同等的"公民社会"的东方社会形态的观察，这些东方主义社会学的特点足以展现出来。

第三个，东方主义不确定性的主要维度是与中东民众心理问题有关的。东方主义文献中关于专制主义的阐述引发了在没有持续的焦虑、碎片化的冲突和持久的社会动荡下社会如何得以统一的解释上的难题。传统的解决方法是把伊斯兰教当作包罗万象的、无差别的和永恒的信仰与实践，它将人们和在神的引导下出现的仁慈的代治者，即统治者联系起来。在这种观点下，伊斯兰教是军事化城市平衡分裂力量的一个必要的社会黏合剂。① 伊斯兰教的心理效应是形成顺从、接受和宿命的态度。根据东方主义者的观点，伊斯兰信仰不是为了改变社会安排或推翻统治者的政治专制主义这一目的而产生的。而且，他们还认为，伊斯兰教没有发展出充分的合法信条去抵抗不公平的政府；也没有发展出一种有效的机制去强化一种观念，即

---

① 东方主义者强调伊斯兰城市的派系，请参见：I. M. Lapidus, *Muslim Cities in the Later Middle Ages*, Cambridge, 1967; I. M. Lapidus (ed.), *Middle East Cities, Berkeley and Los Angeles*, 1969; A. Raymond, *Artisans et commerçants au Caire au XVIII siècle*, Damascus, 1973-4, Vol. 2。

忠诚并不意味着要屈服于不虔诚的统治者。① 包括成就、创新和反权威主义者在内的西方式动机的缺席，在社会学上被认为与专制社会中企业家中产阶级的失败有关。

第四个，很重要的一点是，伊斯兰世界东方主义者的社会学是建立在一个特殊的、占主导地位的意识形态和本质主义的认识论之上。伊斯兰世界之所以没能沿着西方的历史线路发展成为工业化的社会，有人将其解释为源于伊斯兰自身的内在本质。伊斯兰社会体系被东方主义者概念化为"表述总体"，就某种意义而言，伊斯兰的内在本质表达在伊斯兰世界的所有方面都会被看到，它还将社会体系表述为和谐的统一体。② 因此，伊斯兰被认为是在它的证明现象中构建它的表达实质。与此相类似，西方社会和历史代表了一个西方目的论的内在实质性的演变。从根本上来看，基督教世界包含了理性和社会进步的种子，最终变得成熟并形成民主工业主义。③ 西方历史的统一取决于这种理性的本质的核心。正是这种植根于东方主义基本假设之上的认识论，产生了所谓的伊斯兰世界发展迟钝而基督教世界是实质性动态发展的特点。

东方专制主义政治理论的发展与蔓延整个欧洲的专制主义国家的兴起是分不开的。尤其在法国，贯穿于整个 17 世纪，关于奥斯曼帝国强有力的合法政府和武断的专制统治者的特点问题产生了激烈的争论。路易十四年轻的导师波斯维特（Bossuet）④，试图将作为上帝的伟大象征的皇室的合法

---

① 这是刘易斯的核心观点，参见"Islamic Concepts of Revolution"，in P. J. Vatikiotis（ed.），*Revolution in the Middle East and Other Case Studies*，London，1972，pp. 30-40。

② 关于"问题域""表现的总体性""理想主义"的概念参见 Louis Althusser and Etienne Balibar，*Reading Capital*，London，1970。

③ 参见 Talcott Parsons，"Christianity and Modern Industrial Society"，in L. Schneider(ed.)，*Religion, Culture and Society*，New York，1965，pp. 273-298。

④ 进一步讨论参见 Sven Stelling-Michaud，"Le mythe du despotismeoriental' Schweizer Beiträge zur Allgemeinen Geschichte"，Vols. 17-19，(1960-61)，pp. 328-346。

专制主义与单纯的专制权力加以区分。根据波斯维特的看法，专制政府的形成有四个原因，即总体上的奴隶制、私有财产的缺席、统治者的绝对权力以及统治者在法律制定中的主观与专断。① 波斯维特对专制权力形成原因的总结以及他对奥斯曼帝国、俄罗斯帝国结构的总体评论为古典东方主义的主要论题提供了一个完美的例证②，使亚里士多德的政府象征论得到了新的解释运用。对该传统贡献最大的是 1748 年孟德斯鸠写的《论法的精神》。孟德斯鸠把政府区分为三种类型，即名义政府、共和政府和君主专制政府。我们再一次发现君主政体和专制政体之间的关键不同在于君主政体之下单一的个别规则是根据既已建立起来的法律制定的，而在专制政体中，这种单一的个别规则是根据个人任性的想法而制定的。君主政体背后的政治情绪是荣誉，而在专制政体中是惧怕。君主政体是基于不平等的社会等级，专制政体则基于几乎不起作用的人民大众与专横的统治者之间的极端平等。在专制政体之下，缺乏将人民与统治者相连接的社会结构，这种社会结构的缺席，导致不稳定和政治激情主导了社会生活。

孟德斯鸠从亚洲帝国尤其是奥斯曼帝国中找出了专制主义的主要例子。孟德斯鸠究竟指的是真正的亚洲社会还是一个虚构的社会成为争论的焦点。例如，阿尔都塞认为，在孟德斯鸠的政治社会学中，专制主义只是"地理上的观念"，因为孟德斯鸠思想真正的对象是绝对君主政体。③ 因此，《论法的精神》就是这样衰落的封建贵族代言人反对皇室绝对主义的政治域。安

① J. Benigne-Bossuet, Politique tirée des propres paroles de l'Écriture Sainte a Monsigneur le Dauphin, 1709, quoted in R. Koebner, "Despot and Despotism: Vicissitudes of a Political Term", *Journal of the Warburg and Courtauld Institutes*, Vol. 14, 1951, pp. 275-302.

② 展开一般性讨论参见 Paul Hazard, *La Crise de la conscience européenne*, Paris, 1935。关于希腊哲学与伊斯兰哲学关系的评论参见 W. Montgomery Watt, *Islamic Political Thought*, Edinburgh, 1968。

③ Louis Althusser, *Politics and History Montesquieu, Rousseau, Hegel and Marx*, London, 1972.

德森质疑了这种对孟德斯鸠的政治理论先入之见的解释①，认为孟德斯鸠对专制主义的分析几乎等同于寓言式的剖析。关键点在于，撇开孟德斯鸠的传道意向，他对亚洲专制主义的描述被看作真正的政治制度，而不仅仅是一个幻想。孟德斯鸠关于东方专制主义的概念最终被真正拥有亚洲社会实际经验的作家们所攻击。尤其是，杜伯龙（Anquetil Duperron）从他的研究和发现中论证了在伊朗、印度存在着合法的契约、私有财产和稳定的商业关系。② 但像博兰格尔（Boutanger）和博尼尔（Bernier）这样的作家，他们支持亚洲不存在私有财产的观点，为欧洲对亚洲的剥削提供了一个勉强的、伪装的借口。

　　黑格尔的《历史哲学》充分说明德国对古典东方主义的贡献。黑格尔的社会哲学的核心目标是去理解在历史中人类能够实现自我意识的条件。因此，黑格尔支持孟德斯鸠并不是因为可以从自私的人性角度推断出政治结构。③ 虽然黑格尔把亚洲的各个区域做了重要区分，但其总的观点是，在古代东方，自我意识的获取受其结构特点的限制。没有个人自由和人类个体发展的概念，专制政体是政府的天然形式。该地区还具备典型性的是，专制统治者往往是以神圣主宰者的形象出现的。在希腊文化中，主观意识和政治民主的兴起之间形成鲜明对照。提到亚洲文明的地区差异，黑格尔认为，印度和中国有着稳固不变的文明。虽然在其开端，伊斯兰代表着一

---

① Perry Anderson, *Lineages of the Absolutist State*, London, 1974; 相似的理论参见 Raymond Aron, *Main Currents in Sociological Thought*, New York, 1965, Vol. 1。

② 相关讨论参见 Franco Venturi, "Oriental Despotism", *Journal for the History of Ideas*, Vol. 24, 1963, pp. 133-142; 文图里对杜伯龙政治概念的解读参见 Anderson, *Lineages of the Absolutist State*, p. 466。

③ H. Nohl（ed.）, *Hegels Theologische Jugendschriften*, Tübingen, 1907, p. 411; 黑格尔哲学的这一方面参见 Raymond Plant, *Hegel*, London, 1973。

种强大的、创造性的精神力量，但它很快发展缓慢了。①

黑格尔对马克思的影响是一个极具争议性的问题。② 在发展社会学领域中，人们可以用黑格尔的术语来解释马克思，即西方资本主义在历史上代表一种动态的、普遍的力量，资本主义导致了东方文化的毁灭。③ 在《共产党宣言》中，马克思和恩格斯认为西方资本主义在特定历史时期是一种不可避免的全新力量，为中国和印度停滞的经济体系带来了流动性。这种资本主义具有进步性的观点在马克思和恩格斯的报刊文章中做了更详细的阐述，尤其是在对中国和印度的英国殖民政策的观点中均得到了体现。④ 在诸如法国入侵阿尔及利亚的特殊问题上，恩格斯特别强调资产阶级力量的历史重要性。⑤ 最后，必须指出，马克思和恩格斯的亚洲观是建立在处于东方问题中心的资源的基础之上，即伯尼尔和英国功利主义者。1853年，马克思写信给恩格斯，评论说伯尼尔认为没有私有财产是东方社会的基础的观点是正确的。⑥ 马克思和恩格斯在讨论亚细亚生产方式时，重申那是他们从孟德斯鸠、弗格森（Ferguson）、詹姆斯·穆勒和约翰·穆勒那里直接或间接继承的东方专制主义的传统。⑦ 他们对东方社会的观点实际上和波斯维特的观点相类似；马克思和恩格斯认为在亚细亚生产方式占

---

① G. W. F Hegel, *The Philosophy of History*, New York, 1956, p. 360.

② 比较的例子参见 Louis Althusser, *For Marx*, Harmondsworth, 1969 and Jean Hyppolite, *Studies on Marx and Hegel*, London, 1969。

③ 黑格尔的阿维内里主编的书中尤其明显：*Karl Marx on Colonialism and Modernization*, New York, 1968; 关于批判性评论参见 Bryan S. Turner, "Avineri's View of Marx's Theory of Colonialism: Israel", *Science and Society*, Vol. 40, 1976, pp. 385-409。

④ Henry M. Christman, *The American Journalism of Marx and Engels*, New York, 1966.

⑤ F. Engels's article from The Norther Star, in Lewis S. Feuer (ed.), *Marx and Engels: Basic Writings on Politics and Philosophy*, London, 1971.

⑥ K. Marx and F. Engels, *On Colonialism*, New York, 1972, p. 313.

⑦ 这种关于依赖性的讨论参见 Bryan S. Turner, "The Concept of Social 'Stationariness': Utilitarianism and Marxism", *Science and Society*, Vol. 38, 1974, pp. 3-18。

据主导地位的社会里，其特征是没有私有财产（国家是真正的"地主阶级"），具有"普遍的奴隶制"和不稳定的政治条件。他们对伊斯兰教和经济停滞之间的关系的观点可能由恩格斯所做的总结最好，恩格斯发现奥斯曼帝国和"任何其他东方的主导力量，与资本主义经济都是不相容的，因为这些社会没有个人的安全和商人的财产"。①

东方社会在经济上和历史发展中处于停滞的观念是整个维多利亚时代英国政治经济学家共同的知识财富。在《英属印度史》（1818 年）中，詹姆斯·穆勒从政治专制主义的角度看待印度的僵化问题，在缺乏政治和法律规则体系的情况下，统治者往往根据自己一时的突发奇想来控制社会，以至于信仰的自由得不到发展。约翰·穆勒将"中国古代的平稳性"归因于这种习俗和传统对个性的压制。在专制条件下造成大众的奴性平等，任何创造天才的迹象都被扼杀了。② 英国政治经济学的暗示是，由于停滞、强权和抑制资本积累的各种社会安排的交织，东方社会只能通过外部因素来变革。维多利亚时代的评论家和 18 世纪法国的政治作家一样，认为奥斯曼帝国最充分地体现了东方社会的倦怠。在通俗文学中，萨克雷（Thackeray）在他的《从康希尔到大开罗》中描写"清凉甜美梦幻般的倦怠"占据了在中东的粗心大意的欧洲人。就像这一时代的其他作家一样，萨克雷认为欧洲的技术——桨轮、富尔顿的锅炉、有篷马车等，这些都会不可避免地破坏奥斯曼帝国在中东的统治，或者按照他自己的表达，叫作消除穆罕默德的"新月"。③ 这种大众的、具有半教育性质的游记文学

---

① Paul W. Blackstock and Bert R Hoselitz(eds.), *The Russian Menace to Europe*, London, 1953, p. 40.

② John Stuart Mill, *Dissertations and Discussions*, London, 1875, Vol. 2, p. 56; 关于对约翰·穆勒和民主的各种评论，请参见 J. B. Schneewind （ed. ）, *Mill*, *a Collection of Critical Essays*, London, 1969。

③ William Makepeace Thackeray, *Notes of a Journey from Cornhill to Grand Cairo*, London, 1894, p. 608.

（如布朗尼的《在波斯的一年》，金莱克的《北方》，或者更为严肃层面上的雷恩的《现代埃及的礼仪和习俗》）认为，中东民众既顺从又缺乏进取，他们在没有稳定地位和尊严的社会里遭人践踏，过着起伏不定的生活，但实际上难以忍受。[①] 从霍布斯到琼斯，这种半虚构的文学和严肃的政治理论传统之间最主要的区别在于，后者试图发现能阻碍亚洲政治和经济变迁的社会和结构条件，而对中东民众的心理没有过多的考虑。[②]

在概述了古典学者对伊斯兰教研究的贡献的主要假设之后，我们很惊讶地发现当代社会学、经济学和历史学对这一传统的依赖程度有多么严重。例如，对伊斯兰文明的英文文献研究中，最具影响力的研究成果之一是吉布（Gibb）和鲍恩（Bowen）的《伊斯兰社会与西方》[③]，这本书已经获得了奥斯曼帝国和安纳托利亚阿拉伯省份的虚拟教科书的地位，声称是关于奥斯曼社会制度的社会学，但它只是东方主义的新版本。作者从宗教本质出发，对奥斯曼社会进行了定义，该问题成为他们研究的对象。与传统的东方主义一样，吉布和鲍恩关注的是这一伊斯兰本质的历史兴衰，他们把伊斯兰世界定义为停滞的和衰退的[④]，统治者和他们的臣民之间没有任何中介机构（除了乌里玛之外）。同时，在乡村和城市的层面上，一直存在着派系斗争，在沃尔尼（Volney）的名言中，这种对立构成了"公民权利和政治权利"。在

---

① VG. Kiernan, *The Lords of Human Kind*, Harmondsworth, 1972, p. 136.

② 在英国政治经济的传统中，对专制主义的分析不仅对功利主义者来说是重要的，而且对早期苏格兰启蒙运动的传统也很重要。参见：Adam Ferguson, "An Essay on the History of Civil Society", who is discussed in W. C. Lehmann, *Adam Ferguson and the Beginning of Modern Sociology*, New York, 1930。对李嘉图税收和亚洲观点的批判参见 Richard Jones, *An Essay on the Distribution of Wealth and the Sources of Taxation*, London, 1831。

③ H. A. R. Gibb and H. Bowen, *Islamic Society and the West: A Study of the Impact of Western Civilization on Moslem Culture in the Near East*, London, 1950 and 1957, 2 Vols.

④ Ibid., Vol. 1, pp. 215 - 216. 有关国家与经济关系的其他资料来源参见 H. Inalcik, "Capital Formation in the Ottoman Empire", *Journal of Economic History*, Vol. 29, 1969, pp. 97 - 140 and "Bursa and the Commerce of the Levant", *Journal of the Economic and Social History of the Orien*, Vol. 3, 1960, pp. 131 - 147。

孟德斯鸠和黑格尔那里我们已发现了这种说法，即在奥斯曼帝国，国家在干预制度方面（即"公民社会"）开发过度。吉布和鲍恩的这一传统观点，对马丁（Mardin）和伊纳尔西克（Inalcik）关于奥斯曼帝国的分析研究产生了较大的影响，他们把社会看作阿斯克（军队）和雷亚（reaya，臣民）之间的分裂。① 吉布和鲍恩的文章也是安德森在《专制国家的谱系》中关于"伊斯兰教家族"研究的重要参考资料。安德森从葛兰西的理论得出"公民社会"和"国家"之间的区别，但是他关于伊斯兰世界的一般特征的信息很大程度上还是依赖于吉布和鲍恩的解释。这种依赖令人惊讶，因为安德森清楚地意识到东方主义传统的危险，但仍然坚持这一观点。

在新的争论中，吉布和鲍恩的观点中固有的困难始终受人关注。例如，正如欧文所指出的，如果不考虑国际环境和外部制约因素，就无法理解奥斯曼帝国社会本质的变化——特别是在16世纪以西欧为中心的全球经济发展。② 此外，在国家官僚和当地居民之间没有简单的社会鸿沟；相反，存在着一个具有重要社会意义的中介和地方利益集团网络，在国家和社会之间发挥着中介作用。关于社会安定性的讨论也忽视了当地农民社区对新市场力量的准备。17世纪玉米种植的迅速传播就是一个很好的例子，同样地，关于伊斯兰本质不可避免的衰落的论断也不得不忽略中世纪时期在奥斯曼帝国中东部分发生的重大经济进步。然而，东方主义的问题不是屈服于经验主义的反对，因为一旦对伊斯兰教的分析从本质论的角度出发，衰落论就会自动从被"污染"的本质中走出来。

---

① S. Mardin, "Power, Civil Society and Culture in the Ottoman Empire", *Comparative Studies in Society and History*, Vol. 11, 1969, pp. 258-281.

② Roger Owen, "The Middle East in the Eighteenth Century-an' Islamic' Society in Deline; a Critique of Gibb and Bowen's Islamic Society and the West", *Review of Middle East Studies*, No. 1, 1975, pp. 101-112.

无论吉布和鲍恩在历史学家中产生何种影响，在发展社会学和比较社会学中，最深刻的东方主义影响是通过韦伯的社会学著作注入的。他对伊斯兰教的支离破碎的评论，以及对世袭统治的系统分析，都是他的研究的一部分，即理性资本主义的出现和延续的条件。韦伯对伊斯兰世界的认识比他对犹太教和基督教的认识要少得多。他关于伊斯兰教的信息和观点来自诸如斯诺克·赫格罗涅（Snouck Hurgronje）、C. H. 贝克尔（C. H. Becker）和朱利亚斯·韦豪森（Julius Wellhausen）等作家那里。[①] 尽管韦伯对伊斯兰教的观察是零散的，但是在他关于宗教价值观和资本主义制度关系的讨论中，伊斯兰教仍然充当了重要的组成部分。[②] 尽管早期的伊斯兰教似乎拥有某些特定的特征，这些特征可能有利于资本主义行为——禁欲主义、一神论、作为中心信仰和预言性设想的预定论——伊斯兰化的社会并没有产生或促成一种理性的"资本主义精神"。为了解释这一悖论，韦伯提出了两个不同的论点。第一个论点集中在他在《宗教社会学》中关于感召力的常规化的阐述中，韦伯试图证明穆罕默德最初布道中的一神论禁欲主义，在被一个战士社会采纳的过程中最终被破坏了，这是韦伯关于东方衰落论的第一个论点。第二个论点出现在《经济与社会》中韦伯所做的更为宽泛的主导性分析，集中讨论伊斯兰社会结构的世袭制方面。正是韦伯后一种论点，而不是他关于禁欲的价值和动机的论点，集中分析了封建欧洲和中东与亚洲的世袭社会之间的差异。

---

① A. Bertholet and E. Lehmann (eds.), *Lehrbuch der Religionsgeschichte*, Tübingen, 1925; G. H. Bosquet and J. Schacht (eds.), *Selected Works of C. Snouck Hurgronje*, Leiden, 1957; C. H. Becker, *Islam Studien*, Leipzig, 1924, 2 Vols; Julius Wellhausen, *Das arabische Reich und sein Sturz Berlin*, 1902; These Orientalists are discussed in Jean-Jacques Waardenburg, *L' Islam dans le miroir de l' Occident: comment quelques orientalistes occidentaux se sont penchés sur l' Islam et se sont formés une image de cette religion*, The Hague, 1963.

② 关于这种关系的性质参见 Bryan S. Turner, *Weber and Islam: A Critical Study*, London, 1974。

在封建制度下，土地所有权被视为贵族阶层的一种可继承的特权，用来换取服军役；在世袭制中，土地所有权被国家保留，作为交换服役的土地使用权不可继承。因此，俸禄制度提供的产权远没有保有地产权那么稳定，后者具有永久的租赁权。韦伯进行对比之后认为，在封建制中显要人物可以享受到来自中央授予的相对多的自主权。相反，中央政府试图通过控制土地、帝国军队和对外贸易来垄断帝国的经济和政治权力，以反对出身高贵的贵族。在这些条件下，独立的城市无法发展，并保留了帝国军队的地位。① 城市环境中的不安全感限制了自发、有进取心的中产阶级的出现。此外，伊斯兰工会受到国家官员的控制。② 尽管在中世纪的伊斯兰时代有一群商人与国际贸易联系在一起，但韦伯认为，由于伊斯兰教法并没有保护个人免受临时的法律决定的影响，商人们都投资于瓦克夫财产，以达到某种虔诚的目的。这样的财产是租金的来源，而不是"营利资本"。这样的社会总要遭受持续的危机，因为中央政府的需求总是高于来自税收和外国战利品的收益。世袭制国家的这些财政危机一方面基于农业税收和准封建的土地权利得以缓解；另一方面，则加重对农民的剥削。然而，这些方法往往会增加财产和贸易的不确定性。因此，在最后的分析中，关于韦伯伊斯兰社会学的解释得出了一个并不太流行的结论，即在奥斯曼帝国，资本积累的基本先决条件——个人和财产的安全——是不存在的。

在这一阶段，我们将充分考虑到对韦伯伊斯兰社会学的一些主要批评。③ 第一篇讨论关于早期以穆斯林战士为载体的伊斯兰教的禁欲主义的

---

① 其他评论参见 Vatro Murvar, "Some Tentative Modifications of Weber's Typology: Occidental Versus Oriental City", *Social Forces*, Vol. 44, 1966, pp. 381-389。

② 关于一般商业和生产条件的讨论参见 M. Lombard, *L' lslam dans sa première grandeur*, Paris, 1971。

③ George Lichtheim, "Marx and the Asiatic Mode of Production", *St. Antony's Papers*, No. 14, 1963, pp. 86-112.

文章是不充分的，它夸大了战士和军事主义价值观在早期和中世纪伊斯兰教中的重要性。相比之下，商人和商品的价值在塑造伊斯兰社会的文化方面更具决定性。[①] 在对韦伯的回应中，罗丁森不遗余力地证明，作为一种宗教，在伊斯兰教的惯例和伊斯兰教的禁戒中，没有任何东西可以抑制理性资本主义精神的崛起。[②] 罗丁森指出，对某些类型的高利贷的利润的禁止，从来没有严重影响到投资和贸易；此外，他还说，韦伯关于《古兰经》神学合理性的局限性的观点是无法持续的。尽管韦伯关于伊斯兰教的禁欲主义发展不足与资本主义没有获得发展之间存在着因果关系的观点难以持续，但在罗丁森提出的另一种理论中存在着严重的问题同样需要进一步思考。

罗丁森想要论证金融和商业资本主义以及小商品生产在中世纪的伊斯兰世界得到了发展，在某种程度上，大体上相当于在资本主义生产方式占据主导地位之前欧洲的类似资本主义部门。在前资本主义的伊斯兰世界中，这些部门由于西方帝国主义时期欧洲商品的冲击而没有得到充分发展。为了证明这些资本主义部门的存在，罗丁森从先知时代的阿拉伯半岛到现代的海湾国家，在广泛的伊斯兰背景里引用了多种不同的例子。因此，在试图挑战韦伯社会学的东方主义时，罗丁森运用了东方主义历史的认识论和理论假设。罗丁森没有对历史上不同时期的特定社会的具体结构和经济过程进行分析，而是将一个永恒的、没有区别的类别（"伊斯兰"）与其他模糊的类别（"欧洲资本主义"或"基督教"）进行了对比。罗丁森提出没有任何理由把"伊斯兰教"作为一个单一的概念，忽略社会和经济上的差

---

① S. D. Goitein, "The Rise of the Near-eastern Bourgeoisie in Early Islamic Times", *Journal of World History*, Vol. 3, 1957, pp. 583-604.

② 这是罗丁森的中心主题，*Islam et capitalisme*, Paris, 1966。

异，而只表示一种同质文明。①

　　此外，罗丁森主要关注于韦伯的第一个论点，该论点重点关注促进或阻碍资本主义行为的价值和动力的本质；韦伯对伊斯兰帝国世袭制结构的分析在很大程度上被忽视了。为了批判韦伯关于伊斯兰教和禁欲主义的评论，罗丁森证明了商人阶级在伊斯兰文明史上的重要性。不幸的是，商人阶级对于一个社会中资本主义生产模式占据支配地位的重要性，是一个悬而未决的、有争议的问题。事实上，商人作为一个阶级在不同的经济条件下出现于不同的社会中，他们并不是像从前那样预示着一种新的生产方式的开端。在谈到封建主义与商业资本之间的关系时，马克思指出，商业资本"本身不能推翻旧的生产方式，而是保留并将其作为先决条件"。② 商人在历史上并不是前资本主义生产方式的破坏者，因此伊斯兰教的价值与资本主义活动之间的兼容性的证明往往与研究资本主义生产方式的状况无关。在试图解决韦伯社会学的问题中，罗丁森揭示了一个更基本、更棘手的问题，即生产方式的转换问题。导致前资本主义的生产方式解体的精确条件和过程仍然是令人费解的。

　　在两种相反的理论框架的主导下，发展社会学已经出现了。以内在论者的视角来看，出于分析的目的，社会学家将社会深层结构作为一个孤立的社会单元，集中研究了其价值和制度，对经济增长或停滞的解释是从个人信仰、家庭结构、继承模式等方面进行的，而不是根据国际劳动分工中社会的全球语境来进行。韦伯用伊斯兰教的宗教价值观来解释经济停滞，是内部主义理论的典型例子，因为它忽视了伊斯兰社会所处的全球形势的

---

① 当然，团结和多样性的问题不仅对东方主义有问题，而且对伊斯兰神学和哲学也至关重要。统一性问题在冯·格鲁内鲍姆的著作中非常重要，要讨论这一问题，必须参阅 Abdallah Laroui, "For a Methodology of Islamic Studies", *Diogenes*, No. 83, 1973, pp. 12-39.

② Karl Marx, *Capital*, 1970, Vol. 3, p. 334.

特殊性。勒纳著名的心理同情研究提供了中东发展的内部主义因果模型的当代例证。[1] 从传统到现代社会的转变是成功的，在城市化的进程、识字能力、大众传媒的提供和政治参与之间有良好的平衡，在最适宜的情况下，随着新的城市中心的建立而产生的地理流动性增长，将与一种新的人格结构的出现相吻合。具有同情心的公民可以参与新的社会安排，并为民主化、世俗化以及传统社会的商业化进程做出贡献。在勒纳的诊断中，中东之所以发展不充分，是因为它与现代化模式不合拍。过度的城市化与文化增长有关；政治参与过少与国家对媒体的控制有关。[2]

在一般意义上的发展社会学中，任何集中于不发达社会的人口特征研究的理论都是内在论者的视角。[3] 例如，赫施拉格（Hershlag）声称，中东面临的主要问题不是资本的短缺，而是人力资源的短缺。[4] 他们过于缺少有冒险精神的创新者，穆斯林企业家的经济预期水平较低，他们只满足于眼前的利益而不是未来的回报。根据赫施拉格的说法，他们明显偏好小型的家族企业而不是拥有合理投资计划的大型组织。[5] 这些关于当前形势的观察必须放置于更广泛的历史背景中。考虑到伊斯兰社会的世袭制结构，一个强大的中产阶级不会在伊斯兰世界中发展，这是一个传统上有争议的问题。国内贸易和过境贸易通常是受控于宗教少数派，尤其是犹太人和基督徒。[6] 在现代，政治学家一直在争论，中东军队某些部门中的军官精英是否能履

① Daniel Lerner, *The Passing of Traditional Society*, New York, 1958.
② 勒纳的文章被批判性讨论参见 Anthony D. Smith, *Theories of Nationalism*, London, 1971。
③ 这种内在主义的观点具有支配性的特点, *Classicisme, et déclin culturel de l' histoire de l' Islam*, Bordeaux, 1956。
④ Z. Y. Hershlag, *The Economic Structure of the Middle East*, Leiden, 1975.
⑤ 另一种观点参见 Samir Khalaf, "Adaptive Modernization: The Case for Lebanon", in Charles C. Cooper and Sidney S. Alexander (eds.), *Economic Development and Population Growth in the Middle East*, New York, 1972。
⑥ T. Stoianovich, "The Conquering Balkan Orthodox Merchant", *Journal of Economic History*, Vol. 20, 1960, pp. 234-313.

行历史上由资产阶级在欧洲所承担的社会和经济职能。[①]

这种对待伊斯兰社会的"失踪的中产阶级"的方式可能会受到基于多种理由的挑战。这些对伊斯兰历史的解读往往夸大了资产阶级企业家在欧洲资本主义兴起中的作用。对19世纪英国资产阶级发展的经典案例的一项研究表明,创新者勇于冒险的行为并不是工业化的关键特征。举例来说,霍布斯鲍姆(Hobsbawm)就揭示了,由于英国对外国市场的控制,资本主义投资是如何受到保护来避免破坏性的竞争和不稳定投资的影响。[②] 资本家的目标是在有担保的市场中进行安全投资,而不是那些同样需要合理规划的长期的不确定性投资。而且,那些强调创新资本主义的自主性的资本主义观点低估了国家在资本主义发展中的重要性,不仅在英国如此,在德国和意大利也是如此。欧洲大陆其他国家迫切需要针对英国工业制成品进行自我经济保护,也同样迫切需要国家发展出健全的经济基础设施。[③] 有大量证据支持这一观点,即一旦资本主义成为英国的主导生产方式,英国以外的所有资本主义发展就都需要国家的大力支持。[④] 因此,国家、官僚机构和新兴中产阶级在现代中东发展中的重要性,在全球资本发展的背景下,从历史上或结构上都没有显得特别突出。

对内在论者强调独立的资产阶级企业家精神的必要性的主要批判是一个更理论化的理论。在一个社会里,商业活动所采取的精确形式,不能将其独立于该社会的一般经济环境之外来理解,而这些一般条件反过来又依

① M. Halpern, "Middle Eastern Armies and the New Middle Class", in J. J. Johnson(ed.), *The Role of the Military in Underdeveloped Countries*, Princeton, 1962, pp. 277-315.

② E. J. Hobsbawm, *Industry and Empire*, Harmondsworth, 1969, pp. 41 ff.

③ Barry Supple, "The State and the Industrial Revolution 1700-1914", in C. M. Cipolla(ed.), *The Industrial Revolution*, London, 1973, pp. 301-357.

④ W. E Wertheim, "Religion, Bureaucracy and Economic Growth", *Transactions of the Fifth World Congress of Sociology*, Vol. 3, 1962, pp. 73-86.

赖于这个社会在全球资本积累范围内的时空位置。从这个角度来看，社会存在资本主义创造力、理性规划和长期投资的机会，不是取决于人力资源，而是取决于世界经济环境。例如，在黎巴嫩，商业资本对工业资本的支配地位问题，被解释为与以色列相邻以及黎巴嫩在世界贸易中的作用与其内部阶层结构的历史和社会原因形成的，而没有提到小规模的家族资本主义的主观偏好。[1] 关于企业家技能和资本主义驱动在欠发达社会中的争论要么是错误的，要么是反复的。它之所以是一种谬误，是因为有大量的企业家技能在欠发达的社会中存在，但是找不到资本主义角色的出路[2]；之所以是一种重复，是因为关于企业家技能的论文最终是基于这样一种说法，即"没有工业资本主义，就没有工业资本家，反之亦然"。[3] 尽管在其他地区的发展社会学中，对经济表现不佳的解释，已经放弃了努力或高休闲偏好的反向供给曲线，或缺乏顺从即时满足的意愿，但在中东研究中，它们似乎仍然具有可信度。[4]

在分析伊斯兰企业家的过程中，这一具体问题有助于查明在文化和体制因素方面对资本主义进行内在论解释的普遍困难。相比之下，那些可被称为属于弗兰克、马多夫（Magdoff）、多斯·桑多斯（Dos Santos）和弗尔塔多（Furtado）的外在论方法集中关注一个社会所处的国际背景，而不看

---

① Roger Owen(ed.), *Essays on the Crisis in Lebanon*, London, 1976.

② 概括性论述参见 Walter Elkan, *An Introduction to Development Economics*, Harmondsworth, 1973; 伊斯兰企业家精神的例证参见：M. Mercier, La civilisation urbaine au Mzab, Alger, 1922; Chevrillon, *Les Puritains du désert*, Paris, 1927; E. A. Alport, "The Mzab", *Journal of the Royal Anthropological Institute*, 1954, Vol. 84, pp. 34-44。

③ Paul A. Baran, *The Political Economy of Growth*, Harmondsworth, 1973, p. 385.

④ 关于中东研究的理论落后问题参见 Leonard Binder (ed.), *The Study of the Middle East*, New York, 1976。

其内部特征。① 准确地说，一个社会的内部特性被视为根植于世界范围内的资本积累进程中的影响因素。从这个角度来看，处于资本主义边缘的社会是由于先进的资本主义社会和跨国公司而导致的系统性不发达。例如，在穆罕默德·阿里帕夏的改革方案破产之后，埃及工业化失败了，仅表现出埃及作为一个单一的农业出口社会对国际依赖的一个特征。然而，棉花生产所产生的经济盈余，通常被归还给外国利益集团或重新投资于棉花生产，或转移到银行或保险部门。② 在阿尔及利亚、黎巴嫩和海湾国家的历史发展中，殖民时期的土地资本主义的特殊性已经被充分地证明了。③ 从这个外在论的视角来看，伊斯兰教信仰、制度和一般文化与资本主义的相关性问题已经不再被认为是一个重要的社会学问题。问题是，在一定程度上，由于认识论的原因，资本主义生产方式的结构被认为是探究的真正对象，而不是个人的信仰。此外，这种观点拒绝分析资本主义自发增长的原因，认为这与资本主义、殖民主义对世界资本主义边缘国家的影响问题无关。对英国资本主义起源问题的研究者没有提供任何关于资本主义发展不足的观点，因为在英国资本主义增长的影响下资本主义的发展条件已经发生变化。18 世纪资本主义发展的条件不能作为当代资本主义发展的条件。

尽管勒纳、麦克莱兰、英克尔斯（Inkeles）和史密斯等社会学家的外

① A. G. Frank, *Sociology of Underdevelopment and the Underdevelopment of Sociolog*, London, 1972; H. Magdoff, *The Age of Imperialism*, New York, 1969; T. Dos Santos, "The Structure of Dependence", *American Economic Review*, Vol. 60, 1970, pp. 231－236; C. Furtado, *Development and Underdevelopment*, California, 1964.

② Charles Issawi, *Egypt in Revolution: An Economic Analysis*, London, 1963; E. R. J. Owen, *Cotton and the Egyptian Economy 1820－1914: A Study in Trade and Development*, London, 1969; Samir Radwan, *Capital Formation in Egyptian Industry and Agriculture 1882－1967*, London, 1974.

③ Samir Amin, *The Maghreb and the Modern World*, Harmondsworth, 1970; Fred Halliday, *Arabia Without Sultans*, Harmondsworth, 1974.

部性批判的著作是令人信服的，但是外在论的方法仍存在某些问题。[1] 在解决这些分析问题之前，重要的是要认识到，内在论的解释通常被认为是典型的韦伯式的，而对殖民主义的外在论描述一般都宣称源自马克思主义。事实上，正如前面关于东方主义的讨论所表明的那样，马克思的亚细亚生产方式已经表明了内在论是对亚洲社会落后的一种解释。亚洲的停滞被解释为私有财产的缺失、国家的主导地位以及乡村经济组织的构成。在关于亚细亚生产方式的争论中，有人提出应该将这种理论模式从公认的马克思主义范畴中剔除，因为亚细亚生产方式在分析上是不连贯的。如果亚细亚生产方式中不存在阶级，那么在解释国家的存在时，就不可能不诉诸技术还原论来论证国家的动力功能。[2] 人们还可以断言，在严格的资本概念得到充分发展之前，马克思在报刊上发表的文章中主要讨论的亚细亚生产方式还属于马克思的前科学时代。由于马克思提出的这种模式存在很大争议，人们利用亚细亚生产方式来分析中东问题时容易产生极为不稳定的和值得质疑的结果。[3]

无论马克思主义与当代资本发展的外在论解释的确切关系是怎样的，外在论视角的理论和解释的有效性都不得不受到挑战。在批判韦伯发展社会学的传统时，新马克思主义的外在论学派未能意识到，在某种程度上而

[1] David McClelland, *The Achieving Society*, New York, 1961; A. Inkeles and David H. Smith, *Becoming Modern*, London, 1974.

[2] 对亚细亚生产方式的传统解释参见 Barry Hindess and Paul Q. Hirst, *Pre-Capitalist Modes of Production*, London, 1975; 另外一种观点参见 Talal Asad and Harold Wolpe, "Concepts of Modes of Production", *Economy and Society*, Vol. 5, 1976, pp. 470–505。

[3] Ervand Abrahamian, "Oriental Despotism: The Case of Qajar Iran", *International Journal of Middle East Studies*, Vol. 5, 1974, pp. 3–31; K. Wittfogel, *Oriental Despatism a Camparative Study of Total Power*, New Haven, 1957. 关于各种理论的概述参见 Gianni Sofr, *Il modo di produzione asiatico*, Turin, 1969; and Ernest Mandel, *The Formation of the Economic Thought of Karl Marx*, London, 1971。

言，这两种视角有不同的研究对象。韦伯社会学的研究方向是关于欧洲资本主义起源的问题，然后对其他文化背景下的资本积累的内在条件进行了比较研究。相反，外在论学派倾向于对资本主义持续存在的条件及其在英国资本发展之后对欠发达世界的影响进行考察。尽管韦伯对资本主义世界的崛起的描述可能没有提供非常有效的方法来理解现代非洲新殖民主义的影响，但它并没有被排除在关于资本主义起源的社会学的方向之外。然而，外在论解释有意识地漠视对不发达社会的内部结构和文化的分析也会带来严重的困难。例如，弗兰克外在论的观点不能给出一个令人满意的解释，即不能解释为什么是某些社会而不是其他社会被迫走向资本主义边缘，而且，也不能解释为什么某些深受跨国公司渗透的社会（如加拿大或苏格兰）能够获得高水平的资本主义发展（诚然，其发展水平参差不齐）。正如梅洛蒂（Melotti）观察弗兰克的资本主义不发达模式时，他认为弗兰克完全忽视了个别不发达国家的内部结构，并倾向于将不发达的过程简化为资本主义发展的机械性伴随物。[①] 简言之，要充分解释不同社会在资本发展方面的差异，就需要研究国际劳动分工，并分析社会的内部结构和文化特征。内部结构不只是受外部经济条件的影响，内部结构的分析可能包括阶级结构、生产方式和意识形态结构（包括宗教、道德和价值在内）的例证。

大量对伊斯兰社会的研究基于理解整个全球结构与既定社会内部安排的微小细节之间复杂的因果关系的必要性之上。例如，沃勒斯坦在古代帝国衰落的背景下，就欧洲世界经济的起源展开了辩论。[②] 帝国的瓦解导致出现了欧洲封建制度，而在奥斯曼帝国和中国的案例中出现了一个俸禄制化进程。在封建社会中，正如韦伯所主张的，相对于中央政府而言，地主阶

---

① Umberto Melotti, *Marx and the Third Work*, London, 1977, p. 195.

② Immanuel Wallerstein, *The Modern World-System*, New York, 1974.

级拥有相对较高的收入、自主权和权力，而在俸禄制中，地主阶级比较弱小，国家官僚机构具有相当大的经济和军事力量。因此，西欧的封建化导致了罗马帝国的瓦解，但是中国和伊斯兰帝国的俸禄制化却维护了帝国结构。在沃勒斯坦的论述中，俸禄制的帝国阻止了，或者更确切地说是减少了封建化和资本主义存在的可能性。在中国古代，恰恰是国家官僚主义的力量限制了诸如火炮等技术的变革、传播与应用，最终可能导致不利的政治重组。各种不可预知的情况促使这些政治制度具有不同的结构性意义。欧洲的农业经济是以小麦和牛为基础的，这种体系鼓励了向外的地理扩张，在没有强大的帝国结构的情况下，它有利于有产阶级。相比之下，中国的稻米种植需要更多的人，而不是更多的空间。在中国，那些可能从牛身上受益的社会群体由于决策的集中化而受到制约。伊斯兰式和中国的制度在作为世界的帝国中发展起来的，它们的民族国家、城邦和政治强有力而资产阶级相对较弱。西欧在没有统一的政治结构的情况下，也就是说没有世界帝国的情况下发展成为世界经济体。资本主义在这样多元的政治单元中蓬勃发展，而不是一个统一的帝国政治体系。一个帝国为了管理大片土地不得不增加税收，所以经济盈余是直接从资本积累中转移出来的。因此，正是中国和伊斯兰帝国发达的官僚体制和政治结构的理性，才阻碍了经济向资本积累方向的转变。

然而，这两种社会制度，即封建制和俸禄制，并不是两种静止的实体。沃勒斯坦提出了一种历史变迁的理论模式，在该模式中，不平衡的、相互矛盾的转变是中心，而非精神的进化。在 16 世纪和 17 世纪，农业资本主义关系出现，英格兰和尼德兰联合省在世界经济中成功地确立了自己类似国家实体的地位，但法国和西班牙建立世界帝国的努力失败了。因此，世界经济中心和世界帝国之间的对比不仅仅是充满活力的西方和发展缓慢的东方之间的对比。更重要的是，资本主义发展进程是不均衡的，在世界经济中，强大的核心国家创造了附属的外围和半外围地区。核心国家享有世界经济中劳动分工带来的好处，它们创造了一个强大的国家机制来保持这种不平等。由于世界经济中没有政治机制，因此，全球性的不平等无法得到改善，经济的不平等也通过市场得到持续强化。这种关于世界经济出现的观点提供了一种分析奥斯曼帝国变化的有价值的方法，它可以被解释为前资本主义社会融入世界经济体系的一个例子。

在奥斯曼帝国，俸禄制的内部危机，导致了社会关系的封建化，世界贸易的外部经济压力强化了这一点，也削弱了中央政府对地主的权威。在19世纪欧洲贸易扩大之前，中央政府控制了运输和出口贸易，通过城市行会监督生产，并确保充分提取商业盈余。[1] 国家从非封建的前资本主义农业部门中增加了收入，而商人阶级从为外部市场生产农作物的商业化农业中获得盈余。这些商业化作物用来增加奢侈品的进口，然后商人用这些奢侈品与政府官员和地主交换。奥斯曼帝国外部环境的重大变化，使得统治阶级各部分之间的相互经济关系也发生了深刻的变化。新的海上航线，如葡萄牙人发现了开普敦的好望角和17世纪晚期英国人进入印度洋，开始了一个进程，即切断了传统上通过奥斯曼帝国的国际过境贸易。这些珍贵的商品贸易线路受到英国和荷兰商人的控制，使得奥斯曼帝国的财政收入大幅下降。作为贸易和工业中心，布尔萨和阿勒颇的贸易量出现了下降。[2] 欧洲经济的增长导致了原材料（谷物和原棉）对外贸易的增加，以满足欧洲国

---

[1]　Caglar Keyder, "The Dissolution of the Asiatic Mode of Production", *Economy and Society*, Vol. 5, 1976, pp. 178–196.

[2]　除了伊纳尔西克的研究，还可参见：Bernard Lewis, "Some Reflections on the Decline of the Ottoman Empire", *Studia Islamica*, Vol. 9, 1958, pp. 111–127; A. H. Lybyer, "The Ottoman Turks and the Routes of Oriental Trade," *English Historical Review*, Vol. 30, 1915, pp. 577–588。

家的需求。然而，这种新贸易主要是通过非法渠道进行的，从而避免了官方税收，国家对外贸易的控制不断受到破坏。为了满足这种对原材料的新需求，更多的土地被商业部门的商人控制，从而降低了国有部门土地的比例。这一时期的商业化伴随着"生活农场"（malikane）和商业地产（ciftlik）的兴起，从而使农民和佃农从事更大规模的经济作物生产。随着提马里诺（timariots，有固定收入、可换取军役的土地）被商业地产取代，传统的拥有土地的骑士阶层（sipaht）开始衰落。这些变化与奥斯曼帝国的地方财政收入危机有关，它已无法控制周边地区。国家权力系统的瘫痪为阿纳托利亚的独立领主和鲁梅里亚（Rumelia）的地方贵族的崛起提供了条件。

在世界经济范围内，奥斯曼帝国的这一扩散进程在 19 世纪完成。由于新的特许计划和蒸汽货船、铁路、电报等技术的改进，欧洲制成品的进口摧毁了这一地区的行会生产和农村手工业体系。为了增加收入以应对财政危机，国家被迫增加税收，这又引起了进一步的不满和政治分歧。甚至在1875 年，随着黑塞哥维那（Herzegovina）的崛起，到 1912 年的巴尔干战争，这个国家仍然面临着欧洲和巴尔干省份不断分裂的局面，这些省份成为世界经济核心国家的附属地。因此在内部的官僚、地主和商人之间的阶级斗争进程中，奥斯曼帝国的俸禄制体系被瓦解了。但是作为世界经济体系中的资本主义得到不断巩固，外部经济环境的变化带来的影响进一步强化了这一进程。

在这些受到沃勒斯坦及其学生作品启发的关于伊斯兰世界的研究中，出现了一个关于经济和社会变革的视角，这种视角开始打破了东方主义的经典假设。这些研究保留了韦伯大部分关于概念化的世袭制和帝国主义危机的核心主题，但是奥斯曼帝国内部的变化过程显然是在奥斯曼帝国经济的外部环境大规模重组的背景下进行的。此外，奥斯曼帝国农业制度的商业化并不是一个颓废的伊斯兰帝国特殊的特征，而是在 19 世纪资本主义冲击下的社会体系所共有的特征。伊斯兰经济依附于资本主义生产关系，它在世界经济中的边缘化不需要任何东西方文化之间具有本质差异的东方主义假设，以便社会学家和历史学家能够理解这些资本积累的过程。强大的核心国家对地区的边缘化和剥削是在既定的地区内部和地区之间运作的社会进程。此外，亚细亚生产方式实际上不是亚洲所特有的经济生产方式。①资本主义生产关系的兴起和持续，对其不能仅作为一个宗教文化层面上出现的问题来看待，因为对资本主义发展的分析不能只停留于对宗教本质的静态比较中。因此，有关依附型伊斯兰社会的资本形成历史的研究，开始指向阐述伊斯兰教与经济变革之间关系的新途径。

针对伊斯兰教和资本主义的传统东方主义方法集中在资本主义"自发"发展的这一问题上。②在韦伯的社会学中，其研究以发现西方资本主义发展的关键要素为主要形式，孤立看待那些在亚洲社会中缺席的要素，即独立的资产阶级、理性的法律、自由市场和劳动。从这个角度来看，最主要的区别之一似乎在于人的宗教价值领域。对新马克思主义发展理论的系统阐述，为这种方法提供了有力的批判。首先，欧洲建立资本主义生产方式之后，经济发展状况发生了根本性的变化。其结果是"自发"的资本主义发展不能再重复。因此，许多关于"消失了的中产阶级"的东方主义讨论结果缺乏社会学价值。其次，对印度、巴基斯坦和非洲的资本主义发展的分析表明，当资本主义的生产关系被插入到欠发达的社会里时，它们通常会

---

① 为了将亚细亚生产方式应用于拜占庭，Helene Antoniadis-Bibicou, "Byzantium and the Asiatic Mode of Production", *Economy and Society*, Vol. 6, 1977, pp. 347-376。关于奥斯曼体制对巴尔干半岛和南斯拉夫的影响参见 Wayne S. Vucinich, "The Yugoslav Lands in the Ottoman Period: Postwar Marxist Interpretations of Indigenous and Ottoman Institutions", *Journal of World History*, Vol. 27, 1955, pp. 287-305。

② Bryan S. Turner, *Marx and the End of Orientalism*, London, 1978.

发挥一种矛盾的作用，即保护和巩固陈旧的、前资本主义的劳动组织形式和一般的社会关系。[①] 在不发达的社会中，社会落后往往不是固有社会关系和文化的结果，而是殖民农业资本主义发展的结果。在这方面，在亚洲，特别是在像印度这样的社会里，资本主义的发展已经与韦伯和马克思的预期相反。[②] 因此，资本主义生产方式的主导地位并不会自动导致前资本主义生产方式的毁灭，一般而言，把所有社会形态概念化为重叠生产方式的组合是很重要的。[③] 伊斯兰社会资本主义的不平衡发展与欧洲资本主义社会有许多相似之处，在意大利南部和北部之间，或者在大不列颠的东南部和西北部之间存在着巨大的地区不平衡，社会内部的差异一直是资本积累的共同主题。发展社会学中的这些方法强调了将一个同质实体（基督教的西方）和另一个统一的实体或本质（伊斯兰的亚洲）之间作幼稚的对比是荒谬的。另外，这些当代社会学思想的重新定位表明了在社会变革的理论观点上存在的根本困难。东方主义的历史决定论将历史看作先进的生产关系和物质生产方式的必然进程。资本主义生产关系对伊斯兰社会的影响可能会以各种落后的形式表现出来。[④]

　　在东方主义对东西方进行对比的传统问题重新审视中，我们有必要关注既定的社会和它们在世界经济中独一无二的地位。提到"伊斯兰社会"，

---

① 关于殖民资本主义劳动组织的特点的论述参见：Jarius Banaji, "Backward Capitalism, Primitive Accumulation and Modes of Production", *Journal of Contemporary Asia*, Vol. 3, 1973, pp. 393 – 413; Jairus Banaji, "Modes of Production in a Materialist Conception of History", *Capital and Class*, Vol. 1, No. 3, 1977, pp. 1–44。

② 马克思在新马克思主义理论中对亚洲分析的修正，系统的阐述参见 Aidan Foster-Carter, "Neo-Marxist Approaches to Development and Underdevelopment", in Emanuel de Kadt and Gavin Williams (eds.), *Sociology and Development*, London, 1974, pp. 67–105。

③ 关于前资本主义生产方式的保护参见 Nicos Poulantzas, *Political Power and Social Classes*, London, 1973。

④ *Development in the Middle East*, MERIP Reports, 1975, No. 42; *State Capitalism in Algeria*, MERIP Reports, 1975, No. 35.

显然忽略了一点，即尼日利亚北部的发展问题显然不同于孟加拉国、约旦或者突尼斯。在试图批判东方主义者对伊斯兰教的描述时，笔者不得不采用他们的术语，但对"伊斯兰""伊斯兰世界""伊斯兰式"等概念的区分并不完全令人满意。马歇尔·霍奇森（Marshall Hodgson）认为，在众多伊斯兰社会里，所有纷繁复杂的社会现象的背后，都存在着一个内在的共同核心，即个人的虔诚或信仰。不幸的是，霍奇森对信仰现象的处理，将我们带回了普遍的、永恒的、自存的、本质的领域。[①] 许多关于伊斯兰教和资本主义的传统争论已经假定"伊斯兰"是一个单一的研究对象，而没有为这一假定提供合理的理由。此外，这场辩论还假定了伊斯兰信仰和资本主义行为之间的关系，或者更广泛地说是"精神因素"和"物质因素"之间的关系，是外部性、分离性和偶然性的关系。具有讽刺意味的是，宗教信仰和经济行为之间这种特殊形式的关系与马克思主义术语中的经济基础和上层建筑之间的区别是相似的。如果按照物质因素和观念之间的简单区分，就不可能将诸如科学知识或财产的法律界定或政治制度等现象明确地归入到上层建筑。例如，法律的所有权概念对生产关系至关重要，它决定了生产方式的性质。因此，在试图推测伊斯兰信仰与资本主义行为之间的因果关系时，东方主义者忽略了这样一个事实，即考虑到社会行为的本质，信仰必然是社会互动的组成部分。[②]

这些关于东方主义传统中因果解释状况的观察，也引发了人们对宗教社会的传统方法在伊斯兰世界研究中提出了质疑。关于资本主义和伊斯兰

[①] 关于对霍奇森观点的批判参见 Bryan S. Turner, "Conscience and the Construction of Religion: A Critique of Marshall G. S. Hodgson's the Venture of Islamn", *Review of Middle East Studies*, Vol. 2, 1976, pp. 95-112。

[②] Sami Zubaida, "Economic and Political Activism in Islam", *Economy and Society*, Vol. 1, 1972, pp. 308-338.

教的传统辩论的这种批评，这就意味着，为了将这一本质与资本主义外部现象进行比较，我们不可能从伊斯兰教中剥离出我们称之为"伊斯兰虔诚"或"信仰"或"宗教内核"的内在宗教本质。这种方法不仅假定西方私人和公共领域的概念具有普遍意义，它还假定伊斯兰教的"宗教价值观"本身就不具备社会原因或历史决定性。正是这个问题削弱了伊斯兰研究的现代经典，即马歇尔·霍奇森的《伊斯兰的冒险》的中心主题。在伊斯兰教的例子中，由于基督教的起源和伊斯兰教的基础之间存在某些关键的分歧，其内在的宗教生活和外在的世俗世界之间几乎没有社会相关性。正是这种社会和宗教维度对伊斯兰历史的渗透，导致了马克思和恩格斯对亚洲历史的观察总是体现为宗教史。[①] 此外，在反对试图通过文化或宗教信仰的内部主义来解释经济停滞的观点时，宗教社会学对欠发达的社会学分析的传统贡献必须被看作片面的，特别是对新教伦理与伊斯兰教某些兄弟会或教派的价值观进行类比的追求必须被看作不可信的研究活动。[②]

　　将东方主义称为"有问题的"，并不意味着传统东方主义的所有研究都是错误的、误导的或意识形态的。东方主义传统仅仅创造了一个概念框架，其中某些关键问题是特指的（如"伊斯兰的衰落"），并提出了一系列可能的解决方案。该框架的中心特点是试图解释欧洲社会经济发展与"伊斯兰社会"停滞之间的主要文化差异。这个问题并不是一个学科特有的（尽管它在历史研究中是突出的），也不是一个观点特有的（在马克思主义和韦伯

---

① K. Marx and R. Engels, *Werke*, Berlin, 1963, Vol. 28, p. 251.

② 例如，有一个跨学科的研究参见 S. N. Eisenstadt(ed.), *The Protestant Ethic and Modernization*, New York, 1968. 其他材料参见 Syed Hussein Alatas, "The Weber Thesis and South East Asia", *Archives de sociologie des religions*, Vol. 8, 1963, pp. 21-35。关于特定地区或宗教参见：Robert N. Bellah, "Religious Aspects of Modernization in Turkey and Japan", *American Journal of Sociology*, Vol. 54, 1958, pp. 1-5; Robert E. Kennedy, "The Protestant Ethic and the Parsis", *American Journal of Sociology*, Vol. 68, 1962, pp. 11-20; and W. F. Wertheim, "Religious Reform Movements in South and South-East Asia", *Archives de sociologie des religions*, Vol. 12, 1961, pp. 53-62。

的社会学中）。例如，韦伯的父权制和马克思的亚细亚生产方式在概念上有明显的重叠。这种对东方主义问题批评的过程既有经验上的，也有理论上的。可以证明，在罗丁森之后，伊斯兰信仰和法律规范并没有阻碍企业的发展，伊斯兰拥有理性的价值核心和态度。然而，批评的主要焦点必须在一个更具理论的层面上加以表述，证明范式的不一致性，这种范式产生了一系列关于资产阶级企业家精神、伊斯兰城市、自发的资本主义发展和稳定社会的错误问题。对于东方主义者对伊斯兰与资本主义关系的探究，最有力的回应是证明了这一系列问题的不连贯性和不相关性。

第六章
中东政治与社会

　　19 世纪的社会科学主要研究社会变化的性质和结果。尽管人们已经意识到工业化的负面特征——道德沦丧、社区丧失和拥挤的城市环境中"危险阶层"的威胁——但这些理论的变化主要是渐进的。工业化，虽然具有破坏性的副作用，但在一定程度上带来了进步。技术革命为资产阶级市民社会提供了基础，使之成为个人权利、教育观念和鉴赏文化的摇篮。正如我们在前几章中看到的，伊斯兰社会缺乏进步的变化是由一系列的缺失来解释的——中产阶级的缺失、城市的缺失、政治权利的缺失，根本上是解放革命的缺失。这些缺失的制度解释了为什么中东地区未能产生资本主义，未能将自身文化转变为世俗和激进的文化。在欧洲，法国革命和工业革命取代了沉睡的封建主义世界，而在东方，传统社会却没有受到历史进程的影响。因此，东方主义的论点是，中东已进入 20 世纪，但没有作为现代性必要的要素——议会民主、个人权利、理性法律和高效的官僚机构。

　　在相当长的一段时间里，对革命的定义和解释一直是政治学中的一个关键问题；正如考茨基（Kautsky）所指出的，"很少有事情会如此模棱两可"①。从常识的方面来看，革命包括突然的、典型的、暴力的政府更迭。社会学家更倾向于把这些政变（coups d'etat）视为政治叛乱，这些政变带来了政府人员的变化，而不一定导致社会性质的转变。在社会科学中，"革命"通常指的是社会结构的彻底改变。由于政治学家讨论革命时概念上的混乱，"革命"一词偶尔被"内部战争"的概念所取代②，但实际上这两个词是可以互换的。正如概念上存在一些不确定性一样，对革命的解释也是多种多样的。例如，在 J 曲线理论中，革命发生在社会和经济经过一段时间的发展后，出现了突然的逆转，产生了一种相对剥夺的疏远感。③ 其他方法强调军事失败、秘密革命组织的形成以及作为革命推动力的有魅力的领导人的出现的重要性。④ 一些人从革命的各个阶段来分析革命，包括大规模动乱、战略的发展、合法性的崩溃和替代组织的创建。⑤ 尽管在方法和定义上存在这些差异，但有一个共识，即"宫廷革命"不是真正的革命。

人们会期望马克思主义理论能产生一种独特的方法来解决革命性变革的问题。在马克思主义中，区分政治人员的表面变化和生产方式的深层结构变化是至关重要的。马克思关于资本主义危机的观点可以从《资本论》中得到说明，在《资本论》中，他指出，随着生产资本的转变，会出现：

贫困、压迫、奴役、退化和剥削的程度不断加深，而日益壮大的、

① K. Kautsky, *The Social Revolution*, Chicago, 1902, p. 5.
② H. Eckstein, "On the Etiology of Internal Wars", *History and Theory*, Vol. 4, 1965, pp. 133-163.
③ J. C. Davies, "Toward a Theory of Revolution", *American Sociological Review*, Vol. 27, 1962, pp. 1-19.
④ C. Johnson, *Revolution and the Social System*, Stanford, 1964; L. Stone, "Theories of Revolution", *World Politics*, Vol. 18, 1965, pp. 159-76.
⑤ C. Brinton, *The Anatomy of Revolution*, New York, 1965; R. D. Hopper, "The Revolutionary Process", *Social Forces*, Vol. 28, 1950, pp. 270-279.

由资本主义生产过程本身的机构所训练、联合和组织起来的工人阶级的反抗也不断增长。资本的垄断成了与这种垄断一起并在这种垄断之下繁盛起来的生产方式的桎梏。生产资料的集中和劳动的社会化，达到了同它们的资本主义外壳不能相容的地步。这个外壳就要炸毁了。资本主义私有制的丧钟就要响了。剥夺者就要被剥夺了。①

马克思的立场看起来很清楚。资本主义生产内部的矛盾为工人阶级同资本主义支配地位的经济和政治支柱进行斗争创造了条件。然而，与马克思的社会变革理论（如第一章所述）相关的难题也存在于更具体的革命理论中。虽然马克思有时似乎强调了生产关系和生产力量的必然性，但他也强调了阶级斗争究竟是生产方式层面上的矛盾的结果，还是阶级的对立关系的结果，或者两者都是，我们尚不完全清楚。

马克思把阶级斗争作为结构革命基础的分析，涉及两个特殊的难题。《共产党宣言》等指出，奴隶主与奴隶、领主与农奴、资本家与工人之间的斗争，代表了社会发展的关键冲突。在每次革命中，"剥削者被剥削"。第一个难题是欧洲社会的阶级结构，以及从封建主义向资本主义过渡时期的阶级关系，与马克思在《共产党宣言》中的描述有很大的不同。例如，马克思也认识到商人和资本家是在封建阶级结构的间隙中出现的。虽然资本主义的工人阶级要求打倒剥削者，但在资本主义的过渡中，农奴并没有取代地主。第二个难题是在亚细亚生产方式占主导地位的东方，那里没有阶级，因此也就没有革命。在阐述这一论点时，马克思预见了当代中东社会学和政治学分析的主导视角。

"不革命"理论认为，尽管中东许多国家的社会政治极不稳定，经历了无

---

① K. Marx, *Capital*, London, 1974, Vol. 1, p. 715.

数的政变，但这些政治事件并不是更深层次结构变化的表现。政治变革并不意味着真正的革命；中东基本上是静止的。对什洛马·阿维内里来说，军事化的阿拉伯社会没有经历过社会革命，只是宫廷政变；相比之下，以色列在社会和政治层面都经历了一场深刻的革命。① 扎特曼（Zartman）以类似的方式评论说，在中东，"几乎没有发生过暴力的、变革性的社会政治动荡……关于中东'革命'的著作主要讨论的是军队政变和军事政权，这两个根本不是一回事"②。哈杜里（Khadduri）认为，阿拉伯人民更喜欢强大的政府（如果有必要，以军事接管为基础），而不是伴随着民主政治而来的不确定性（必须基于大量公民的参与）。瓦提裘提斯教授主编的《中东革命和其他案例研究》是对"不革命"这一论点进行的最系统的研究。③ 该书的主要论点是"独立斗争和中东的激进运动、政变、起义和叛乱（coup détat）迄今为止不构成革命"。④ 对于瓦提裘提斯来说，革命本质上是一种反对现状的政治行动，它基于一种革命性的意识形态，对现有的社会结构提出了一种彻底的、激进的选择。这场斗争的要素包括连贯的政治组织、对激进选择的主观承诺和大众政治参与。因此，西方国家、俄国和中国的革命都是以革命文化和政治组织的发展为前提的，这种文化和政治组织将对立情绪转化为激进的政治行动。中东的起义和政治冲突主要是"受过教育的官方阶级"对欧洲干预的非革命反应，而不是带有本土政治意识形态、为独立后重建而组织起来的阶级斗争。中东社会结构的改变是由官僚、军事阶层主导的国家进行行政

① S. Avineri, "Modernisation and Arab Society: Some Reflections", in I. Howe and C. Gershman (eds.), *Israel the Arabs and the Middle East*, New York, 1972, pp. 300-311. 这个问题在第七章中将有更详细的讨论。

② I. W. Zartman, "Political Science", in L. Binder(ed.), *The Study of the Middle East*, New York, 1976, p. 284.

③ P. J. Vatikiotis(ed.), *Revolution in the Middle East and Other Case Studies*, London, 1972.

④ P. J. Vatikiotis(ed.), *Revolution in the Middle East and Other Case Studies*, London, 1972, pp. 12-13.

干预造成的。相比之下，西方社会则采用了一种革命文化，其根源是斯多葛学派、"基督教人文主义"和自然法传统。西方文化包含了公民抵制暴政的明确权利。对哈托（Hatto）来说，1789 年是"革命"语义史上的一个重大转折点，它开创了有组织行动的现代概念，带来了"快速、剧烈变化的宪法变革"。① 克莱伦登（Clarendon）可以用"革命"一词来描述 1660 年的事件，因为它代表着对旧时代的回归（因此是复辟），法国哲学家开始使用这个词与人类在历史进程中有意识干预所带来的社会结构的巨大变化联系起来。因此，西方文化发展了各种关于阶级或政治组织在革命建设和管理中的重要性的观念。

伯纳德·刘易斯（Bernard Lewis）的贡献（"伊斯兰革命的概念"）也是试图将中东历史和社会的非革命特征追溯到缺乏本土革命概念的地方。刘易斯认为，从推翻倭马亚哈里发到在埃及、叙利亚和伊拉克建立社会主义政权，出现了一系列描述革命和政治起义的伊斯兰术语——达乌拉、菲特纳、比达、塔瓦拉、巴加。与瓦提裘提斯一样，刘易斯得出的结论是"西方有权抵制坏政府的学说与伊斯兰思想格格不入。相反，有一种伊斯兰教义，即有义务抵制不虔诚的政府，这在早期具有重要意义"。② 然而，这种反抗罪恶统治者的权利在两个方面被视为无效。首先，法学家们从来没有提出任何明确的、切实可行的标准来检验政府的不虔诚；其次，从来没有一个机构可以用强迫性权利对抗不虔诚的统治者。相反，服从的义务压倒了反抗权，结果是伊斯兰帝国几个世纪以来都被墨守成规和政治上的清净所笼罩。由于伊斯兰教中的宗教和政治"密不可分"，宗教异见不可避免地对伊斯兰社会结构构成严重的政治威胁。为了保护社会免受诱惑（*fitna*）（扰乱社会秩序）和出价（*bida*）

---

① P. J. Vatikiotis(ed.), *Revolution in the Middle East and Other Case Studies*, London, 1972, p. 28.

② P. J. Vatikiotis(ed.), *Revolution in the Middle East and Other Case Studies*, London, 1972, p. 33.

（离开圣行）的双重威胁，人们不惜一切代价获得一致性。无数的圣训维护了合法地、盲目地坚持事实上的政府。持续的内部异常行为和外部征服的威胁掩盖了"罪中没有服从"[①] 的教义，从而加强了占主导地位的从众主义伦理。

在中世纪循规蹈矩的背景下，19 世纪的冲突和政治动荡似乎是西亚和北非反对派出现和异见爆发的转折点。1882 年的"乌拉比起义"、1919 年和 1952 年的埃及革命、1860 年的大马士革大屠杀、1925 年的叙利亚反抗法国的起义、1958 年的黎巴嫩革命——这些都是"革命"一词的候选者吗？阿尔伯特·胡拉尼（Albert Hourani）在瓦提裘提斯教授主编的《中东革命和其他案例研究》一书中得出的结论是，当代历史上的这些社会运动"可能是争斗而不是革命"。[②] 中东政治出现这种情况的一个原因是，权力斗争历来是一种"名人政治"。[③] 奥斯曼帝国的省级中心提供了两个政治角色——虽然统治权掌握在奥斯曼帝国官方手中，但动员公众支持是当地知名人士的工作。名人的政治生活方式集中于利用"社会的积极力量"（手工艺行会、暴民、宗教领袖的支持）和对手，并与奥斯曼帝国统治者保持影响力。这种"名人政治"追求：

> 与其说是推翻现存的秩序，不如说是改变它，然后恢复它；不是用另一个政府取代它的体制，而是改变它的政策和人员，保持或稳定乡土社会所依赖的地方长官和地方领导之间的平衡。[④]

---

① 在面对不公正或有罪的统治者时，伊斯兰教法允许穆斯林在一定条件下不顺从其统治。——译者注

② P. J. Vatikiotis(ed.), *Revolution in the Middle East and Other Case Studies*, London, 1972, p. 67.

③ Cf. also Albert Hourani, "Ottoman Reform and the Politics of Notables", in W. P. Polk and R. C. Chambers(eds.), *The Beginnings of Modernization in the Middle East*, Chicago, 1968.

④ Cf. also Albert Hourani, "Ottoman Reform and the Politics of Notables", in W. P. Polk and R. C. Chambers(eds.), *The Beginnings of Modernization in the Middle East*, Chicago, 1968, p. 67.

这些名人的政治目标基本上是保守的。随着奥斯曼帝国的崩溃和欧洲列强的最终撤退，旧的政治模式消失了，因为"统治者不再是外来的，他们也可以成为领袖"。此外，新的沟通和胁迫手段使得通过中介的政府成为一种过时的政治实践。在后独立时代，革命第一次被提上议事日程，因为新官僚政治不同于名人政治，既包括对体制的内部支持，也有可能最终得到提升和发展，或者是外部反对势力通过武装力量干预来彻底推翻政府。

在概述了"不革命"论题的基本特点之后，现阶段可能会有人反对说，这个论题之所以能够保留下来，是因为它是基于有限的案例选择。巴勒斯坦抵抗运动，阿尔及利亚革命，利比亚、也门北部和南部的革命几乎没有得到考虑。《中东革命和其他案例研究》的中心论题，或许可以通过对一些天主教案例的研究得到最好的回答。① 在某种程度上，图诺（Tourneau）、弗洛里（Duchac）和杜恰克（Flory）的论点可能会驳斥这种反对意见（"马格里布革命"），他们分析了摩洛哥、阿尔及利亚和突尼斯发生的政治变化。然而，这三个社会的政治动荡也不符合"真正革命"的标准。阿尔及利亚革命是"少数领导人"的工作，他们动员群众进行民族斗争，"自独立以来一直用希望、口号和正式示威来安抚他们"②。这些政权的社会主义具有一种僵化的特征，因为其否认阶级冲突和阶级利益的中心地位，而支持没有暴力对抗的社区和谐发展的伦理和宗教观念。马格里布的社会主义代表了与过去的联系，因为"社会主义的建设需要公民的利他主义品质，这正是伊

---

① For example, Ruth First, *Libya: The Elusive Revolution*, Harmondsworth, 1974; Gerard Chaliand, *The Palestinian Resistance*, Harmondsworth, 1972; Fred Halliday, *Arabia Without Sultans*, 1974; Nathan Weinstock, *Le Mouvement Révolutionaire Arabe Paris*, 1970.

② P. J. Vatikiotis(ed.), *Revolution in the Middle East and Other Case Studies*, London, 1972, p. 97.

斯兰教所提倡的"。① 因此，"不革命"的论点没有改变。前殖民时代的"革命"，实际上不过是名人之间为争取财富而进行的争斗；后殖民时代的"革命"是失败的，名人由军人变成的官僚所取代。

　　笔者对"不革命"论题的批评分为三个部分。首先，笔者试图在其自身职权范围内驳倒这一论点，即使我们接受这些文章的理论和认识论框架，也几乎没有经验证明他们的论点。其次，阐述了他们基本立场的缺陷，从根本上来说，这是一种"东方专制主义"的传统。这些文章的背后隐藏着一个吉卜林式（Kiplingesque）的主题，在这个主题下，西方被认为是充满活力和进步的，而东方则被禁锢在一种静止、停滞的文化中。最后，重要的是考察一些革命理论的替代方法，通过这些方法，瓦提裘提斯和刘易斯的立场可能会在另一种认识论领域中被削弱。笔者得出一个悲观的结论：对东方主义传统的批评，正如《中东革命和其他案例研究》所表明的那样，并不像人们所希望的那样有力，因为许多传统的马克思主义替代方案也包含尚未解决的分析问题。

　　这些文章是基于这样一种信念，即存在一种统一而不变的传统，我们可以将其称为"西方抵制坏政府的权利学说"，这在伊斯兰教中是不存在的。很难知道刘易斯的这一断言意味着什么。如果他指的是基督教传统，那么基督教神学的政治权利与伊斯兰教的训诫"罪中没有服从"就没有什么区别了。事实上，"献给恺撒"的概念暗示了一种与所谓的穆斯林对异议的恐惧类似的基督教静默主义。中世纪时期充其量可以说包括两个相互矛盾的原则——一个是民粹主义（上升的）主题，国王作为社会的代表掌权；另一个是神权（下降的）的原则，国王从上帝那里获得权力。从墨洛温王

---

① 　P. J. Vatikiotis(ed.), *Revolution in the Middle East and Other Case Studies*, London, 1972, p. 109.

朝时期开始，下降原则占主导地位，德国的神圣王权传统与基督教魅力统治的概念相结合，产生了一种完全成熟的关于王权神权的学说。"国王不可能做错事"或"不得违抗国王令状"的观念，很难成为刘易斯关于西方反抗权观点的可靠来源。即使是宗教改革神学也非常清楚路德教教义所隐含的对政治秩序的挑战。在加尔文教派中，任何反抗罪恶的世俗政府的权利都被谨慎地限制了，因此只有在适当设立的宗教当局的决定下才能承担捍卫信仰的义务。加尔文发现教会和世俗政府有一个共同的目标，即维护"一个管理良好的政体，排除一切混乱、无礼、顽固、喧嚣和争执"。[①]基督教对反抗权的限制可以从历史上追溯到清教徒的威权主义，追溯到卫理公会等对立的宗教运动。值得回忆的是，19世纪卫斯理会议（Wesleyan conference）主席贾贝斯·邦廷（Jabez Bunting）曾断言，卫理公会教徒"反对民主就像反对罪恶一样多"。

因此，刘易斯所说的"西方主义"，可能是指来自霍布斯、卢梭和功利主义者关于社会契约的欧洲政治理论。但这一传统也因其对个人反抗权的限制而臭名昭著。霍布斯论述的自然状态中，存在着绝对的个人自由，这是霍布斯论证专制主义的一种方法；在有自由的无政府状态和没有自由的安全之间做出选择。言外之意是，理性的人会放弃他们的权利，以支持一种使他们脱离自然状态的社会契约。大多数其他的社会契约理论都包含类似的专制主义主题。卢梭的契约论试图把人从所有的个人依赖中解放出来（每个人把自己献给所有人，却不将自己献给任何人），但是这种自由的条件是人们会自愿放弃他们的个人权利。我们不必在自由主义问题上拖延太久；它的基础是资产阶级对改革后议会中工人阶级占主导地位的恐惧，至

---

① John Calvin, *The Institutes of the Christian Religion*, Philadelphia, n. d. , Vol. 2, p. 477, quoted in Sheldon S. Wolin, *Politics and Vision*, London, 1961, p. 171.

少在詹姆斯·穆勒和约翰·穆勒身上是这样的。结论一定是不存在主张"西方主义"这样的人。此外，反抗权是一种意识形态权利，不是针对"坏政府"，而是针对非法政府。界定"非法"的问题与界定那些与"不虔诚的政府"概念有关的问题一样困难。

"不革命"的论题要求我们考虑中东没有革命，理论掩盖了这一论点的真正核心，即西方确实发生过革命。革命被视为西方现代化的重要组成部分，它在民主政府的控制下打开了技术进步的闸门。不幸的是，这些文章中提到的大多数西方革命并不完全符合这一标准。虽然法国大革命确实摧毁了前政权（*ancien régime*），但它确实产生了一种特殊的效果，即通过赋予农民合法的小土地所有权作为私有财产，增强了农民的政治作用。法国农村特殊的后革命结构和农民的政治意义在整个 19 世纪上半叶起到了延缓资本主义发展的作用。法国社会的这一方面使马克思得出这样的结论：法国革命是早熟的——一系列暴力的政治革命，未能刺激法国经济和社会结构的变革。马克思遵循黑格尔关于"历史事件总是发生两次"的名言，把 1789 年的革命看作一场悲剧，把 1848 年的革命看作一场闹剧。

德国的情况对于瓦提裘提斯和刘易斯的论点来说是特殊的。德国是由一个主要由封建容克阶级控制的国家机器从上而下统一起来的，它将工业资产阶级排除在政治权力之外。纳粹政权和法西斯主义之前德国工人阶级的失败，很难支持"不革命"的论点。

对于刘易斯提出的这类学说来说，"英国的特殊性"是一个臭名昭著的绊脚石。[1] 在工业资产阶级出现之前，发生在农村的圈地、农民生产被破坏和地租的资本化，使农村形成了一个拥有土地的资本主义阶级，因此，英

---

[1] Cf. Perry Anderson, "The Origins of the Present Crisis", *New Left Review*, No. 23, 1964;
     E. P. Thompson, "The Peculiarities of the English", *Socialist Register*, 1965.

国资本主义生产方式的出现并没有伴随着贵族和资本家之间的阶级斗争。事实上，直到 1850 年之后，资产阶级才获得对国家机器的控制。因此，可以说，英国经历了一场工业革命，却没有伴随资产阶级革命；"渐进主义"因此成为英国政治发展的标志，而不是暴力的革命变革。这些评论的重点是，革命的巨大变革与资本主义的发展没有必然的联系。用刘易斯的话说，民主传统和工业增长之间没有必然的联系。相反，纳粹德国，墨索里尼的意大利或法国的、西班牙的独裁统治，通过资本主义生产关系加速了工业资本的集中，极大地促进了资本主义的胜利。① 中国、俄罗斯、古巴和墨西哥的革命表明，革命最有可能发生在资本主义世界的外围，在那里，通常通过直接帝国主义，资本主义生产方式（资本主义生活方式）被迅速、猛烈地插入到一个其他模式（奴隶、原始、封建）占主导地位的社会中。② 正是这种插入导致了作为革命语境条件的不均衡发展，而不是资本主义生产方式的内在成熟，而资本主义生产方式本身就产生了革命的阶级力量。然而，这个概念方案提出的革命潜力的问题，就打破了"不革命"理论的假设。

哈托、瓦提裘提斯和刘易斯的论据来自西方政治哲学的旧传统，他们认为东方社会被停滞和压抑的专制统治所主导。③ 对孟德斯鸠来说，专制是由于没有法律约束、宗教统治和世袭贵族的缺失而产生的。在韦伯的文化社会学中，东方的停滞是由于政治和宗教的融合、城市的缺失，以及由此而来的一个自治的、苦行的资产阶级的失败。在当代发展社会学中，"文化因素"常常被视为生产力低下、努力曲线向后倾斜、投资计划不合理或劳

---

① Cf. Nicos Poulantzas, *Fascism and Dictatorship*, London, 1974; R. Miliband, *The State in Capitalist Society*, London, 1973.

② Louis Althusser, *For Marx*, Harmondsworth, 1969; M. Mann, *Consciousness and Action among the Western Working Class*, London, 1973.

③ Cf. Perry Anderson, *Lineages of the Absolutist State*, London, 1974.

动力不流动的根本原因。在刘易斯和瓦提裘提斯的观点中，我们发现了对"民族文化"因果意义的类似呼吁，因此，中东历史的非革命性问题就存在于上层建筑中，即抵抗权学说。革命的不存在并不是在中东特定的历史发展、经济基础、阶级结构或资本主义关系的国际网络中寻求的，而只是在与事实（*de facto*）政府一致的伊斯兰意识形态中寻求的。

刘易斯、瓦提裘提斯、哈托和胡拉尼认为革命的完全政治标准充分说明了这种"东方专制主义"传统的上层建筑特征。胡拉尼很乐意接受词典里对"革命"的定义："任何国家或州的既定政府被先前受其支配的人彻底推翻"（《牛津英语词典》）。基于这些理由，正如我们已经指出的，将阿尔及利亚或南也门排除在"政治革命"的范畴之外是不合理的，除非胡拉尼的论点中包含了一些隐含的附加条件。图诺、弗洛里和杜恰克意识到纯粹的政治翻新概念的严重局限性。他们认为，随着社会主义的发展，"一场革命如果同时也是一场经济和社会革命，那么它的重要性就更大了"[1]。也是至关重要的，因为在他们的论点中，他们提到了"经济和社会"，好像它只是附加在"政治制度的深刻变革"上。所谓的马格里布革命是后殖民政府未能实现其最初的社会主义目标的后果。这种解释坚持革命的主要位置在"政治制度"的观点，因此，社会和经济因素的变化在很大程度上是政府干预或干预失败的结果。尽管明智地引用了"马克思主义的分析"，他们对待革命的态度与任何考虑都是分离的，例如，生产方式的变化决定了政治生活的因果关系。"东方专制"的传统，因此重申自己的观点，即中东的政治历史本质上是一个政府、宪法和有权势的精英的问题，而不涉及经济基础的性质——士兵和名人变成了东方的帕累托（Pareto）的狮子和狐狸。直到中东能

---

[1]　P. J. Vatikiotis(ed.), *Revolution in the Middle East and Other Case Studies*, London, 1972, p. 81.

够远离军人官僚的政府，"革命中所必需的政治类别将会缺乏"①。这一政治生活的"事实"表明了一种与东方主义传统相一致的全球对比。西方的现代化是自治的资产阶级的工作，它建立了理性的法律、民主政治和自由企业的基础，但这种企业家阶层的发展却受到奥斯曼帝国社会结构和文化的制约。中东的军队是否能为西方资产阶级提供一个功能性的替代方案，或者军队是否能阻止民主的发展，已经成为一场典型的东方主义辩论。②

"不革命"的论断可以被批评为：（1）把革命的性质完全肤浅地看作由未指明的"下属"引起的政府或宪法的变化；（2）简单地把革命问题定位在上层建筑现象的层面；（3）以一种不同的装束演练"东方专制主义"的意识形态。用这些术语来批评这些文章，笔者显然是在呼吁马克思主义给我们提供另一种革命理论。然而，从亚细亚生产方式的角度来看，马克思对东方社会和历史的解释是不可替代的。如果亚细亚生产方式的特点为国家是真正的地主、自给自足的乡村社区、国家奴役、税租结合，那么就不可能通过革命的阶级斗争机制实现社会的结构性变革。因此，亚洲可以很好地利用意识形态的周期性循环，因为由此可以得知，亚洲社会转型的重要来源是资本主义的引入，它破坏了东方社会的经济基础。例如，什洛马·阿维内里利用马克思关于亚细亚生产方式的概念，来证明以色列是中东地区中充满活力的资本主义力量。③

亚细亚生产方式的思想内涵和理论问题，引起了一场激烈的争论，即

---

① P. J. Vatikiotis(ed.), *Revolution in the Middle East and Other Case Studies*, London, 1972, p. 13.

② M. Halpern, "Middle Eastern Armies and the New Middle Class", in J. J. Johnson(ed.), *The Role of the Military in Underdeveloped Countries*, Princeton, 1962; the debate between Amos Perlmutter and Manfred Halpern, in *Comparative Studies in Society and History*, Vol. 11, 1969 and Vol. 12, 1970.

③ Shlomo Avineri, "The Palestinians and Israel", *Commentary*, Vol. 49, 1970, "A Note on Hegel's Views on Jewish Emancipation", *Jewish Social Studies*, Vol. 25, 1963; *Karl Marx on Colonialism and Modernization*, New York, 1968; "Israel and the New Left", *Transaction*, Vol. 7, 1970.

马克思是否真的相信这种特殊生产方式的存在。① 随着《前资本主义的生产方式》的出版，围绕这个问题的一些概念迷雾已经消散。② 在本书中，辛德斯和赫斯特认为，作为亚细亚生产方式通常来源的新闻对于马克思成熟写作的科学利益来说是边缘的。核心问题不在于马克思是否相信亚细亚生产方式，而在于这种模式在理论上是否连贯。此外，由于生产方式纯粹是理论上的构造，它们不可能有特定的地理标志——亚细亚生产方式所表示的生产力量和生产关系没有任何亚洲特征。辛德斯和赫斯特认为亚细亚生产方式理论上不连贯。笔者认为传统马克思主义的剩余生产方式（奴隶、封建、资本主义）在中东社会中并不完全适用。不幸的是，传统社会学的分类（半封建的、专制的、世袭的、水利的、中央集权的帝国）也有问题。

当然，可以说，亚细亚生产方式的地位与提出一个替代传统东方主义"不革命"命题的问题无关。对这种传统的真正反对在于，它没有看到阶级斗争是革命的物质机制。"一切现存社会的历史就是阶级斗争的历史"，其结果要么是"整个社会的革命重建"，要么是"斗争阶级的共同毁灭"。中东革命的存在、缺席和失败并不能用上层建筑（宗教传统、抵抗权、民族性）来解释，而是要参照阶级结构的特点。这种马克思主义的立场大概可以继续断言，我们已经对中东的阶级斗争有了充分的分析。③ 然而，笔者并不认为一个关于革命的未经阐述的阶级斗争解释特别令人信服，而且笔者认为，为了解决"不革命"论点所提出的问题，我们需要一个理论上更加激进的解决方案。不要把革命看作阶级间对抗的直接结果，我们需要把革命看作特定社会形态内生产方式的复杂组合和改变的政治效果。此外，革命

---

① 参见 Gianni Sofri, *Il modo di produzione asiatico*, Turin, 1969。

② Barry Hindess and Paul Q. Hirst, *Pre-Capitalist Modes of Production*, London and Boston, 1975.

③ 参见 Mahmoud Hussein, *La lutte de classes en Egypte de 1945 à 1968*, Paris, 1969。

不是模式转换的直接或必要的结果。起义、抗议、政变——这些政治现象不是社会形态中两个阶级的基本对抗，而是生产方式内部矛盾的偶然结果。

可以用夸张的方式来说明笔者的论点的性质——马克思主义者必须在"阶级分析"（《共产党宣言》）和"生产方式分析"（如《资本论》）之间作出理论上的选择，即"阶级"是社会关系再生产和转变的最终原因，还是"阶级"是生产方式变化的结果。如果我们进行第二种选择，那么我们思考革命问题的方式就会从根本上改变。"生产方式分析"与路易·阿尔都塞、尼科斯·普兰查斯和夏尔·贝特兰的工作密切相关。[①] 对普兰查斯来说，生产方式是实例或层次（经济、政治意识形态）的"铰接组合"，其中经济（生产关系和生产力）决定了三种结构中的哪一种将占主导地位。例如，在封建生产方式中，经济（农民与生产力量不分离的生产关系）决定了外部经济条件（宗教信仰中的意识形态）将占主导地位。这种对经济、政治和意识形态之间关系的表述是为了解决与传统经济的基础/上层建筑区别有关的一些困难。社会阶级应该被看作生产方式的这些实例（结构）复杂运作的结果，而不是生产方式转变的主要原因。生产方式是理论模型，社会形态（"社会"）是"真正的具体对象"。因此，对普兰查斯来说，马克思的《资本论》不是对一个资本主义国家（即英国）的研究，而是通过参考具体的社会形态对资本主义生产方式进行的理论分析。社会形态呈现一种特殊的组合，几种纯粹生产方式的特殊重叠。在任何一种特定的社会形态中，总有一种模式处于支配地位（显然，在过渡时期除外），与这种模式相对应的社会阶级应该是统治阶级，但不一定是统治阶级。因此，在资本主义社会形态中，资本主义生产方式是主导模式，资产阶级对权力集团行使霸权。基于这些基本概念，任何社

---

① Louis Althusser, *Reading Capital*, London, 1970; Nicos Poulantzas, *Political Power and Social Classes*, London, 1973; Charles Bettelheim, *Economic Calculation and Forms of Property*, London, 1976.

会形态的阶级结构都不可能是一两个阶级的体系，各种阶级和阶级碎片将作为不同模式组合存在的结果而存在。因此，一场革命，即一个阶级被另一个阶级取代，成为行使政治霸权的阶级，将是一个社会形态中模式主导地位转变的政治层面的指标。然而，模式的转变并不会立即导致统治阶级的"一夜之间"的位移；转型期的特点可能是阶级冲突、阶级联盟或没有一个阶级是霸权的情况。总的来说，普兰查斯认为法西斯主义是一个没有统治阶级的权力集团出现的深刻危机。进一步说明，资本主义生产方式在英国的主导地位并没有导致封建生产方式立即解体，从而使英国的阶级结构包含或保留了封建阶级。在法国，资本主义生产方式保护封建农民和工人、封建领主和资本家。这一视角下的革命是联系社会形态（特别是"薄弱环节"）的"帝国主义链条"中复杂矛盾的产物，是社会形态内部模式间矛盾，最后是资本与劳动之间矛盾的结果。但是，这种阶级斗争绝不能沦为资产阶级和无产阶级、地主和农奴之间的简单冲突。从这个观点来看，如果我们要避免把所有革命失败（1849 年，1871 年，德国社会民主主义的失败）视为某种例外的理论陷阱，我们就必须拒绝阿尔都塞所说的"资本与劳动之间'美丽的'矛盾"。

对于普兰查斯提出的模式理论，我们可以提出许多批评；普兰查斯也可以被视为一个"修正主义者"，他淡化了马克思主义关于阶级斗争中心地位的传统观点。[①] 然而，就"革命"概念的理论地位而言，普兰查斯的理论与马克思在《资本论》中所采用的方法是一致的。尽管作为政治活动家的马克思显然对 19 世纪的无产阶级斗争感兴趣，但在他成熟的著作中，马克思对政治革命问题的关注相对较少。马克思所提供的是一个关于

---

① Poulantzas, *Political Power and Social Classes*, p. 15. 对普兰查斯的批判参见：Hindess and Hirst, *Pre-Capitalist Modes of Production*; Ernesto Laclau, "The Specificity of the Political: The Poulantzas-Miliband Debate", *Economy and Society*, Vol. 4, 1975。

资本主义生产方式的一般危机理论，即劳动与价值化过程之间的矛盾。他还指出了一系列方式，资本家通过这些方式来应对利润下降的趋势（例如通过增加剥削）。资本主义生产方式的一般危机可能产生的后果有：危机的暂时遏制；资本主义生产方式的垄断阶段的出现、过渡；资本主义生产方式的主导地位被其他一些模式取代。共产主义政权的不断重组以阶级斗争的形式发挥作用，阶级斗争的主要场所是对国家机器的控制。从这个讨论可以看出，"不革命"论题提出的问题是错误的。本书所遮蔽的真正研究对象是中东社会形态的生产方式的性质，以及中东社会形态的重组和转型。然而，传统的马克思主义问题——"中东社会形态的特征是亚细亚生产方式吗？"——也需要改进。更确切地说，问题是重叠模式的组合及其在社会形态中的支配地位的转移。

欧洲社会的重大变革是 19 世纪封建生产方式主导地位向资本主义生产方式主导地位转变的结果。这种替代的效果并没有自动和立即地摧毁欧洲社会所有的封建成分，但往往使它们得到保存。同样，在政治层面上，这种转变并不是到处都是阶级斗争导致的革命事件。胡拉尼在字典中对"革命"的定义，即一个从属阶级取代一个统治阶级来改变政府，在英国的例子中显然是错误的。英国资本主义不是农民反对封建地主创造的。内战、复辟、光荣革命——这些不仅仅是"美丽的"阶级矛盾的结果。同样，德国、意大利和西班牙社会结构内部的矛盾导致了工人阶级的失败和法西斯主义的兴起。从这些方面来看，西欧和中东的政治历史可能并不像刘易斯所说的那样完全不同。这种区别不是多元主义与专制主义的问题，也不是西方革命成功和中东革命失败的问题。

20 世纪，中东经历了一场大规模的变革，即通过殖民主义融入资本主义世界。这种合并涉及这些社会中前资本主义生产方式的深刻变化。这些前资本主义模式的变化以革命、暴动、起义和对抗的形式在政治层面产生了影响。如果指望这些政治现象完全是欧洲资本主义政治斗争的复制品，那就太天真了，因为欧洲和中东的社会形态在模式组合上存在着根本的差异。因此，西欧和中东社会形态之间的主要区别不能仅仅通过关注政治差异来发现，它只能在生产方式层面上被发现。

第一，欧洲社会形态的转变是从一个相对同质的封建主义向竞争的资本主义的转变，而中东向资本主义世界内部的转变是在资本主义前模式（原始、奴隶、牧民-游牧民族，封建的和亚细亚的）更为复杂的异质性基础上实现的。[①]到目前为止，我们还没有任何确切的理论来说明这些模式的组合在意识形态和政治层面上是如何发挥作用的。人们对这些分析性问题的理论鉴赏，除了对伊本·赫勒敦关于部落精英（*élites*）流动的观念或对奥斯曼帝国主义的"世袭结构"的评论的反复研究之外，几乎没有什么进展。

第二，资本主义在欧洲兴起是封建主义内部矛盾成熟的结果，但中东社会形态模式的重构，在很大程度上是外来资本主义通过殖民主义介入的结果。中东地区的革命问题是外资主导下模式转型的具体危机的函数。因此，统治模式发生了大规模的转变，但很少伴随着本土工人阶级和资产阶级之间简单的（"美丽的"）阶级斗争，从而导致决定性的和永久性的革命局面。

第三，这种外资主导下的模式转变的一个共同特点是阻碍、扭曲或粉碎本土资本主义的出现，导致买办资产阶级与传统地主结成联盟。用普兰查斯的话来说，保护的效果可能比资本主义生产方式解散现有模式及其附属阶级更为显著，例如，保护海湾地区的传统地主或部落酋长、半岛上的沙

---

① "牧民-游牧模式"，参见 Anderson's discussion of Marx's Grundrisse in *Lineages of the Absolutist State*, and *Passages from Antiquity to Feudalism*, London, 1974。

特政权、摩洛哥的伊斯兰教和宗教等级制度、达希尔护堤（*Dahir Berbere*）之后的柏柏尔文化、伊朗土地的所有者。虽然马克思写到"一切固定的僵化关系以及与之相适应的素被尊崇的观念和见解都被消除了"，但正如哈利迪所观察到的那样，殖民资本主义对外围地区的影响首先可能是"僵化和孤立"前资本主义模式。[①]

这些评论的重点是要指出，西方革命资本主义的影响可能不会产生自主进步和变革后果，而瓦提裘提斯、刘易斯和胡拉尼则含蓄地将欧洲工业主义及其所谓的自由主义、多元文化的传播联系起来。然而，安德烈·冈德·弗兰克（André Gunder Frank）对资本主义不发达的分析也对那些新黑格尔主义者（如什洛马·阿维内里）发出了足够的警告，他们坚持一种乐观的社会变革目的论观点，认为资本主义必然带来最终的解放。

《中东革命和其他案例研究》是一部具体的、中立意义上的意识形态作品，它没有打破日常话语的常识性假设。例如，它没有试图超越伊斯兰和欧洲"革命"概念的词源。词典不能产生一种革命理论，因为它们本身就是常用用法的系统化。因此，这些文章中的大部分只是再现了从马基雅维利到韦伯的政治哲学中已确立的公认观点，在这些观点中，东方是停滞不前的或缺少（*manqué*）革命的地区。传统的马克思主义对这一思想传统的回应是：革命不能用价值观、上升的期望或政治结构来解释，而只能用阶级斗争来解释。在本章中，笔者试图提出一些理论缺陷，这些缺陷是由把"社会阶级"作为政治革命的解释者而造成的。用这些术语来批评"不革命"的论断，就是要和论题本身保持在同一个认识论领域内——这就是把"革命"当作一种需要解释的"自然"经验现象。笔者认为阶级斗争不一定带来革命

[①] Halliday, *Arabia without Sultans*, p. 18. 关于哈利德论点这一方面的批判性评论，参见 Maxime Rodinson, "A Marxist View of Arabia", *New Left Review*, Vol. 95, 1976。

（在阶级意识、阶级组织、革命思想、激进党的条件下）；相反，随着革命与罢工、暴动和接管等一系列其他政治表现在一起，是队伍（contingent）模式转变的后果——它们的重组、解散和替代。为探究"为什么没有革命"这一问题，人们通过提供阿尔及利亚、也门和海湾地区"经验主义"革命的反例，只能导致错误的结果。关于革命的问题掩盖了模式分析的真正问题。不幸的是，正是在这一点上，替代东方学的马克思主义被削弱了，因为未能发展出一套理论上连贯的"生产方式"。关于亚细亚生产方式的长期且往往毫无结果的争论，表明对中东社会结构的科学分析尚处于初级阶段。

第七章
马克思的殖民主义理论：以色列

　　什洛马·阿维内里通过关注黑格尔和马克思之间某些所谓的连续性，为当代理解马克思的思想做出了重要贡献。进一步说，对马克思的这种诠释，也需要在马克思的作品本身中确定有明确的连续性主题。[①] 因此，对于那些声称发现了马克思理论中决定性认识论断裂的作家，阿维内里持批评态度。此外，阿维内里还以他的关于马克思英国殖民主义的新闻报道而闻名，在社会学的发展和社会变革中，其著作取得了某种经典地位。[②] 通过对马克思的殖民主义的评述，阿维内里确立了自己作为"亚细亚生产方式"理论倡导者的地位。

　　由于阿维内里在马克思主义注释领域占有重要地位，他关于以色列的"偶然"著作，更具体地说，他对以色列现代性与阿拉伯落后之间关系的看法，并没有得到应有的批判性关注。这种忽视是令人遗憾的，因为阿维内里试图利用黑格尔对马克思的解释来解释阿拉伯社会的明显停滞，无论是

---

① Shlomo Avineri, *The Social and Political Thought of Karl Marx*, London, 1970, ch. 1.

② Shlomo Avineri(ed.), *Karl Marx on Colonialism and Modernization*, New York, 1968.

从知识上还是政治上来讲都是重要的。

在对阿维内里的批评中，笔者将证明阿维内里通过把马克思视为黑格尔的翻版而贬低了马克思所达到的真实高度。阿维内里试图说明，马克思只是简单地阐述了黑格尔的先验性、普遍性和意识的主体概念，这是现代西方社会区别于东方社会的特殊性和停滞的关键特征。阿维内里用黑格尔和马克思的这种解释来说明充满活力的现代以色列和阿拉伯社会的特殊性。他试图用一个类比来说明以色列的存在是不可避免的，正如 19 世纪英国在印度推行殖民主义是不可避免的，这是由资本主义生产方式决定的。正是通过这种类比，阿维内里的解释最终也成了一种辩护。以真正的黑格尔的方式，阿维内里能够使伦理学和经济学一致，或者引用黑格尔的话，"认识当前十字架上的玫瑰"①。在介绍阿维内里的社会学时，笔者首先要聚焦于马克思关于殖民主义的观点，其次是对黑格尔观点的诠释。笔者相信这将使我们能够理解阿维内里关于以色列发展的概念。在提出对阿维内里的批评时，笔者将试图质疑他对马克思理论的理解和他对中东殖民主义的经验理解。

阿维内里的《卡尔·马克思论殖民主义与现代化》基本上是来自马克思和恩格斯于 1852～1862 年在《纽约每日论坛报》上发表的文章。这 487 篇《纽约每日论坛报》的文章涵盖了英国国内政治与外交政策，特别是对印度和中国的外交政策。阿维内里主要从后者推导出马克思的殖民主义观点。马克思认为，国内市场的局限性迫使资本主义国家为其商品和资本投资寻求日益增长的国外市场。资本主义生产方式中的这种动力最终创造了一个世界资本主义市场。正如马克思和恩格斯在《共产党宣言》中评论的那样，资本主义国家的资产阶级"它按照自己的面貌为自己创造出一个世界"。资本主义的这种"世界主义"使阿维内里能够将世界市场的增长与普

---

① G. W. R. Hegel, *Philosophy of Right*, trans. T. M. Knox, Oxford, 1945, p. 12.

遍主义的黑格尔主题联系起来，后者挑战了东方世界狭隘的观念。阿维内里写道：

> 资本主义社会的冲动是普遍的，除非它囊括整个世界，否则它将不会在内部发生变化；正是这一点决定了马克思和恩格斯对 19 世纪欧洲国家在印度、中国、北非等地扩张的具体情况的态度。①

在其他地方，阿维内里指明：

> 在马克思看来，正是现代工业的普遍性把历史变成了世界历史（Weltgeschichte）。只有在人类有意识改变世界的地方，才有历史。资本主义意味着整个世界的不断变革，现在，首次，只有一个，普遍的历史。②

阿维内里把马克思主义关于人类历史和资本主义经济辩证法所产生的普遍性的主题与黑格尔在其《历史哲学》和《权利哲学》中阐述的市民社会矛盾所产生的普遍主义观点联系起来，黑格尔认为，市民社会的矛盾驱使它"超越自己的界限，在其他国家寻求市场，以及必要的生活资料，这些地方要么缺乏商品剩余，要么工业普遍落后"。③ 黑格尔和马克思认为，正如阿维内里所阐释的那样，亚洲社会没有"市民社会的内在辩证法"，因此这些社会没有内在冲突。在评论了资本主义社会的动态因素后，阿维内里转向了马克思对亚洲社会停滞的解释，进而转向了马克思的"亚细亚生产方式"模型。

---

① Avineri, *Karl Marx on Colonialism and Modernization*, p. 3.
② Avineri, *The Social and Political Thoughts of Karl Marx*, p. 166.
③ Hegel, *Philosophy of Right*, quoted in Avineri, *Karl Marx on Colonialism and Modernization*, p. 2.

阿维内里指出，马克思从一系列历史时期——奴隶制、封建主义和资本主义——的角度来看待西方历史。正如封建主义从奴隶社会中诞生，所以资本主义也从封建主义解体中出现。在这里，阿维内里提到黑格尔的超越性（Aujhebung）概念来暗示资本主义只有在封建生产方式已经达到完全成熟或"过度成熟"时才超越封建主义。正如马克思在1859年《政治经济学批判》序言中辩说的：

> 无论哪一个社会形态，在它所能容纳的全部生产力发挥出来以前，是决不会灭亡的；而新的更高的生产关系，在它的物质存在条件在旧社会的胎胞里成熟以前，是决不会出现的。[1]

因此，亚细亚生产方式似乎提出了一个问题，因为它显然只是一个地理名称，而不是一个分析和历史的名称。可以说，它似乎也是孤立的，因为它既没有从另一种生产模式中成长出来，也没有在一种可替代的生产模式中成熟。阿维内里认为社会发展理论（奴隶制、封建主义、资本主义）仅限于西方社会，并且这给马克思主义者理解东方社会带来了问题。因此，亚细亚生产方式的理论很重要。

在这里勾勒出马克思对亚细亚生产方式进行解释的主要理论要素就足够了。[2] 马克思指出，从撒哈拉到中国"气候和土地条件"在干旱地区的延伸，造成了国家对大规模灌溉工程、运河和水利工程的需求，而这些工程只能由中央集权的国家机器来维持。[3] 通过对土地的垄断，国家成为"唯一

---

[1]　Karl Marx, "Preface", *A Contribution to the Critique of Political Economy*, London, 1971, p. 21.

[2]　参见 George Lichtheim, "Marx and the Asiatic Mode of Production", St. Antony's Papers, Vol. 14, 1963, pp. 86-112.

[3]　参见 Karl A. Wittfogel, *Oriental Despotism*, New Haven, 1957。

真正的地主"，使普通民众处于"一般（国家）奴隶"状态，这与古代欧洲的私人奴隶制度有很大的不同。国家统治与制造业和农业相结合的自足、自治的村级单位携手。没有经济盈余可以摆脱这些狭隘的社会局限。没有土地私有制的地方就没有阶级，没有阶级的地方就不可能有基于社会矛盾的冲突，没有结构性冲突的地方就不会有阶级斗争。正如马克思在《不列颠在印度统治的未来结果》（1853 年）中所表达的问题，"印度社会根本没有历史，至少是没有为人所知的历史。我们通常所说的它的历史，不过是一个接着一个的入侵者的历史，他们就在这个一无抵抗、二无变化的社会的消极基础上建立了他们的帝国"①。

尽管有周期性的人事变动（即朝代更迭），但亚洲社会的特点是在结构安排上具有大规模的连续性。阿维内里把马克思关于亚洲结构停滞的观点比作黑格尔的概念，即在东方帝国中，个人的自我意识不会觉醒，因为个人在集体中迷失了：

> 东方观念的光荣之处在于，个人是作为群体所属的实体存在，因此没有任何个体是独立存在的……一方面我们看到持续的、稳定的帝国扩张仅是空间性的，可以这样说……是非历史的历史……这些国家本身没有发生任何变化，或者它们的存在原则也没有发生任何变化，它们彼此之间的立场却在不断变化……这段历史，在很大程度上，是不具有历史意义的，因为它只不过是同一个宏伟废墟的重复。②

由此可见，亚洲社会只能通过西方资本主义的直接干预才能改变，西方

---

① "The Future Results of British Rule in India", in Karl Marx and F. Engels, *On Colonialism*, New York, 1972, p. 14.

② G. W. R Hegel, *The Philosophy of History*, New York, 1956, pp. 105–106.

资本主义与以往所有帝国不同，它不能简单地被现有的、停滞不前的王朝制度所吸收，因为资本主义通过在土地上创造私有财产而破坏了亚细亚生产方式。

阿维内里认为，马克思把社会主义理解为资本主义社会普遍主义的产物，这就不可避免地导致马克思"不得不认可欧洲殖民扩张是走向社会主义胜利残酷但必要的一步……殖民主义的恐怖对于无产阶级世界革命是辩证需要的"。[①] 正如资本主义本身蕴含着自身毁灭的种子，因此殖民主义通过对亚洲社会的革命来自掘坟墓。以印度为例，马克思指出，英国人通过创造私有财产，通过现代军队提供新的政治统一，通过建立现代公务员制度，无意中奠定了印度独立和社会发展的基础。此外，阿维内里把马克思对英国统治的意外后果的理解与黑格尔的"理性的狡计"学说联系起来，黑格尔认为历史是通过不理解其行为最终意义的代理人来运作的。同样，马克思关于欧洲经济最终将依赖于它的殖民地的观点，对阿维内里来说，这仅是对黑格尔的主奴关系辩证分析的应用。阿维内里所说的"黑格尔辩证法的复杂性"使马克思能够理解殖民主义、阶级和殖民地之间复杂的相互作用。例如，马克思得出的结论是，英国从其印度殖民地获得的经济回报低于军事控制、行政管理和国防开支。英国在印度殖民统治中真正的受益者是东印度公司的债券持有人和那些受雇于英国行政机构的人，他们拥有高额的薪酬。因此，为了维护统治阶级的利益，英国对整个殖民地的英国人征税。

尽管英国统治残暴，尽管这个资助殖民主义的系统是通过对英国工人阶级间接征税运作的，阿维内里告诉我们，马克思坚持认为，对亚洲社会的殖民渗透是必要的和不可避免的。阿维内里从这一立场中刻画了一个推论："马克思不得不欢迎欧洲的强力渗透，欧洲对亚洲任何社会的控制越直接，其结构彻底改革和最终融入资本主义社会的机会就越大，并且此后进

---

① Avineri, *Karl Marx on Colonialism and Modernization*, p. 12.

入社会主义社会。"① 西方殖民者在印度的直接统治将会带来迅速和不可逆转的结构性变革，而在中国的间接统治将会威胁现有的、完好无损的生产体系。在全球范围内，资本主义还没有从根本上渗透，这是对历史发展的拖累和对社会主义的威胁，因为按照阿维内里的解释，社会主义只能在普遍的资本主义经济之后出现。

关于殖民主义强度与现代化进程速度之间矛盾关系的重要性，阿维内里对马克思殖民主义的介绍性文章或多或少地总结了这一点。顺便提一下，可以说，阿维内里似乎接受这种殖民主义理论及后果，认为这是对 19 世纪资本主义殖民主义性质和影响的实证有效陈述。阿维内里对这种"黑格尔式马克思"的主要批判是，"马克思判断亚洲社会革命的唯一标准是欧洲资产阶级社会自己的标准"②。阿维内里还认为，马克思未能将亚细亚生产方式（基本上是一个地理名称）纳入奴隶制—封建主义—资本主义的辩证法之中。笔者之所以认为阿维内里似乎接受了这种"经验上有效"的说法，理由是他用这一理论来解释阿拉伯世界的落后。在谈阿维内里将亚细亚生产方式应用于中东之前，我们有必要更仔细地查阅他关于黑格尔的其他著作。

乍一看，不仅作为革命理论的基础，而且作为犹太复国主义的理论来源，黑格尔似乎是一个不太可能的候选人。因此，重要的是要认识到，阿维内里的许多理论工作都关心的是把黑格尔从那些指责他为反犹太主义、军国主义和反动派的批评者手中解救出来。阿维内里寻求的是还原黑格尔进步思想家的身份，他通过再次专注普遍主义/特殊主义的层面来实现这一点。

19 世纪及更早时期对犹太主义的批评标准是犹太律法主义，它在宗教

① Avineri, *Karl Marx on Colonialism and Modernization*, p. 18.
② Avineri, *Karl Marx on Colonialism and Modernization*, p. 24.

和种族方面与社区的分离，以及其特殊的伦理道德，使犹太主义与现代工业化社会的需要格格不入。当犹太人放弃他们特殊的犹太人身份时，犹太人的问题就解决了。那些基于这些理由批评犹太教的人也往往不愿意在政治和社会方面给予犹太人解放。正如阿维内里试图证明的那样，黑格尔与当前的政治批评是不同的，黑格尔既谴责犹太教又主张犹太人解放。

很容易看出黑格尔为什么要批判犹太教。犹太教是一种形式化的宗教，它通过"大量无意识的和无意义的行为"，阻止真正的主观意识的出现。此外，犹太人的独特身份及其在市民社会中的孤立性是一种特殊利益和意识的体现，黑格尔一直反对这种观点。然而，拒绝犹太人的解放将限制合法权利的范围，从而使法律本身成为一种特殊的基础。黑格尔的论证是这一承诺的哲学基础：

> 它是"教育"的一部分，思维作为形式普遍的单一意识，自我被理解为一个普遍的人，在其中所有东西都是相同的。一个人仅凭他的男子气概就算是一个男人，而不是因为他是犹太人、天主教徒、新教徒、德国人、意大利人等。[1]

黑格尔还发现了那些否认犹太人解放的法律中一个自我实现的预言。犹太人受到谴责是因为他们在群体中过着分离与孤立的生活，然后通过法律迫使犹太人与世隔绝地生活。打破犹太人孤立的最好办法就是根据一项给予普遍解放的法律赋予犹太人平等地位。

然后，阿维内里试图从黑格尔和马克思对官僚主义与国家之间关系的

---

[1]　Shlomo Aineri, "A Note on Hegel's Views on Jewish Emancipation", *Jewish Social Studies*, Vol. 25, No. 2, 1963, p. 146.

解释上说明两人的连续性。在黑格尔的政治哲学中，国家通过建立一个普遍的规范和目标体系，超越了市民社会中的个人和家庭的利己主义。同样，官僚主义是一种普遍秩序（der allgemeine Stand），它超越了社会中私有的个人特殊利益和有限目标。黑格尔说，在官僚主义中，"个人不是因为出身或土著身份而被任命公职的，任命他们的客观因素是知识和能力的证明"①。

马克思颠覆了黑格尔方法中的重要部分，指出国家在资本主义社会仅代表了资产阶级的特殊利益，对黑格尔的结论提出了相当明确的批评。马克思认为，当一个新兴阶级能够把自己的利益同整个社会的普遍利益看作一致时，社会变革就发生了。马克思改造了黑格尔的辩证法，使"黑格尔的一个'普遍阶级'思想，脱去了其假设外衣，对马克思来说，成为一种历史解释的工具"②。在发达的资本主义社会中，新兴阶级是无产阶级，它是唯一能够将其自身利益与社会普遍利益看作一致的阶级。黑格尔将官僚制视为一种普遍秩序的静态观点转变为马克思在阶级变革中体现的动态观点，但是黑格尔辩证法的核心仍然清晰地存在。

在谈到黑格尔关于国际关系的观点时，特别是涉及战争问题时，阿维内里希望把黑格尔从任何关于他的哲学是军国主义或极权主义的指责中解救出来。黑格尔把战争概念和实际具体战争事例之间做了一个区分。在黑格尔的观点中，战争的概念可能具有伦理上的正当性，因为战争充当一种伦理上的死亡警示（memento mori）。阿维内里告诉我们："黑格尔认为战争中存在一种伦理（sittlich）的因素，因为它暴露了生命中的偶然性、任意性

---

① Shlomo Avineri, "The Hegelian Origins of Marx's Political Thought", *The Review of Metaphysics*, Vol. 21, No. 1, 1967, p. 38.

② Avineri, *The Social and Political Thought of Karl Marx*, p. 58.

和有限性。它阻止特殊的利益成为宇宙的主宰。"① 然而，具体的战争实例就没有任何伦理上的正当性，因为"具体的战争总是一种在偶然的、特殊的欲望之间的冲突，其中不包含任何必要的东西，因此不能给这种战争或任何其他战争以哲学上的正当理由"。② 根据这一论点，黑格尔对战争行为提出了许多建议。由于战争不应成为市民社会的内在组成部分，战争应由专业军队主导而不是由全国公众参与（levée en masse）。军队应该始终在市民当局的严格控制之下，并且诸如禁卫军罗马军事国家的存在总是对事情正常秩序的倒置。

阿维内里对黑格尔哲学的态度是，尽管从现代战争的角度来看，黑格尔的立场可能显得幼稚，但他对待战争的态度在道德上并不令人反感。阿维内里告诉我们，黑格尔没有"提供能够支持战争民族主义的论据"。③

笔者对阿维内里对马克思关于殖民主义、国家和社会阶级理论的黑格尔主义式解释进行了冗长的评论，主要是想展示阿维内里关于以色列观点中理智的要素。现在我们要转向这个问题。阿维内里对阿以冲突和阿拉伯社会"落后"问题的理解包含在1969年首次发表的一篇文章的引文中：

> 不管帝国主义的罪过如何，它毕竟（正如马克思非常敏锐地指出的）结束了古老的传统社会……这殖民的力量，无论其自身的动机如何，都成了非欧洲世界现代化的主要推动力……这一切都没有发生在阿拉伯国家……无论是被称为保护国还是委任统治，这一体系确保了

---

① Shlomo Avineri, "The Problem of War in Hegel's Social Thought", *Journal for the History of Ideas*, Vol. 22, 1961, p. 466.

② Shlomo Avineri, "The Problem of War in Hegel's Social Thought", *Journal for the History of Ideas*, Vol. 22, 1961, p. 472.

③ Shlomo Avineri, "The Problem of War in Hegel's Social Thought", *Journal for the History of Ideas*, Vol. 22, 1961, p. 474.

西方势力的至高无上性，而不使其直接参与管理，因此基本上不会影响阿拉伯国家的社会经济基础设施。[1]

间接的行政管理体系允许（如果它不是鼓励）前资本主义的亚洲元素在现代殖民资本主义的周期中生存。间接殖民主义并没有摧毁现有的社会结构，只是强调了前现代精英的某些方面，特别是军队方面。根据阿维内里的说法，伊斯兰教是一种征服性宗教，它给予了军事力量和军事美德特别高的评价。

自 13 世纪以来，阿拉伯地区就被土耳其人、塞尔柱人和马穆鲁克人统治，因此被英国人和法国人扫除到一边的军事社会本身就不是阿拉伯社会。这种中央集权的军事力量优势（无论是阿拉伯人还是土耳其人）给予了现有的社会结构一个相对没有区别的、"不平衡"的特征。社会地位体系的顶端被战士和工匠所占据，而从事贸易和商业者则被精英阶层所蔑视。[2] 贸易被希腊人和犹太人控制。欧洲殖民者通过纵容军事精英强化了这种模式。当权者"没有鼓励阿拉伯世界工业的增长，或去提升文化水平，或去铺设真正的西方宪政式国家基础；但他们使阿拉伯军队现代化，从而加强了阿拉伯社会最传统的特征"。[3] 一旦西方力量撤出该地区，阿拉伯社会就很容易恢复到权威、组织和正统的传统体系。一个独裁的和非民主的军事力量，一支配备现代装备的军队，坐在一个前现代的、停滞不前的社会之上。唯一的例外是阿尔及利亚，一个在反对殖民主义的革命斗争中建立起

---

[1] Shlomo Avineri, "Modernization and Arab Society: Some Reflections", in Irving Howe and Cari Gershman(eds.), *Israel, the Arabs and the Middle East*, New York, 1972.

[2] T. Stoianovitch, "The Conquering Balkan Orthodox Merchant", *Journal of Economic History*, Vol. 20, 1960, pp. 234-313.

[3] Shlomo Avineri, "Modernization and Arab Society: Some Reflections", p. 304.

来的国家。

阿维内里对阿拉伯落后性的看法直接源自他对马克思的理解，因为阿维内里声称殖民主义是能将非欧洲社会带入真实的历史并因此进入现代资本主义世界的唯一途径。殖民主义强度越大，现代性就越强。除阿尔及利亚外，阿拉伯世界在部分和间接殖民化经历方面也与中国相似。因此，阿拉伯世界的现代力量没有得到充分发展。阿维内里认为，以色列的发展非常不同；与阿拉伯世界相比，以色列拥有一股充满活力的现代化力量。阿以关系的悲剧在于，这是两个民族解放运动之间的冲突。20世纪上半叶面对同样的敌人——英国和土耳其：

> 这两个运动走了各自的道路，正是在这种分歧中，人们可以找到阿拉伯民族主义。虽然我们可以认为犹太民族运动成功地将民族革命与社会革命结合了起来，阿拉伯运动仍然几乎是政治性的。事实上，阿拉伯社会革命尚未开始。[①]

民族主义与社会主义革命的结合赋予了犹太复国主义特殊的活力和进步特征。在巴勒斯坦建立一个犹太民族家园，改变了流散的犹太人社会结构，在这种结构中，任何无产阶级都不能发展成工农社会。正是由于这个原因，基于拒绝将新的犹太家园建立在剥削阿拉伯劳工的基础上，犹太人的移民是"移民史上唯一一次有意向下流动的社会运动"。[②] 相比之下，阿拉伯民族主义仍然被锁在奥斯曼帝国传统的军事主义社会结构中，在这种结构中，阿拉伯商业阶级没能出现。阿拉伯民族主义缺乏对其问题的真正的现

---

① Shlomo Avineri, "The Palestinians and Israel", *Commentary*, Vol. 49, 1970, p. 341.

② Shlomo Avineri, "The Palestinians and Israel", *Commentary*, Vol. 49, 1970, p. 35.

代社会分析，因为它永远在回溯欧洲殖民主义兴起之前的光辉过去。在任何
情况下，阿拉伯民族主义的最初领导人本身就是传统精英，他们不赞成激进
的社会变革。其结果是，埃及、叙利亚、伊拉克和利比亚的军事政权不是从
反对殖民势力的革命斗争中产生的，它们只不过是对殖民前社会形态的重复。

从这一分析得出的政策计划是相当明显的。以色列政府应该停止相信
以色列和阿拉伯国家之间的解决方案，因为真正的问题是以色列和巴勒斯
坦民族运动之间的关系。此外，以色列应停止默许支持约旦和黎巴嫩等阿
拉伯国家。我们不能指望巴勒斯坦人以游击战的形式与以色列发生冲突，
以此使社会成熟。由于没有大片沼泽地、大片森林、丛林或人迹罕至的山
区，"阿拉伯游击战的特点是依靠个人和无差别的暴力手段"[1]。这种暴力活
动代替了真正的革命战争。[2] 在写《黑色九月》之前，阿维内里把目光投
向了以色列之外的约旦，他希望巴勒斯坦军队在那里能够推翻侯赛因的
王国。

约旦被游击队击败会消除巴勒斯坦人"无家"的感觉并产生对以色列国
家更现实的态度。阿维内里认为在以色列内部，约旦河西岸以及一定程度上
在准备与以色列人关于加沙地带的谈判的巴勒斯坦人中间，已经出现了温和的
中产阶级。第一要务只是相互承认彼此的民族主义运动在该地区自决的有效性。

以色列在许多不同的方面扮演了"无意中的助产士"的角色。例如，
巴勒斯坦犹太人切断了巴勒斯坦阿拉伯人与其统治阶级之间的政治联系。[3]
虽然以色列的存在本身是强制性的，但它提供了一个家长式的政治框架，

---

[1] Shlomo Avineri, "The Palestinians and Israel", *Commentary*, Vol. 49, 1970, p. 37.

[2] 阿维内里拒绝任何将越南民族解放运动和巴勒斯坦解放运动相提并论的企图，理由是这场斗争不是帝国主义国家间的冲突。参见 Shlomo Avineri, "Israel and the New Left", *Transaction*, Vol. 7, 1970, pp. 79-83。

[3] B. Shaicovitch, "Dialectical Paternalism: Marx on the West Bank", *New Middle East*, No. 55, 1973, p. 22, 详细阐述了阿维内里的一些基本假设。

被占领地区的阿拉伯人在这个框架内得到以色列自身的政治民主的好处。此外，以色列人还通过提供现代化的农业技术、电网、改进的排污系统和其他公用事业提高了民众的生活水平。以色列的总体影响是至少为阿拉伯人提供了贸易工会政治和民主经验的雏形，使其城市条件从传统的封建布置中分离出来的新觉悟，以及现代化农业和城市职业方面的专业知识。就阿拉伯阶级结构而言，以色列无意中在该地区创造了第一个现代城市无产阶级，并出现了一个进步的阿拉伯资产阶级。虽然这些变化在政治方面具有爆炸性的影响，但阿拉伯人的城市化至少表明，阿拉伯和以色列的工人阶级将分享共同的经济利益，这将改变他们之间政治僵局。

除了从马克思的"理论著作"——《哲学的贫困》《共产党宣言》《政治经济学批判》《资本论》中的四段引文之外，阿维内里对马克思的解读完全依赖马克思发表的报刊文章，即马克思和恩格斯在《纽约每日论坛报》上发表的文章。重要的是要问，这些报刊文章是如何重要，以及它们是不是马克思的资本主义殖民主义理论的可靠来源。马克思自己对报刊文章的评价肯定不是很高。1853 年 10 月，马克思写道：

连续不断的垃圾报纸使我恼火。这花了很多时间，分散了我的精力，并且说到底什么也不是。无论一个人多么希望独立，他仍然依赖报纸及其公众，特别是如果像我一样，收到现金报酬。纯粹的科学作品是完全不同的东西……①

在考虑马克思关于殖民主义的文章时，必须记住，马克思是为美国自

①　引自 David McLellan，*Karl Marx*，*His Life and Thought*，London，1973，p. 284。进一步评论参见 Henry M. Christman，*The American Journalism of Marx and Engels*，New York，1966。

由资产阶级读者撰写的，他们主要关心的是马克思对英国外交政策的批评，而不是马克思对资本主义、殖民主义的本质和亚洲社会性质的理论解释。马克思认为《纽约每日论坛报》政策的假设仅是"社会主义的骗子"，掩盖了美国资产阶级保守主义的利益。马克思在这里的态度并没有使他对殖民主义的评论显得空虚，但这确实意味着必须谨慎地对待他的新闻工作。

然而，阿维内里从马克思的报刊文章中选择的内容在另一个方向上是奇怪的：他没有提供任何关于马克思对英国在爱尔兰的殖民主义的评论，这与他对印度和中国殖民主义的看法大相径庭。[①] 马克思认为，爱尔兰的发展受到英国入侵的阻碍，并倒退了几个世纪……由于老受压迫，已经被人为地变成了一个完全赤贫的民族。[②] 在爱尔兰，殖民资本主义阻碍了社会的发展，这一事实显然与阿维内里的观点相矛盾，即殖民主义，特别是直接和强烈的殖民主义，必会使落后的社会现代化。即使阿维内里专注于马克思的亚洲研究，笔者也不相信他提供了马克思的全部释义。因为马克思并没有表明殖民意味着现代化，他只是断言殖民化为社会结构变化提供了一些初始条件。他说印度人民：

> 在大不列颠本国现在的统治阶级还没有被工业无产阶级取代以前，或者在印度人自己还没有强大到能够完全摆脱英国的枷锁以前，印度人是不会收获到不列颠资产阶级在他们中间播下的新的社会因素所结的果实的。[③]

---

① 艾丹·福斯特·卡特对马克思殖民资本主义提出了一些问题，"Neo-Marxist Approaches to Development and Underdevelopment", in Emanuel de Kadt and Gavin Williams（eds.）, *Sociology and Development*, London, 1974, pp. 67-105。

② K. Marx and F. Engels, *On Ireland*, London, 1968, p. 319.

③ K. Marx, "The Future Results of British Rule in India", p. 85.

"社会新元素"——私有财产、铁路、政治统一、军队等的发展潜力——取决于资本主义社会本身或殖民地依附者内部阶级革命的发生。殖民主义只能通过国内外的革命间接产生现代化。

阿维内里这本书的一个文本局限性是它没有参考马克思的《政治经济学批判》，在《政治经济学批判》中出现了不同的社会形态和历史分期的图景。对阿维内里来说，亚细亚生产方式在分析上是"奇怪的"，因为它本质上是地理上的，站在奴隶制—封建主义—资本主义的辩证法之外的。马克思在《政治经济学批判》一书中指出，早期社会形态是脱离原始社会制度体系的，这些体系包括东方的、古代的、日耳曼的和斯拉夫的。在这个计划中，马克思引用霍布斯鲍姆的话：

> 提及按时间顺序演替，甚至是从其前身中演变出来的一种制度（虽然资本主义和封建主义的情况明显如此），但指的是更一般意义上的演变……马克思区分了这种演变的四个分析阶段，虽然不是按时间顺序排列的阶段。①

因此，区域名称"亚细亚"涉及一个分析范畴，即基于"生产和农业的自我统一"的系统，它将剩余生产锁定在乡村社群中。由于这个原因，亚细亚生产方式在理论上并不像阿维内里所说的那样有问题。

对阿维内里的解释更进一步的理论上的异议是，它夸大了马克思社会学中的黑格尔哲学。这显然是一个非常宏大的问题，只能在这里简单提及，因为它涉及对马克思早期和晚期问题的讨论。与其深入讨论这些问题，不如对阿维内里所理解的马克思作三点评论。

---

① E. J. Hobshawm(ed.), Karl Marx, *Pre-Capitalist Economic Formations*, London, 1964, pp. 36–37.

第一，根据阿维内里的观点，马克思关于欧洲的活力与亚洲停滞之间的区别的观点直接来自黑格尔的《历史哲学》讲稿。然而，如果一个人想为马克思的方法找到直接的知识来源，那么最好研究一下英国功利主义者关于印度的著作。功利主义者认为，亚洲社会停滞是因为风俗、传统和祭司权谋下的死手。约翰·穆勒写道，亚洲没有"历史"，因为"习俗的专制"，并且他最大的担心"不是变化太快，而是……中国的稳定性"。[①] 正是功利主义者和下议院的报告为马克思和恩格斯提供了直接的经验证据。

第二，在更普遍的层面上，我们已经注意到，阿维内里未能充分区分马克思在报刊文章上对殖民主义的大众评论和《政治经济学批判》、《政治经济学批判大纲》和《资本论》中提出的"纯科学"问题。换句话说，阿维内里未能在马克思关于资本主义生产方式的理论模型（以及扩展到他对殖民主义的理论观点）和马克思通过具体实例的经验例证对这一理论的说明之间进行区分。阿维内里不断用马克思的经验例证来混淆马克思对资本主义扩张的普遍性后果的理论理解。我们很快就会看到，这种融合使阿维内里从英属印度的一个帝国主义例子中跳到中东的另一个经验主义的例子中，同时假设他在处理资本主义生产方式的理论属性。阿维内里没有认识资本主义生产方式在社会形态中从未完全占据主导地位，任何真正具体的社会都必须被概念化为"一种特殊的组合，一种对几个'纯粹'生产模式的具体和过度抨击"。[②] 因此，他未能在一种理论的、抽象的、结构的资本主义生产方式和实际的资本主义社会之间做出必要的区分。在实际的资本主义社会中，资本主义生产方式只是或多或少地占主导地位，并与其他生产方式一起运作。

阿维内里方法中这种概念上的混乱，给他试图在 19 世纪印度的帝国主

---

① 相关讨论参见 Bryan S. Turner, "The Concept of Social Station Ariness: Utilitarianism and Marxism", *Science and Society*, Vol. 38, No. 1, 1974, pp. 3–18; see also Chapter 2 above。

② Nicos Poulantzas, *Political Power and Social Classes*, London, 1973, p. 15.

义和 20 世纪中东的帝国主义之间做出这样的类比带来了困难。这里有一个模棱两可的地方，把阿拉伯社会落后的"罪魁祸首"归咎于英国和法国间接的殖民统治。存在于中东的以色列本身并不被视为殖民地，因此，以色列国的出现并不是西方殖民主义的一个例证，而仅是向下流动的移民。尽管如此，阿维内里确实打算从历史角度将以色列对巴勒斯坦与英国对印度的积极影响做一个类比。马克思关于西方充满活力的资本主义与停滞的亚细亚生产方式对比，成为阿维内里将以色列国内社会革命与邻近阿拉伯国家传统尚武精神延续进行对比的依据。为了完成这样的类比，阿维内里将不得不证明它们在经验上的相似之处，还要证明印度、中国和中东社会结构之间的主要相似性。阿维内里甚至没有意识到这样一个问题。除了基于这些理由批评阿维内里之外，设想阿维内里的假设，然后思考以色列是不是一个资本主义社会，其主导的资本主义生产方式是否沿着马克思理论模式指导的路线发展。

第三，与对资本主义模式内部结构的全面分析相比，马克思、恩格斯并没有发展殖民主义经济理论，也没有阐明殖民主义的社会后果和殖民社会阶级斗争的性质。的确，为了了解资本主义的活力，马克思认为有必要对殖民主义进行一些最基础的阐释。因此，他在分析资本主义中纳入了一套概念（如殖民地利润的高水平、对外投资的需要等），但是他的理论对象是资本主义的生产方式，而不是系统外围非资本主义社会形态的发展。马克思的发展和欠发展理论必然会成为新马克思主义的理论。当詹姆斯·奥·康纳（James O' Connor）观察以下问题时，他的理论注解恰到好处：

马克思对帝国主义经济的相对沉默可能阻碍了马克思主义理论的发展，或者它可能因祸得福。任何理论先例的缺失迫使（并继续迫使）

马克思主义者重新回到自己的经验和知识资源中。[1]

此外，阿维内里天真而不加批判地试图将黑格尔的不切实际的东方主义应用于中东复杂的发展问题中。

以色列的历史和社会结构与资本主义生产方式的理论模式在若干重要方向上存在分歧。从一开始，所谓的犹太移民实际上与印度的英国传统殖民主义有很大不同。以色列通过制造巴勒斯坦散居地来减少巴勒斯坦人口。也就是说，以色列人并没有建立殖民地：他们在 1948 年之前从阿拉伯地主那里购买了土地，以建立一个不包括阿拉伯人或基督徒的"民族家园"。以色列建国后，通过土地使用条例和集体农场制度，以及 1948 年、1956 年与 1967 年的战争占领使阿拉伯村庄人口减少，犹太人取代阿拉伯人定居成为可能。如果人们想打个比方，那不是在印度的英国人，而是在美国、澳大利亚或非洲的白人定居者。然而，也许连这个类比也是勉强的。

根据保罗·巴兰（Paul Baran）所说，在美国和澳大利亚，欧洲人"或多或少地进入了完全的社会真空地带，并定居在这些地区，确立了他们自己作为永久居民的身份"，而在亚洲，欧洲人"面对的是拥有丰富文化和古老文明、仍处于前资本主义或资本主义萌芽状态的成熟社会"。[2] 以色列在中东面临着既定的文明，但由于那里没有犹太人的经济盈余可以转移到欧洲故土，以色列着手在当地创造了经济盈余。

不幸的是，即使这个类比也行不通，以色列从该地区榨取的剩余价值本身就不足以维系自身发展，因为以色列国在很大程度上依赖大量的外国投资。1948~1968 年，以色列的进口顺差在 75 亿美元左右，其中大部分来

[1] James O'Connor, "The Meaning of Economic Imperialism", in R. Rhodes (ed.), *Imperialism and Underdevelopment*, New York and London, 1970, p. 107.

[2] Paul Baran, *The Political Economy of Growth*, New York, 1973, pp. 273-274.

自美国。用奥斯卡·加斯（Oscar Gass）的话来说，这种财政支持是不同寻常的：

> 在要求股息、利息或资本回流的情况下，只有约 30% 的资本来到以色列。这是其他国家所没有的状况，它严重削弱了以色列作为其他国家经济发展典范的重要性。[1]

这些资本流入使以色列能够在净储蓄为零的情况下，维持大约占国民生产总值 20% 的投资率。自 1967 年以来，由于需要增加军费开支，以色列对外国投资的依赖程度急剧增加。例如，1970 年的军费开支约占国民生产总值的 24%。这种情况产生许多严重的后果。以色列没有按照真正的资本主义路线发展旅游业、磷酸盐工业、石油和农业，而是遵循了"伪资本主义"的发展道路。[2] 由于战时需要，财富和人才被引流到武器工业中，特别是飞机产业中。以色列还处于一种独特的有利地位，即主要由外国资本提供资金，而不必付出典型的依赖性代价。与在印度殖民的英国不同，以色列不提供经济刺激计划还有另外一个原因，即坚持不与邻国阿拉伯人建立贸易关系的政策。以色列战略的重点是进入非洲，而不是中东。这只是阿维内里类比问题的一个方面。

以色列社会在阶级结构上也与古典资产阶级模式有很大的不同，其阶级结构与外国资本流入密切相关。来自国外的资本由以色列议会的主要政党根据其人数和力量进行分配。反过来，这些资本由政党分配给自己的集体农场和莫夏夫（Moshavim），分配给自己的住房计划或工业。所谓的"分

---

① *Journal of Economic Literature*, December 1969, p. 1177, quoted in Arie Bober (ed.), *The Other Israel*, Garden City, 1972, p. 94.

② Maxim Ghilan, *How Israel Lost Its Soul*, New York, 1974, p. 212.

化"创造了垂直的赞助线，确保了客户——公民对政党和以色列总工会的忠诚。以色列并没有沿着欧洲资本主义的路线发展，即生产资料是由拥有财产的资产阶级控制。相反，统治阶级由工党官僚机构组成，分为犹太机构、以色列总工会和政府。资产阶级的私营部门仍然是执政集团的初级伙伴。例如，1960 年私营部门产值反占以色列经济净产值的 58.5%。六日战争后，以色列经济出现了"正常化"，许多行业被移交给私营部门，但这一进程迄今对改变经济性质没有起到什么作用，吉拉尼（Ghilan）恰当地称之为"工团-资本主义"。① 因此，可以用以下术语简要描述阶级结构。统治阶级是由官僚（Bitzuistim，doers）组成的，包括高级军事人员、以色列总工会领袖、普通公务员和犹太代理商老板。这一群体的下面是私人资产阶级，他们经常按照政府契约工作。中产阶级本质上是由军队、国家和劳工官僚机构的中间阶层组成的——教师、中层管理人员和工会领袖。下层中产阶级可以被认为是集体农场的成员、店主和白领工作者。工人阶级仅由新犹太移民组成，他们下面是阿拉伯工人。流亡者无产阶级被收容在难民营里。

　　这种阶级结构因种族分化而更加复杂。众所周知，早期的白人犹太移民（阿什肯纳兹犹太人）在阶级体系中居于经济和社会的主导地位，而后来的西班牙、非洲和亚洲犹太人（塞法迪犹太人）则处于社会底层。这些塞法迪犹太移民为边境地区的新集体农场定居点提供了劳动力，并且因此承受新的殖民计划的冲击。他们还占了战时伤亡人数的大部分。结果，有言说：

　　　　尽管精英群体中出现了越来越多的土生土长的以色列人（sabras），但出生于俄罗斯和波兰的领导人占主导地位，他们主要来自第三和第四次阿利亚（aliyot）。大体上，这些人住在大城市，除了集体农场以

---

① Maxim Ghilan, *How Israel Lost Its Soul*, New York, 1974, p. 208.

外，该国其他地区（在政治制度中）的代表人数不足。①

　　"分化"和阶级制度对阶级意识和社会冲突有着重要的影响。以色列总工会机构"分化"和包罗万象的特点（在这个社会中，1/3 的人口拥有以色列总工会的会员身份）形成了广泛的任免权依赖。因为以色列总工会提供社会保障、教育和医疗福利，人们没有什么反对的动机。其结果是国家利益凌驾于阶级利益之上，但这并不是说以色列就没有社会冲突。虽然以色列曾发生过多次罢工运动（1951 年、1962 年和 1969 年），但其整体的社会冲突不是以阶级来表达的，而是以世俗和宗教犹太复国主义之间、代际之间、退伍军人和移民之间的冲突来表达的。这些冲突很少导致新政治力量的结盟或新政党的产生，因为"分化"意味着经济权力掌握在已经在以色列议会中拥有大量代表权的政党手中。工人阶级内部的塞法迪犹太人和阿拉伯人之间的种族冲突确保了工人阶级中犹太人的忠诚，他们害怕低薪的阿拉伯人与之竞争。从积极的社会理由来看，那些从"救济"制度中得到最少的工人阶级犹太人就是最忠诚的犹太复国主义者。

　　由于种种原因（在殖民化、对外国资本的依赖程度和阶级结构的特殊性方面），以色列是一个与马克思资本主义理论模式非常不同的国家。因此，试图在中东和印度之间形成类比，或者在中国的间接统治和中东帝国主义之间进行类比，不仅是肤浅的，而且是有误导性的。如果你想要一个类比，在爱尔兰和巴勒斯坦中更容易找到例子。正如马克思在英国与爱尔兰的关系中所指出的"阻碍效应"一样，人们会发现在英国和以色列的双重影响下，中东地区的发展可能会受到阻碍。当然，犹太复国主义意识形态的一部分内容

---

① David Lazar, "Israel's Political Structure and Social Issues", *Jewish Journal of Sociology*, Vol. 15, 1973, p. 32.

认为犹太定居者占领的土地基本上是无人居住、没有开垦和没有开发的。然而，在更广泛的历史框架内，一幅截然不同的画面开始浮现。

中东的现代化和殖民化持续时间比阿维内里提出的更长，也更加复杂得多，他首先从19世纪末欧洲的影响开始他的论证，然后是委任统治时期。欧洲和中东的贸易关系在现代殖民化之前就已经存在了几个世纪，由于交换的不平衡，可以说，这两个经济体之间的依赖关系在中世纪就已经建立起来了。① 早在17世纪，黎巴嫩就发展了商品经济、种植桑葚、向欧洲出口丝绸。19世纪40年代，中东粮食贸易因欧洲需求急增而得到了强力推动，欧洲对粮食的需求进一步刺激了中东地区粮食生产和销售，特别是在克里米亚战争之后。然而，大约从1850年开始，叙利亚和黎巴嫩地区出口生丝，特别是到法国，与此同时，奥斯曼帝国国内市场向欧洲国家的制成品开放。根据与奥斯曼帝国签订的不平等协议，19世纪50年代的公路修建和19世纪80年代的铁路修建，极大地便利了欧洲商品进口。现代通信系统的建设也掌握在法国和其他欧洲公司手中。欧洲干预的总体效果可以引用I. M. 斯丽米莉安斯卡亚（I. M. Smilianskaya）的话来概括：

> 奥斯曼帝国缺乏发展制造业的有利条件。作为妥协与豁免协定签订的后果，欧洲的工业产品与当地的产品相比处于更有利的地位。当叙利亚在1825~1850年被制造廉价面料的工厂淹没时，当地的纺织厂在这种压力下无法生存……1820~1840年，大马士革织布工人从8000人减少到2000人，阿勒颇的工人从10000人减少到1000人。②

---

① E. Ashtor, "L'évolution des prix dans le proche-Orient à labasse-époque", *Journal of the Economic and Social History of the Orient*, Vol. 4, 1961, pp. 15-46.

② M. Smilianskaya, "The Disintegration of Feudal Relations", in C. Issawi(ed.), *The Economic History of the Middle East*, Chicago and London, 1966, p. 245.

因此，19 世纪末 20 世纪初的犹太移民进入了一个已经因经济依赖而发展严重受阻的国家。

第一次世界大战后，法国和英国的委任统治大大增加了巴勒斯坦和叙利亚的经济依赖性，而英国商品的主导地位又阻碍了当地轻工业的发展。巴勒斯坦经济在第二次世界大战期间受到了巨大的刺激，当时英国通往中东的补给线被打破，这条补给线将工业制成品运送到该地区。英国军队不得不依靠当地的供给和经济支持，他们必须发展当地的经济。英国对公路、机场和建筑物的需求不仅消除了阿拉伯人的失业问题，而且奠定了现代经济公共建设的基础。阿拉伯经济不得不依靠相对不熟练的劳动力，来自欧洲的犹太移民带来了劳动力，他们尽管具有显著的准资产阶级特征，但在某些部门已经沿着现代资本主义路线发展起来。犹太人社群能够充分利用这个被称为"繁荣"的战争时期。一位历史学家写道："到 1942 年，有 6000 家犹太工业企业，雇用了大约 5.6 万名工人，工业产值每年增加 2000 万英镑。1942 年食品、纺织、金属机械和化学工业的产值是 1939 年的两倍多。"① 1948 年，以色列作为一个独立的国家出现了，为自身经济发展设置了各种保护壁垒，从而消除了英国重申其在该地区商业主导地位的威胁。

与阿维内里的论点相反，现代以色列经济的建立并没有给阿拉伯劳工带来显著的好处。尽管雇用了阿拉伯工人，但在巴勒斯坦阶级结构中，农民是占主导地位的部分。艾斯沃德（Aswad）报告说：

超过 50% 的以色列阿拉伯人仍然住在农村，而在以色列犹太人中的这一比例只有 12%。许多人可能在城市工作，但要返回他们在农村的家。因此，在以色列仍然有一小部分中产农民，他们中的许多人通

---

① Bober, *The Other Israel*, p. 45.

勤到城市工作，但相当多的农村人口与精英阶层分离，尚未完全融入
以色列社会。①

因此，阿拉伯农民被广泛分布的巴勒斯坦资产阶级和知识分子分离，
也与和以色列总工会联姻的犹太城市工人阶级分离。不用说，在这样的社
会条件下，先进的资本主义发展的可能性是非常有限的。

笔者批评了阿维内里的一些观点。阿维内里试图将英国在印度的帝国
主义与中东的帝国主义进行类比，但失败了。英国在中东的殖民主义对阿
拉伯的社会结构和经济产生了阻碍作用，不是因为它是间接的，而是因为
它是强大的和具有渗透性的。虽然笔者不接受阿维内里对马克思的黑格尔
式解释，但在阿维内里自己的立场上批评他本人是可能的，也就是说，以
黑格尔式的方式批评以色列社会。以色列对犹太复国主义的种族主义意识
形态的最终承诺，基于犹太人身份的权利的排他性定义，以及诸如《回归
法》这样的法律机器，产生了一个特殊的社会，与黑格尔宣扬的普遍主义
非常不同。尤其极具讽刺意味的是，当阿维内里试图保护黑格尔免受普鲁
士主义指控的同时，以色列社会本身却经历了一场彻底的普鲁士化。以色
列军队渗透社会的每一个层面，通过学校的学员系统，通过征兵和工业。
由于军人提前退役，以色列经济岗位不断接收军人的流入，结果阿维内里
归罪于埃及和叙利亚的军事主义，这也可以在以色列社会结构和社会风气
中发现。阿维内里未能将他对黑格尔和马克思的阐释作为解释以色列社会
冲突的工具，这不仅表明了阿维内里对马克思的片面认识，也表明了他的
理论不足。这一点也凸显了阿维内里黑格尔式的历史解读的"特殊辩护"。

---

① Barbara C. Aswad, "The Involvement of Peasants in Social Movements and Its Relation to the Palestine Revolution", in Naseer Aruri(ed.), *The Palestinian Resistance to Israel*, Wilamette, Illinois, 1970, p. 22.

第八章
宗教和公民身份：以色列

近年来，社会学家和政治学家重燃对民族主义的兴趣。[①] 然而，在更广泛的历史框架内，民族主义仍是一个谜。关于民族主义的早期写作传统的假设是，它与资本主义的长期发展是不相容的。因为，考虑外国市场的重要性和跨国公司的发展，它需要将世界主义作为一种生活方式以及把国际主义作为一种意识形态。这个悖论在马克思主义中是众所周知的。[②] 对于像罗莎·卢森堡（Rosa Luxemburg）这样的马克思主义者来说，民族主义是一种资产阶级意识形态，它削弱了工人阶级的意识，而对于列宁来说，民族主义则是革命战略的重要组成部分。随着以民族抵抗为旗帜的反殖民斗争的发展，马克思主义对于民族主义而言具有更大的重要性，但在传统的马

---

① 特别是：*Thought and Change*, London, 1964; G. Poggi, *The Development of the Modern State*, London, 1978; Anthony D. Smith, *Theories of Nationalism*, London, 1971; Karl W. Deutsch, *Nationalism and Social Communication, an Inquiry into the Foundations of Nationality*, Cambridge, 1953。

② Tom Bottomore and Patrick Goode (eds.), *Austro-Marxism*, Oxford, 1978; H. B. Davis, "Nations, Colonies and Classes: The Position of Marx and Engels", *Science and Society*, Vol. 29, 1965, pp. 26-43; E. Kamenka (ed.), *Nationalism: The Nature and Evolution of an Idea*, London, 1976; Leszek Kolakowski, "Marxist Philosophy and National Reality: Natural Communities and Universal Brotherhood", *Round Table*, No. 253, 1974, pp. 43-55.

克思主义理论中仍难以为民族主义找到一个合适的位置；特别是，民族差异如何与经济阶级相联系？社会学也面临着一系列类似的问题，因为在自由多元民主的模式下，很难处理像民族主义这样的特殊主义。工业社会应该发展依赖于世俗意识形态的、开放的、竞争的政治制度，使公民社会的多样性合法化。从这个角度看，民族主义似乎是一个返祖现象。尽管人们对传统民族主义运动的持续存在和欧洲地区民族主义的发展进行了各种尝试①，但"民族主义"在社会科学和马克思主义理论中仍然是一个悬而未决的争论。

盖尔纳（Gellner）的理论是一个具有影响力的民族主义理论。② 他把民族主义视为民众对工业社会发展不平衡的回应：作为社会封闭的一种形式，民族主义构建和强调国家差异，以保护不同群体的工人，并为被异化的知识分子提供一个平台。然而，民族主义必须解决某些分歧，其中语言是主要的组成部分。宗教差异也被认为是区分民族文化的关键。然而，这种假设是，宗教在民族主义的起源中可能很重要，但它很快就被世俗的意识形态所取代。民族主义发展的"正常模式"是从神圣的象征主义到世俗的价值观和制度，特别是社会主义。③ 因此，人们将阿拉伯民族主义和以色列民族主义进行对比是很常见的。前者是有缺陷的，因为它没有从宗教蝶蛹中显露出来；后者是"正常"类型，因为犹太复国主义是对政治现实的世俗世界观的明

① Michael Hechter, *Internal Colonialism: The Celtic fringe in British National Development, 1536 - 1966*, London, 1975; Tom Nairn, *The Break-Up of Britain, Crisis and Neo-nationalism*, London, 1977; J. E. S. Hayward and R. N. Berki(eds.), *State and Society in Contemporary Europe*, Oxford, 1979; E. A. G. Robinson(ed.), *Backward Areas in Advanced Countries*, London, 1969; S. Holland, *Capital Versus the Regions*, London, 1976.
② 探讨民族主义理论在盖尔纳整体思想中的地位参见 John A. Hall, *Diagnosis of Our Time, Six Views of Our Social Condition*, London, 1981。
③ Peter Worsley, *The Third World*, London, 1964; E. J. Hobsbawm, *Primitive Rebels*, London, 1959.

确表达。这种对比在凯杜里（Kedourie）① 和阿维内里②的著作中是很常见的。但是，史密斯在《犹太人与阿拉伯人的民族主义的宗教起源》③ 的一篇文章中表达了他对民族主义运动本质的理论处理上最清楚的观点。④

民族主义者有一个共同点，即对他们的压迫者或者至少与他们恰好身处其中的大多数人有一种特殊的感觉。文化特殊性的概念是复杂的，但从民族运动到领土运动的民族主义统一体是可以构想的。在民族方面，民族主义者被共同的民族认同感联系在一起；在领土方面，民族主义者之间的关系则建立在对领土或政治基础的渴望之上。在史密斯看来，犹太复国主义是一种解决民族散居问题的办法，即在某种意义上，分散在更大的政治单位内的小团体是外来实体，受到社会的压迫。这些团体无法在敌对政治领域的现有背景下实现自治。

> 确保文化及其承载者生存的唯一方式是将社区疏散到敌对地区以外的地方——最好是能激发自我复兴的热情的地区，这两个条件最好是由一个"祖先的家园"以及它的记忆、它通过一项历史性的权利做出的安全承诺，和它的身份的历史划界来共同满足。⑤

---

① Ele Kedourie, *Nationalism*, London, 1960; Elie Kedourie, *Afghani and Abduh: An Essay on Religious Unbelief and Political Activism in Modern Islam*, London, 1966; Elie Kedourie (ed.), *Nationalism in Asia and Africa*, London, 1970. 关于凯杜里的讨论参见 Bryan S. Turner, *Marx and the End of Orientalism*, London, 1974。

② Schlomo Avineri(ed.), *Israel and the Palestinians*, New York, 1968; Shlomo Avineri, "Political and Social Aspects of Israeli and Arab Nationalism", in Kamenka, *Nationalism*, pp. 101–122.

③ Anthony D. Smith, "Nationalism and Religion, the Role of Religious Reform in the Genesis of Arab and Jewish Nationalism", *Archives de Sciences Sociales des Religions*, Vol. 35, 1973, pp. 23–43.

④ Smith, *Theories of Nationalism*. 关于宗教与政治组织、政治冲突和国家关系的一般性问题参见 David Martin, *A General Theory of Secularization*, Oxford, 1978。

⑤ Smith, *Theories of Nationalism*, p. 222, 这一观察可能与加拿大的"穆斯林散居"相比较；参见 Harold Coward and Leslie Kawamura (eds.), *Religion and Ethnicity*, Ontario, 1978。

因此，在纳粹压迫和阿拉伯敌对的背景下，以色列的建国基础和犹太人的加入最大限度地激发了热情（Zeal）和民族复兴。在公民社会层面上，公共关系的结合几乎需要这样的外部威胁，不断提醒人们"安全的承诺"。

尽管这种"民族主义多样性"的类型学是分析犹太复国主义的一个有用的介绍，但在犹太人的案例中，它却被设定在一个更广泛的历史框架中，即所谓的犹太人问题，这一问题在 19 世纪的社会思潮中首次得到重视。当然，犹太人的独特性具有非常古老的历史，有人认为它实际上与犹太教本身是同一时代的。在韦伯的论点中[①]，犹太共产主义的独特性存在于约柜中，在那里，以色列部落通过宗教联盟与耶威结为一体，耶威是惩治犯罪行为并保护人们免受敌人侵害以换取人们对"社会契约"忠诚的那位上帝。

这一主题——土地、人民，这本书提供了一种民族主义的表象，这种民族主义是早熟和原始的。然而，笔者在这一背景下使用"宗教民族主义"这个词，会因为过度延伸而使得该词变得空洞。在其现代意义上，民族主义本质上是 19 世纪政治认同的一种概念，它预设了民族国家的存在，配备了能够在世俗国家内实现公民认同的官僚机构。在犹太人的散居环境中，犹太人做到了。然而，他们保留了一种强烈的特殊性和分离感，这在一定程度上是由隔都地位强加的，部分是由对纯洁仪式的需要强加的。

犹太人的本质问题是在发展中的政治普遍性意识中保持文化的特殊性，这处于欧洲现代性概念的中心。例如，尽管黑格尔谴责犹太教坚持犹太人平等的公民权是现代政治制度化的必要方面。但是，对于黑格尔来说，法律规范在合理的正义方案中必然是普遍适用的，因此犹太教的特殊性将会在一个

---

① Max Weber, *Ancient Judaism*, New York, 1952. 关于韦伯的讨论，I. Schiper, "Max Weber on the Sociological Basis of the Jewish Religion", *Jewish Journal of Sociology*, Vol. 1, 1959, pp. 250-260。

理性国家内的普世权利中消失。① 马克思批判了像布鲁诺·鲍尔这样的黑格尔派，他认为，如果不对资本主义社会进行相应的社会和经济转型，犹太人就不能从政治解放中获得真正的自由；犹太人的政治解放仍然会使社会的奴役问题得不到解决。② 矛盾的是，马克思的观点通过博罗乔夫（Borochov）的理论为犹太复国主义提供了一个根源。③ 在博罗乔夫看来，每个国家都是按照社会分层体系来组织的，它的形状就像一个金字塔。在高层，有一小部分的财产所有者，他们有专业技术的职业支持，而在底层，则有一大批工人和农民。犹太人历史的特殊之处在于，犹太人散居在一个"倒金字塔"的基础上。犹太人在专业人员和商人角色上的集中意味着他们在很大程度上缺乏工人。关于犹太人问题的解决方案必须包括无产阶级化，而这只能通过一种领土解决办法来实现，即犹太人可以成为土地上的工人。

因此，我们可以检测到一些"对犹太人的问题有不同寻常的答案"。原则上，这些包括：（1）主要通过诱导的方式皈依基督教进行宗教同化；（2）民族国家内公民权利发展的政治同化；（3）激进工人阶级的无产阶级化；（4）通过撤离到"家园"而实现无产阶级化；（5）是一种通过强调利用一个超自然的机构以及对弥赛亚的渴望来恢复锡安的宗教仪式的内卷的过程。前三种解决方案要求丧失或至少减少任何特定的犹太身份，这些身份被掩埋在国家内部或阶级内部的基督教文化中。最后两种解决方案：犹太复国

---

① 对黑格尔的分析参见：Shlomo Avineri, "Hegel and Nationalism", *Review of Politics*, Vol. 24, 1962, pp. 461-484; Shlomo Avineri, "A Note on Hegel's Views on Jewish Emancipation", *Jewish Social Studies*, Vol. 25, 1963, pp. 145-151。

② 关于马克思和犹太人的问题参见 Soloman F. Bloom, "Karl Marx and the Jews", *Jewish Social Studies*, Vol. 4, 1942, pp. 3-16。关于马克思自身犹太人身份的传记问题参见 David McLellan, Karl Marx, *His Life and Thought*, London, 1973。

③ Ber Borochov, *Nationalism and the Class Struggle, a Marxian Approach to the Jewish Problem*, New York, 1937.

主义和弥赛亚主义，提供了将犹太人的身份与社区的连续性结合起来的可能性，而这种方式没有自由同化的寓意。犹太复国主义的传统观点是，它代表了无国界和种族隔离问题的无产阶级和领土解决方案。犹太复国主义之所以世俗化，是因为它试图建立一个具有土地霸权的民族国家，它是无产阶级的，因为它牵涉了东欧犹太小镇的工人向该地的向下迁移。①

犹太复国主义的世俗性在两个方面仍然存在问题。第一，历史上很难将种族/文化的独特性与宗教/仪式的独特性区分开来；宗教是滋养犹太性的温床。第二，"流亡—回归—复辟"的宗教主题已经转化为民族主义的聚集和建国主题。民族特色从传统的宗教象征主义中汲取政治力量的情况在民族主义的发展中并不少见，但通常认为犹太复国主义已通过宗教改革的中间阶段成功地从传统宗教象征主义向世俗政治形式过渡。相比之下，阿拉伯民族主义并没有成为一种可行的世俗政治形式。

在逻辑上，民族主义与宗教背道而驰，但在实践中，两者可能会作为群体凝聚力的竞争原则共存一段时间。环境可能会鼓励一个原则排除或取代另一个作为身份和行动来源的定义者。就犹太人而言，民族主义总体上已经取代了宗教，这一点在以色列尤其明显，尽管在那里存在着少数民族的声音。②

相比之下，史密斯认为，大多数受过教育的阿拉伯人仍然坚持信仰伊斯兰教。这一观点发表于 1973 年，并没有得到以色列近代史的确切证实。我们认为，有一些特别的原因，部分与以色列的政治性质有关，解释了为

① Shlomo Avineri, "Modernization and Arab Society: Some Reflections", in Irving Howe and Carl Gershman(eds.), *Israel, the Arabs and the Middle East*, New York, 1972, pp. 300-311.

② Smith, "Nationalism and Religion", pp. 27-28.

什么宗教党派取得了文化上的主导地位，但也有一些更一般的原因，解释了为什么宗教正统、犹太身份和民族主义不能轻易分开。[①]

可以论证的是，史密斯关于犹太民族主义正在经历从宗教到世俗的成功转变的观点至少可以在 1973 年那篇文章发表之前得到证实。自那时以来，关于 1973 年之后以色列社会的性质，就其日趋复杂、模棱两可和寻求身份的报道正在增加。[②] 以色列经常被描述为政治幻想破灭和精神萎靡。从政治上讲，劳动犹太复国主义未能建立社会主义社会一直是政治分裂的主要根源。从经济上讲，尽管生活水平总体上有所提高，但持续的通货膨胀削弱了经济，这种经济严重依赖美国的支持。[③] 在社会上，东方犹太人和欧洲犹太人之间在教育、住房和职业上的差距日益扩大不断提醒着人们，寻找共同的犹太人身份的努力远未实现；在军事上，1973 年的赎罪日战争导致所占领土进一步的扩大，不可避免地产生了控制和遏制不情愿人口的问题，作为占领的直接结果，以色列仍将面临与非犹太少数民族共存的一整套困难的伦理问题。

然而，自 1973 年以来，以色列只需要面对这些问题的说法是有误导性的。更准确地说，政治统一的问题从建国初期就一直存在，只是在最近才达到关键时刻。因此，说 1973 年以前的以色列社会是一个致力于解决"犹太人问题"的社会，并将其基于宗教的身份转变为世俗化的犹太民族概念，是不正确的。可以认为，宗教与世俗之间的紧张关系一直存在于犹太社区中，尽管有些作家会质疑"宗教"和"世俗"两个词在这种分析中的用处。用传统的

---

① "For a Contemporary Commentary on the Jewish Identity Problem Daniel Bell", *Sociological Journeys*, London, 1982.

② 例如：D. V. Segre, *Israel, a Society in Transition*, London, 1971; D. V. Segre, *A Crisis of Identity: Israel and Zionism*, Oxford, 1980。

③ Uri Davis, *Israel: Utopia Incorporated*, London, 1977.

话来说，人们总是渴望摆脱律法的要求，进而从神圣选举的负担中解脱出来。19 世纪欧洲政治解放的重要性在于它在原则上为犹太教和犹太主义分离奠定了基础。可以说，1948 年以色列建国代表了这种分离的制度化。犹太社区在其历史上第一次正式脱离了与约柜的宗教契约；国家与社会正式脱钩。

在对以色列现代的研究中，塞格雷（Segre）[①] 概述了 19 世纪晚期犹太复国主义发展之前的各种运动和思潮，通过这些运动和思潮，"回归"和"以色列土地"被转化为政治变革的工具。在这次讨论中，我们关注的是批判性地审视从宗教象征主义到政治效用的转变，以及对其提出的主张，及其对宗教和公民身份问题的影响。这种转变是犹太人流散经历的一部分，是犹太人民族意识复兴运动的组成部分，但必须强调的是，这在很大程度上是少数派的关注点，并且引起了犹太社区内部的很多批评。[②]

拿破仑的法律改革的效果是使欧洲的犹太人群体得到部分解放，使他们享有与更广泛的非犹太人群体同等的公民权利。雅各布·卡茨（Jacob Katz）[③]在研究犹太人与外邦人的关系时指出，在解放前的那段时间，拿破仑于1807 年召集的犹太公会与法国当局进行了磋商：

> 犹太人在外邦人世界的结盟发生了深刻的变化。犹太教不再像以前那样面对基督教本身，而是面对世俗国家，世俗国家把基督教作为一个补充因素吸收到它的框架中，并且同样准备吸收犹太教，只要它

---

① Segre, *A Crisis of Identity*. 进一步研究参见：Arthur Hertzberg（ed.），*The Zionist Idea: Historical Analysis and Reader*, New York, 1959; Jacob Katz, *Out of the Ghetto: The Social Background of Jewish Emancipation 1770–1870*, Harvard, 1973; Alan Arian, *Ideological Change in Israel*, Cleveland, 1968。

② Segre, *Israel and also a Crisis of Identity*. In addition, David Vital, *Zionism: The Formative Years*, Oxford, 1982.

③ Jacob Katz, *Exclusiveness and Tolerance, Jewish-Gentile Relations in Medieval and Modern Times*, New York, 1962.

能使自己的教义和戒律适应国家的利益。①

在此期间，人们预料到了许多未来的问题，许多人都回想起拉比（Rabbi）表达的矛盾情绪，拉比在听到拿破仑的成功后宣称："如果拿破仑输了，我会为犹太人担心；如果他赢了，我会担心犹太教。"犹太解放运动提供了解决犹太人身份问题的机会。现在，这种与更广泛的外邦社会同化的选择在制度上是可行的。许多人遵循这一路线，特别是受过教育的阶层，他们受到了犹太启蒙运动哈斯卡拉（Haskalah）的影响。然而，"同化"的概念涵盖了对东道国社会的各种不同的适应程度和表达方式。在实践中，同化并没有提供明确的选择。大多数犹太人都有接受异教徒社会并同时保持犹太人身份的双重野心。然而，有些人试图彻底从犹太人转变为非犹太人，尤其是在巴黎和柏林的高级知识分子圈子里，自由社会的倡导者表达了他们完全拒绝犹太复国主义的主张。

19世纪欧洲的知识环境对同化的过程产生了非常重要的影响。当时人们的态度无疑是乐观的，相信进步是必然的。在理性的自由思想的氛围中，知识的发展将提高生活质量，使解放的个人摆脱束缚和非理性的信仰。这个新兴的世俗社会将从宗教思想的束缚中解放出来：基于理性和科学进步的概念，新的行动原则正在发展。如果说过去宗教分裂了人们，那么理性现在将把从特定的、受限制的文化中解放出来的个人团结起来。在这个世俗化、理性化和进步的社会中，犹太人和非犹太人摆脱了宗教传统分裂的

---

① Jacob Katz, *Exclusiveness and Tolerance, Jewish-Gentile Relations in Medieval and Modern Times*, New York, 1962, p. 187.

影响，将自由地共存。①

原则上，19 世纪的犹太解放运动为犹太教和犹太人身份的分离提供了基础的论点，尽管仍然是正确的，但必须对照宗教和民族认同之间更广泛和更复杂的关系来看待。实际上，在哈斯卡拉和随后的非犹太人思想的影响下，分离的过程早就开始了。欧洲的早期世俗化最终改变了犹太人的世界，将其宗教与日常生活分离开来。由于其与更广泛的基督教社会的分离，直到 18 世纪中叶，犹太文化在很大程度上未受到基督教世界中较早的世俗化的影响。② 与基督教环境相比：

> 犹太社区的知识分子仍然致力于对《塔木德》（犹太古代法典）及其注释的解释，并且没有与知识精英和其他阶层的世界观相对应。在 18 世纪上半叶，一些拉比对数学和科学知识的兴趣与日俱增，但直到 18 世纪下半叶，随着犹太启蒙运动哈斯卡拉的出现，可以看出，更广泛的社会中的知识变革对犹太思想产生了重大影响。犹太人从独立的犹太亚社会中的迁移是关键因素；随着犹太人进入非犹太社会，他们的宗教失去了解释和诠释世界的主导地位。③

在 19 世纪，犹太文化经历了对外邦人信仰和实践的认识与适应，尽管

---

① 关于宗教宽容与经济变化的一般性讨论，Lucien Goldmann, *The Philosophy of the Enlightenment*, London, 1973。为了说明在荷兰商业主义背景下对犹太人的宽容，George L. Smith, *Religion and Trade in New Netherland*, Ithaca and London, 1973。
② 这一说法适用于西欧的犹太社区，而非东欧犹太人，这些人在这些发展的许多方面基本上未受影响。更准确地说，这些发展的影响在整个犹太社区是非常不平衡的。关于东欧犹太人的情况参见 Mark Zborowski and Elizabeth Herzog, *Life is with People*, *the Culture of the Shtetl*, New York, 1952。
③ Stephen Sharot, *Judaism, a Sociology*, Newton Abbot, Devon, 1976。

这种社会适应在许多不同层面上都得到了发展。

然而，到了 19 世纪末，西欧自由化社会中反犹太主义的迹象以及俄罗斯和东欧反犹太主义的暴力表现迫使许多犹太人重新评估所谓的同化的好处。摩西·赫斯（Moses Hess）的结论得到了证实，他显然意识到作为一个犹太人面对的矛盾。犹太人在种族、文化和历史之间存在着无法割断的联系，无论他们如何试图通过进入非犹太社会逃离这个整体。非犹太人的世界本身不会允许任何犹太人矛盾的解决：犹太人就是犹太人。实际上，基督教世界给予犹太人的解放是一种"非犹太化"的形式，涉及基督教的平等，但矛盾的是，这些社会解放的条件永远无法抵消内在的犹太性。

犹太复国主义作为对犹太人问题的世俗、国家和领土的解决方法，因此获得了动力。犹太社区的重要世俗主义者西奥多·赫茨尔（Theodore Herzl）为被疏远的犹太社区提供了方向和指导。作为一名奥地利记者，他在报道阿尔弗雷德·德雷福斯（Alfred Dreyfus）的审判时成了犹太复国主义者，德雷福斯被不公正地指控向德国军队泄露军事机密。1895 年所谓的德雷福斯事件①揭示了在法国公众生活中存在大量的反犹情绪。直到 1905 年，德雷福斯才被判有罪并被判处劳役，赫茨尔去世一年后，他的所有指控都被撤销，并以少校身份重新回到法国军队。

犹太复国主义在形成的年代，它远不是单一的。犹太复国主义目标的正式宣言是在 1897 年在巴塞尔举行的第一届犹太复国主义大会上表达的。前一年，赫茨尔在他的《犹太国》中概述了他关于犹太国家的概念。在该书中，正统犹太人强烈反对赫茨尔的世俗主义，他们关于恢复锡安的构想完全取决于弥赛亚的到来。犹太复国主义政治的世俗目的在随后的犹太复

---

① 关于本案参见 G. Chapman, *The Dreyfus Case*, London, 1955; and D. Johnson, *France and the Dreyfus Affair*, London, 1966。

国主义大会上更加明确，宗教反对派的表达也变得更加尖锐和精确。犹太国家的宗教和世俗观点之间的分歧一直持续到 20 世纪，没有得到明确的解决。犹太民族主义以多样性为特征，产生了许多政治领袖和知识分子，反映出各种相互矛盾的哲学立场。[①]

以色列建国的结果是将犹太人身份的关键问题上升到一个新的高度，各种政治危机放大了传统犹太人的问题。如果犹太国要在阿拉伯人的反对和欧洲人的冷漠中生存下去，就迫切需要民族团结。本－古里安（Ben-Gurion）向所有党派强加了一项纯粹务实的政策，即避免就犹太国赖以建立的基本原则做出任何决定。国家没有特定的国界，也没有特定的意识形态特征。这种以原则为基础的政策制定中的回避政策是由军事形势和政党利益决定的。只有在劳工党不决定问题的情况下，在议会中拥有 1/3 席位的社会民主党才能成为全国性的政党。这种务实的态度限制了政治制度内部纠纷的增多。1967 年的军事胜利从根本上改变了这种情况，并开辟了政治辩论的舞台。然而，尽管以色列取得了重大的军事成功和领土扩张，但其从来没有享受过那种经济和政治安全的气氛，这种气氛可以容忍大规模的意识形态异议人士的奢侈生活。

因此，犹太复国主义是犹太人民族感情明确的世俗表达这一假设将是错误的，原因我们已经提出，因为世俗的犹太复国主义不能与其宗教根源分离。赫茨尔清楚地表达了这种模棱两可的观点，他指出，要实现犹太复国主义的目标，就必须复兴犹太教。[②] 然而，赫茨尔的思想及其对犹太复国

---

① 更全面的讨论参见：Norman L. Zucker, *The Coming Crisis in Israel Private Faith and Public Policy*, Massachusetts and London, 1973; and David Vital, *The Origins of Zionism*, Oxford, 1981。

② 参见 I. Cohen, *The Zionist Movement*, London, 1912; W. Laqueur, *History of Zionism*, London, 1972; Alex Bein, *Theodor Herzl：A Biography*, London, 1957。

主义运动的指导，导致了第一个犹太社区从原则上脱离宗教基础。政治解放为犹太教与犹太性的正式分离这一进程奠定了基础，以色列对此给出了制度化表达。围绕第一届犹太复国主义大会的宗教争议表明，宗教和世俗因素之间的鸿沟从未得到完全解决，这是 1948 年后以色列许多重要政治问题的特征。

在这一章中，我们将在三个大标题，即法律、政治和公民社会下，探讨"宗教"与"世俗"之间的关系。与宗教社会学的传统观点相反，我们认为，在现代以色列，宗教和世俗机构远远没有处于紧张状态，实际上它们之间相互有需求——尽管这种需求的性质往往是矛盾的。事实上我们的讨论表明，至少在以色列社会中，对世俗与宗教（或神圣与亵渎）之间任何明显区别的识别必定会被误解。因此，这种讨论对一些现代民族主义理论具有重要意义。

尽管犹太复国主义运动在本-古里安的指导下，以建立一个世俗的犹太国家为信念，但必须正视正统犹太人的要求，并最终满足这些要求。在早期阶段，这些宗教人员不愿意寻求对国家的直接控制，一些人完全脱离了世俗权力。然而，宗教人员也想确保他们对以色列公民社会的宗教和文化价值的影响。以色列国家是在军事和政治危机的状态中建立的，为了确保国家的生存，犹太社区中的竞争群体之间必须达成某种妥协。这种妥协可以从几个方面来说明。没有成文的宪法本身就是社会群体之间达成妥协的证据，这种妥协对犹太社会的性质有着不可调和的作用。虽然以色列没有成文的宪法，但它确实有某些基本法，相当于宪法。在确定国家性质方面特别重要的是《回归法》、有关结婚和离婚的法律以及有关宗教仪式（安息日）的条例。这些法律和条例规定了什么是犹太人。[1] 特别是，国家的政治

---

① Nira Yuval-Davis, "The Bearers of the Collective-Women and Religious Legislation in Israel", British Sociological Conference, 1979, mimeo.

成员资格取决于一套标准，其中必然包括犹太社区成员资格的宗教概念。用阿维内里的话来说，国家的普遍类别必然取决于社区的特定标准。

1948 年 5 月 14 日，以色列临时国务委员会在特拉维夫公布的《以色列独立宣言》，对宗教和世俗的结合同样持矛盾的态度。该文件序言部分概述了犹太人在现代欧洲遭受的苦难和他们将巴勒斯坦人的土地看作家园的历史性主张，它坚持自由和正义的某些基本原则，承诺"维护所有公民的全部社会和政治权利，不分宗教、种族、性别"。[①] 然而，《以色列独立宣言》以某些宗教主张开始和结束，这些宗教主张为这些多元主义主张提供了框架。正是在以色列这片土地上，"精神、宗教和民族的认同"得以确立，《以色列独立宣言》的结尾是"相信以色列的磐石"。因此，《以色列独立宣言》所主张的公民自由和平等原则以公民身份的政治平等为前提，即宗教先验平等，或者更确切地说，根据《回归法》，犹太人的身份在政治成员的定义中占据优先地位。该法可以被视为一种创造国家的社会契约。在传统的社会契约理论中，契约创造了公民身份，但在以色列的案例中，所有的犹太人，由于他们的犹太性，都拥有加入以色列的权利。由于犹太性与宗教身份有着不可分割的联系，并且以色列社会的政治现实是由犹太社区的历史所塑造的，因此，这是一段充满宗教意义的历史。

归根结底，正是宗教使得国家通过在领土内实行合法的武力垄断而对巴勒斯坦土地的占领合法化。更具体地说，正是犹太身份作为宗教身份的特殊性，保障了公民权属于一个普遍的、世俗的范畴。该论点可以用图解的方式表示：

---

① "State of Israel Proclamation of Independence, 1948", in Walter Laqueur (ed.), *The Israel-Arab Reader*, Harmondsworth, 1970, p. 161.

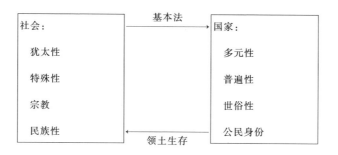

　　国家以中立性、多元性、普遍主义和世俗主义为形式特征，是建立在一个由犹太性、特殊性和宗教等所决定的社会基础上的。国家和社会的存在是基于相互交流。世界范围内的犹太社区通过复杂的宪法网络为国家的公民提供服务。作为回报，国家通过其对武力的垄断，保证了社区安全。这种合法化和武力的交换受到周期性危机的影响。国家如果不能通过军事手段保证社区的完整性，就会使国家的合法性受到质疑。在公民社会内部，犹太人身份性质的任何变化（例如，世俗化的过程）都必然会改变国家政治基础的性质。正是由于这个原因，正如我们将在后面提到的那样，基督徒在公民社会中的传教活动是对国家基础的直接和强有力的威胁。

　　国家/社会关系的特点是存在许多结构性矛盾。在哈贝马斯（Habermas）之后[①]，我们可以说，在资本主义社会中，国家在一定程度上是被某些"福利回报"合法化的。作为通过选举制度进行政治合法化的回报，国家通过分配福利、就业、教育、健康和公民身份的其他利益来抵消资本主义生产的影响。[②] 因此，长期的经济失败使特定政府的合法性受到质疑。以色列政府行事采取了不同的标准。其合法性的主要来源是其公民的安全，使其免受永久的外部威胁，并通过提供内部稳定来实现。以色列经济的特点是永

①　Jurgen Habermas, *Legitimation Crisis*, London, 1976, p. 5.
②　关于政治成员权利的增长，T. H. Marshall, *Class, Citizenship and Social Development*, Chicago and London, 1977。

久性通货膨胀的上升，这在任何情况下，都很大程度取决于美国的支持。因此，对任届以色列政府来说，无论其政治状况如何，关键的问题是实现军事安全。这是其安全的一个方面，至少在原则上是领土兼并。领土兼并带来两种困境。第一，它通过将人口（即基督徒和穆斯林）纳入国家的地理边界，从而淡化了公民社会的犹太性质。第二，它破坏了公民自由的概念，这是以色列社会公民权利的基础，因为兼并带来了"国家压制性机器"的必然延伸。①

宗教文化在一定程度上缓解了这两种困境。对于世俗的犹太复国主义者，特别是那些致力于社会主义传统的人来说，将领土兼并作为安全的基础是非常有问题的。例如，兼并为利用阿拉伯劳工创造经济盈余提供了可能性，而这种盈余主要是由犹太公民实现的。同样地，对于正统犹太人中的某些群体，如"城市守护者"（Neturei Karta），兼并是无法接受的，因为以色列国的建立，更不用说它的发展，必须等待弥赛亚的到来。然而，一些正统犹太人团体，特别是"忠信社群"②（Gush Emunim），发现了一种世俗兼并政策，这在很大程度上与他们对待以色列的宗教观点相一致。尽管有证据表明，许多以色列人并不完全支持兼并政策，但一些正统犹太人的分支提供了一种宗教上的合法化，支持了最低限度的"国家"的成长。部分是由于这个原因，在过去十年中，世俗国家越来越多地依赖宗教团体的支持，它们为领土扩张作为主要的安全手段提供了相对一致的理由。对政治安全的长期要求的意外后果是，作为犹太人身份唯一明确定义的宗教正

---

① 关于意识形态和国家压制性机器之间的区别，参见 Louis Althusser, *Lenin and Philosophy and Other Essays*, London, 1971。

② 忠信社群是一群信仰宗教的犹太人，他们声称有权在以色列的所有圣经土地上定居，抗议戴维营的定居点，特别是关于西奈半岛的。关于以色列宗教制度的某些特征参见 Leonard Weller, *Sociology in Israel*, Wesport, Conn., 1974。

统的复兴。鉴于国家和社会之间的复杂交流，犹太社区的社会凝聚力应该得到细致的维护，这一点至关重要。这种社会统一的维持越来越依赖于对犹太宗教身份的维持。许多机构的职能是巩固犹太宗教的社会身份。

在1948年以色列建国的基础上，以色列的政体主要是世俗的。从某些正统犹太人的观点来看，国家不是由被认为在宗教上合法的原则构成的。从国家的概念来看，民主与神权之间存在着根深蒂固的矛盾，这一矛盾尚未解决。某些宗教团体，尤其是以色列正教党（Agudat Israel），只承认体现哈拉卡（Halacha，犹太法律）全部教义的"托拉（Torah，律法书，摩西五经《圣经》中的首五卷）国家"。他们对自己的土地权深信不疑，不准备接受事实上的局势，在这种局势中，世俗国家为以色列民众带来了一定程度的安全和领土基础。这些宗教团体必须存在于一个社会中，在这个社会中，以色列劳工党在议会中发挥主导性政治力量的作用。然而，鉴于以色列政治制度的性质（基于比例代表制的制度），要达成政治共识，就需要政治信仰非常不同的政党之间的妥协与合作。尽管这些宗教团体不承认以色列的权威，并且他们对选举影响微不足道，但这些宗教团体自相矛盾地被卷入了政治进程，并能够实现某些宗教目标。宗教政党和宗教机构在以色列的公共生活中占有举足轻重的地位，这并没有完全反映在广大民众对宗教价值观的社会支持上。

一项对以色列公众的意见调查表明，人们对宗教在政治和社会中的影响持非常复杂的态度。例如，当被问及"政府是否应该确保公共生活按照犹太传统进行"时，23%的人回答"肯定会"，而20%的人回答"可能"。[①]但是其他证据强烈表明，对宗教传统和实践的支持远未普及。在1969年进行的一项调查中表明，在回答"你遵守犹太教律法吗？"的问题时，只有

---

① Zucker, *The Coming Crisis in Israel*, p. 59.

26%的人声称根本不遵守它。关于参加犹太教会的问题，只有27%的人说他们从来没有参加过。此外，国立宗教学校在以色列的生活中具有十分重要的地位，29%的以色列父母把他们的孩子送到这样的机构中，7%的以色列父母把他们的孩子送到以色列正教党的学校中。[1] 虽然许多作者援引了一个众所周知的事实，即只有12.5%的选民投票支持宗教政党，只有22%的成年人宣称自己有宗教信仰[2]，宗教团体在复杂的政治联盟中具有重要的作用，这些政治联盟描绘了议会的运作，更重要的是，"宗教情绪比直接的选举模式更普遍"[3]。的确，尽管全国宗教党的席位从12个减少到6个，但正统派在利库德集团（Likud）联合政府的领导下仍然获得了突出的地位。

关于民意研究的结果虽然充分反映了个体信仰，但低估了宗教仪式、象征主义和制度在民族文化形成和传播中的重要性。犹太法学博士们、犹太教会堂和犹太教法典研究院在维护国家意识特别是犹太意识方面起着至关重要的作用。无论个人信念如何，正如涂尔干所认识的那样，这些集体行为是集体良知组织中的基础，这是一种意识，而不仅仅是个人意见的总和。尽管有些作者可能会争辩说，尽管受到宗教领袖的影响，以色列正在经历一个世俗化的过程，但重要的是要认识到，世俗化不仅是宗教的衰落，而是从一个宗教到一个世俗的环境，它可能涉及信仰和实践的转换。在以色列：

> 现在，许多以色列人将宗教节日作为国家法定节假日来庆祝，而很少提及上帝。他们再次强调了它们与不断变化的农业季节的关系，以及他们对以色列过去的斗争中的历史事件的纪念。一个新的节日，

---

[1] Sharot, *Judaism, A Sociology*, p. 181; Zucker, *The Coming Crisis in Israel*.

[2] Yuval-Davis, "The Bearers of the Collective".

[3] Zucker, *The Coming Crisis in Israel*, p. 59.

纪念以色列独立日，有自己的世俗仪式，尽管作为庆祝活动的一部分举行了特殊的犹太教会堂仪式，但大多数人并没有接受这一天作为一个宗教节日。[1]

尽管有些人希望将这些实践视为"新公民宗教"[2] 的一部分，即世俗化的犹太教，但很难想象这样一种民间宗教能在没有犹太教会堂、拉比和哈拉卡的情况下生存下来。与许多其他民族宗教不同的是，以色列的犹太教是非常连贯和统一的。例如，在 20 世纪 70 年代以色列的 6000 个犹太教会堂中，只有 22 个是非正统的。正统派拉比对哈拉卡的解释和管理有着官方的垄断，这一规定禁止以色列社会中犹太教的现代化。然而，民族宗教的一致性，并不能排除犹太教士拉比自身内部的冲突。曾经的一份报告指出了塞法迪犹太人和阿什肯纳兹犹太人之间的冲突。每个社区都有自己的拉比，他们经常发现自己处在激烈的分歧中。无论这些内部冲突如何，拉比作为一个整体，似乎正在朝着反世俗的方向发展。传统上，拉比是世俗和宗教知识方面的专家，而现代的拉比：

预计他的学习将完全局限于《塔木德》（犹太古代法典）、《米德拉什》（犹太法学博士的圣经注释）、《法典》和《塔木德》评论，拥有大学学位几乎无法被宗教当局推荐担任任何职务。[3]

在许多信仰基督教的工业社会中，神职人员在宣告上帝之死方面一直

① Sharot, *Judaism, A Sociology*, p. 188.

② 关于民间宗教问题参见 Roland Robertson, *Meaning and Change*, *Explorations in the Cultural Sociology of Modern Societies*, Oxford, 1978。

③ Rabbi Louis Rabinowitz, "The Irony of Israel's Rabbinate", Jewish Chronicle, 13 July 1979, p. 21.

走在前列，但是现代以色列正统派的拉比在传统信仰和实践方面正在发展出特别严格的立场。因此，他们在阻止犹太教现代化和社会世俗化方面发挥了重要作用。

没有宗教党派的合作，以色列政府无法在以色列议会中开展大多数的工作。因此，以色列的政治历史就是联盟伙伴之间的妥协和调整的历史：以色列的工党连续组建政府，直到 1977 年大选失败，利库德集团的梅纳赫姆·贝京（Menachem Begin）上台执政。然而，贝京政府面临着同样的任务，即在宗教党派支持的基础上组建一个稳定的政府，而宗教党派的支持必然使政府做出某些让步。在较长的时间跨度内，本-古里安提出了宗教要求的第一个让步。因此，宗教因素在政治中一直具有重要的优势，远远超过其在选民中的人数优势。当国家建立的时候，没有成文的宪法，因为在以色列的立法中，议会内部无法达成令人满意的协议。对于正统派来说，他们最关心的是建立一个以遵守犹太法律和传统为根基的犹太国家，即"托拉国家"。犹太复国主义世俗派的目标是为具有共同历史身份和主导民族意识的人民创造一个安全的民族家园。在没有宪法协议的情况下，正统派利用其政治地位通过立法，充分接受犹太教的宗教规范。在连续几届工党政府的领导下，以色列未能就其与世俗法律和哈拉卡和解的关系做出任何明确的声明。

这种不愿或无法澄清国家犹太性质的问题，无论在政治上是多么务实，这意味着随着阿拉伯人数量的增加，在 1967 年的六日战争之后，以色列政府没有一套连贯的原则可以用来解决公民身份这一紧迫问题。批评者能够合理地提出，巴勒斯坦人关于世俗、多元民主社会的概念更符合最初的《以色列独立宣言》，而不是目前的事态。这些政治事态的发展表明，以色列长期存在的严重问题远未得到有效解决。

西方民主国家概念中常见的政教分离在以色列并不存在。国家维持着正统派拉比和拉比法庭系统，拉比法庭拥有对宗教权威的垄断，不承认犹太教其他分支的权威。这里没有民事婚姻或离婚，宗教学校是国家教育系统的一部分。正统派的宗教习俗，在处理诸如安息日和饮食教规（kashrut）等问题时，都是在国家设施上进行的。这些关于国家场所行为的规定，是正统派在建国初期从总理本-古里安手中赢得的首批特许权之一。后来，人们常常认为，本-古里安应对这种"邪恶联盟"负责。

宗教和世俗对事件的解释之间的紧张关系偶尔会爆发为暴力冲突。这些事件如下：极端正统派分子在安息日那天，在耶路撒冷向经过正统派地区附近的车辆投掷石块；1981年，耶路撒冷古城墙边的大卫城古址上的一次考古挖掘引发了暴力事件。首席拉比宣布反对挖掘，理由是它是中世纪晚期犹太人墓地的遗址，并宣称"犹太人的哈拉卡是外来的，不属于任何世俗权威的以色列国家，我们的权利是基于托拉的。哈拉卡是我们生命的主宰，地球上没有任何力量可以取代它"。[①] 以色列正教党获得了政府的承诺，将在安息日暂停国营航空公司 EI AI 的航班。这种以及类似的关于宗教习俗的裁定不可避免地暗示着，为了在宗教日正常提供公共服务，以色列社会将被迫越来越依赖外邦人［Shabbas goyim（Gentiles）］的劳动。如果以色列人遵循宗教律法，根据安息年（Shmita）的规定，土地每七年必须休息，那么将会产生巨大的困难。这些裁决显示出了保守主义和正统派之间的重要区别，前者认识到必须对哈拉卡进行解释才能满足现代要求。在这些神学斗争的背后，也存在着政治冲突，宗教团体通过对宗教传统日益严格的解释来寻求信徒的政治支持。[②] 宗教冲突和政治冲突的周期性时不时地以一些事件凸显出来，如大卫城的挖掘和人类遗骸的重新埋葬以及人们相

---

① See *Jerusalem Post*, 24 September 1981.
② See Moshe Kol letter to the *Jerusalem Post*, 6–12 June 1982.

信这些遗骸是巴尔库克巴（Bar-Kochba）的等。① 尽管这些考古发现对于国家的象征性统一和对土地的历史主张都具有重要意义，但它们也使现代世俗文化与传统宗教价值之间的潜在冲突成为可能。尽管在 1948 年最初的时候，宗教领袖与以色列国家相分离，但是，拉比已将自己视为维护犹太价值观的堡垒，并暗示自身也是以色列社会的堡垒。事实上这种情况是可以被证明的，在犹太人事务中，以色列正教党不承认拉比的权威。拉比已经确定了一些社会进程，在正教党看来，这些进程威胁着犹太国家的文化基础。这些进程是异族通婚、同化和皈依。为了防止这些事态的发展，宗教领袖创造了一种情况，只有非犹太伴侣皈依犹太教，才有可能缔结婚姻。以色列法律的一些发展限制了以色列基督教会的传教活动，这种限制与个人的良心自由原则相抵触。围绕这一立法有许多争议②，但很明显的是，传教士皈依的可能性和希伯来基督教③的发展被认为从根本上威胁遍及现代以色列的社会宗教共识。犹太人对异族通婚或皈依所淡化其身份的焦虑，必须放在更广泛的塞法迪犹太人与阿什肯纳兹犹太人关系问题中看。最初的以色列领导人绝大多数来自东欧地区和俄国，和犹太复国主义者的定居者一样。通过劳工党，这一群体在以色列社会中发挥着稳定的领导作用，但自 20 世纪 70 年代以来，塞法迪犹太人的数量和影响力都有所增长。④ 关于黑豹党、塞法迪犹太人的社会问题以及东方犹太人缺乏政治代表的公开辩论，是欧洲犹太人和东方犹太人之间根深蒂固的不平等的例

① *Jewish Chronicle*, 14 May 1982.

② *Religious Liberty and the Law*, Proceedings of the Symposium at Hebrew Union College, Jerusalem, 1980; Israel Shahak, *Civil Rights in Israel Today*, London, n. d.

③ B. Z. Sobel, *Hebrew Christianity: The Thirteenth Tribe*, New York, 1974.

④ S. N. Eisenstadt, *Israeli Society*, London, 1967; S. N. Eisenstadt, "The Oriental Jews in Israel", *Jewish Social Studies*, Vol. 12, 1950, pp. 199－222; Maxime Rodinson, *Israel: A Colonial-settler State?*, New York, 1973.

证。随着东方犹太人数量的增长，以色列的政治制度在 20 世纪 80 年代开始映射出他们带来的影响。① 由于宗教系统也受到影响，并且有证据表明，阿什肯纳兹犹太人和塞法迪拉比之间存在分裂。由于被排除在社会影响之外，塞法迪犹太人的宗教领袖被迫在政治舞台上通过展示其正统的资格来竞争。然而，随着贝京政府的建立，塞法迪犹太人的领导层有了更坚实的社会基础，并且最终在拉比领导层内部可能会出现一些和解。

传统的假设是，随着现代国家的发展，宗教合法化的政治权力将让位于公民价值的世俗体系。换句话说，国家建设将伴随着一个明确的世俗化进程。在现代国家，最普遍的公民文化将会涉及一些强大的世俗民族主义元素，并且作为动员民众的基础。因为，在实践中人们发现宗教，尤其是中东地区的宗教，在向工业社会过渡的过程中表现出了非凡的毅力，一些批评家②指出，这里不可能有民族主义的一般理论。这里没有一个单一的工业发展过程，并且工业化对文化体系的影响非常多元化。在以色列的案例中，我们已经表明，在 1948 年之前，宗教和世俗犹太复国主义之间存在明显的紧张关系，在劳工党统治期间，尽管在诸如公共仪式等问题上与宗教团体妥协，但世俗化仍然很突出。自从六日战争结束以来，公民社会的宗教层面变得越来越明显，以至于可以说，国家的维持依赖于作为社会团结守护者的宗教系统的积极支持。

在 20 世纪 80 年代，以色列的宗教和政治制度之间存在着两个层次的解

---

① 作为后来的移民，塞法迪犹太人社区在定居地变得具有重要的政治意义，他们在当地具有相当大的政治影响力。他们的大部分社会抗议都是通过 "塔米" 党来表达的。关于以色列的政治制度，参见 Leonard Fein, *Politics in Israel*, Boston, 1967；E. Gutmann, *Politics and Parties in Israel*, Jerusalem, 1961。

② S. Zubaida, "Theories of Nationalism" in G. Littlejohn et al. (eds.), *Power and the State*, London, 1978, pp. 52-71. 对意识形态与资本主义关系的一般性批判参见 Nicholas Abercrombie, Stephen Hill and Bryan S. Turner, *The Dominant Ideology Thesis*, London, 1980。

释，其中一个是特殊的，另一个是一般的。第一，有一些共同的文化背景①可以解释宗教人士在政府中的显赫地位、拉比的社会影响、宗教党派的政治意义以及宗教仪式对国民生活的象征性作用。这些结合性条件与劳工党的政治公信力密切相关，它未能解决某些关键的社会和宪法问题。人们对劳工政治、政治信誉的丧失、腐败和管理不善的指控不断增加，最终未能解决深层次的经济问题（与通货膨胀、军费开支、阿拉伯劳动力的使用和对外国资金的依赖有关）。第二，宗教在国民生活中占据突出地位的更为持久的原因，这些操作与以色列政治制度的特殊状况无关，因为以色列的政治制度需要宗教与世俗之间通过比例代表缔结成某种联盟。在实践中，这些普遍的条件很难区分犹太人的政治身份和宗教身份。所谓的"犹太人问题"并不是通过一个犹太国家的出现来解决的，因为宗教价值观是犹太性定义的一个强有力的组成部分。此外，"流放－返回－复辟"的传统神学主题为以色列政治生活的特征提供了一个方便而有力的理论，在很大程度上，"土地－人民"的主题——本书为犹太人对土地的主张提供了一个主要的意识形态基础。因此，犹太人土地权的神学观点可以与军事安全的更实际和世俗的需要结合起来。鉴于犹太复国主义作为社会主义运动的世俗化观点，纯粹的神权政治不可能永远在以色列完全占主导地位，但是宗教民族主义却有可能赋予以色列某些特殊的特征，而这些特征不能轻易地融入以色列国家形成和社会发展的"外邦人"模式中。

---

① Louis Althusser, *For Marx*, Harmondsworth, 1969.

第九章
资本主义和封建主义：伊朗

1979 年 1 月 16 日，随着穆罕默德·礼萨·巴列维（Muhammad Reza Pahlavi）的倒台，伊朗经历了一场暴力的政治变革，以前在宗教反对派内部的秘密分裂变得越来越公开和悲惨。现在明显的是，阿亚图拉·霍梅尼（Ayatollah Khomeyni）试图实现乌里玛对社会的权威，恢复宗教法律的主导地位，重申妇女的传统作用，以及在日常生活事务中维护宗教领袖的权威。为了追求这些传统的目的，霍梅尼的追随者粉碎了伊朗的激进运动，该运动的核心是像阿里·沙里亚蒂博士（Dr. Ali Shariati）这样的知识分子，他们的支持者主要来自学生和中产阶级的专业人士。本章写于 1978 年，当时正值伊朗国王倒台的前奏，在霍梅尼回国和伊拉克战争爆发之前。就当代伊朗政治而言，本章不讨论自 1979 年 1 月以来发生的政治变化。然而，现有的分析作为理解现代伊朗政治的必要基础，笔者对伊朗的社会结构做了详细的研究。本章以伊朗资本主义的历史发展为背景，特别探讨巴列维王朝的灭亡和现代伊朗的政治危机。

在《路易·波拿巴的雾月十八日》的开篇，马克思提出了著名的格言，即人们自己创造自己的历史，但是他们并不是随心所欲地创造，并不是在他们自己选定的条件下创造，而是在直接碰到的、既定的、从过去承继下来的条件下创造的（Marx，1973：146）。在这次关于伊朗的讨论中，笔者想要考察历史上"特定的和继承的情况"，这些情况为1979年前几个月推翻穆罕默德·礼萨·巴列维政权的伊斯兰革命提供了共同的制约。然而，要理解这些特定的情况，我们必须分析面对的许多关键问题，这些问题涉及对前资本主义生产模式的分类、国家的构成和社会阶层的出现等方面。特别是，在笔者看来，那些想要理解现代伊朗的西方观察家的视角，不是由于缺乏经验证据，而是由于社会科学中理论精练的不足。在这些介绍评论中，笔者想说的是，我们试图了解的伊朗（或任何其他非西方的、伊斯兰的、发展中的社会）被既定的历史和社会学分析传统所困扰，于是将为其贴上"东方主义者"的总标签（Turner，1978；Said，1978）。

社会学和马克思主义分析本身就包含了东方主义观点的重要元素，所以对东方主义问题的批判一直是困难的，而且在很大程度上是无效的。在黑格尔的历史哲学和马克思关于印度和中国的报刊文章中，我们发现了亚细亚生产方式概念的发展，在那里，"从撒哈拉起横贯阿拉伯、波斯、印度和鞑靼直到亚洲高原的最高地区"（Marx and Engels，1972：37）的所有土地都处于社会停滞的状态。在社会学中同样存在对东方专制主义的传统分析，它提供了马克斯·韦伯对世袭帝国的分析与诸如 S. N. 艾森斯塔特（S. N. Eisenstadt）等政治学家对"中央集权帝国"的研究之间的理论联系（Eisenstadt，1962）。在这些社会学模型中，亚洲的中央集权官僚主义与欧洲分化的封建制度（Anderson，1974）的"分割的主权"形成了鲜明的对比。而东方主义的问题在于，从具体的概念上看，它可以追溯到马基雅维里和孟德斯鸠的政治著作（Stelling-Michaud，1960；Koebner，1951），他们试图从根本上区分东方的静止性和西方的动态性（Turnet，1974）。本章的主要论点是，在"白色革命"的土地改革之前，伊朗是一个显著的封建国家，而伊朗的封建主义与欧洲的封建主义或像埃及社会那样的封建主义没有本质上的区别。

东方主义的问题也可以联系当代社会科学的两个更深层次的理论问题。在发展社会学中，我们可以区分内部主义模式和外部主义模式。内部主义发展理论试图解释社会变化的原因，这些原因是内部的和特定的，社会被认为是孤立的、自治的单位。美国的结构功能主义学派通常将发展视为一个内生的结构分化和文化整合过程（Hoselitz and Moore，eds.，1963）。同样，该学派强调将价值观和态度作为现代化关键因素的发展理论（McClelland，1961），并选择了家庭和学校作为社会变革的主要机构。作为一个整体，东方主义传统上将重点放在所谓的中产阶级的缺失、理性的企业家精神和商业法上，以此作为对亚洲经济停滞的解释（Turner，1979）。针对这些内部主义理论，像霍布斯鲍姆、多斯·桑托斯和弗兰克这样的马克思主义和新马克思主义作家已经创建了各种依赖模型，试图表明第三世界社会的明显欠发达是由它们在全球分工中所处的历史和空间位置造成的，在弗兰克（1971 年）中心-外围模型中，南美社会的欠发达和去工业化是受将外围地区和资本主义核心国家联系起来的商业网络对经济盈余榨取的具体影响。

然而，内部主义模式天真地认为在没有帝国主义关系理论的情况下，写出发展的历史是可能的，新马克思主义对全球资本主义的外部主义处理犯了镜像错误，即认为一个社会的内部阶级关系仅仅是"外部的资本主义原因"的内部影响（Melotti，1977）。弗兰克把资本主义生产关系与商品流通的商业关系等同起来，因而未能对外围社会内部的阶级力量和经济支配关系做出令人满意的分析。一个完整的经济依赖理论必须提供一个关于社会形态的生产方式的逻辑，以及这些生产方式与历史上从全球资本主义制度的发展中出现的一系列约束的联系。伊曼纽尔·沃勒斯坦（1974 年）的研究通过揭示生产的内在逻辑与帝国主义世界和世界经济的发展关系，向我们指出了正确的理论方向。在笔者看来，人们对伊朗的分析既不能从外部帝国主义是经济发展迟缓的主要原因这一论点出发，也不能从受俸国家的内部结构减缓了工业资产阶级自主产生进程这一论点出发，对伊朗经济和社会的分析必须以伊朗封建主义内部逻辑和殖民主义的外部影响的相互渗透的因果关系为前提。

笔者提起注意的最后一个理论问题是"对应理论"问题。在马克思关于英国殖民主义对印度影响的评论中，马克思似乎表明，在土地、铁路系统和现代化军队中引入私有财产，将会产生整个社会构成几乎自动的重组。经济基础的根本性变化，就会在法律和政治上层建筑中产生相应的变化。从恩格斯 1890 年写给布洛赫（Bloch）的信到阿尔都塞 1968 年对"支配/决定"关系的重新表述，"基础/上层建筑"的隐喻一直支配着马克思主义，对此，我们不必在这里进行争论。在这个阶段，笔者只是声称马克思对殖民主义的分析被解读为（Avineri, ed., 1968）：通过殖民主义引入资本主义关系，必然会在整个社会形成过程中产生相应的影响，而且资本主义在破坏所有前资本主义生产关系中也在进步。在社会中普遍可见的一个相似的观点是：工业社会的出现与宗教、家庭和社会的变化相对应。对于帕森斯（1943 年），孤立的核心家庭与工业社会的劳动需求之间存在着一种功能性的契合或对应关系；对于韦伯，普遍、抽象的法律和资本主义之间存在着一种"选择性的密切关系"。

新马克思主义对殖民主义分析的一个重要主题是否认了殖民资本主义与逐步摧毁前资本主义经济和社会关系之间的任何简单对应关系。从托洛茨基（Trotsky）的《俄国革命史》开始，可以认为资本主义并没有统一的、功能性的结果，相反，资本主义的引入通常具有不均衡的、综合的发展效应。发展是不平衡和不平等的，某些经济和社会部门的增长总是以牺牲其他部门为代价，这种不平等的结构和加强是由于资源从欠发达地区向发达地区的转移。

例如，哈利德（Halliday，1974）认为，沙特阿拉伯石油工业的发展并没有改变这个社会的前资本主义结构，相反，却产生了一种严重的不平等和综合的社会欠发达。在关于印度的两篇文章中，睡鲁·巴纳吉（1972年，1973年）试图表明，资本主义向欠发达地区的扩展可能导致前资本主义剥削关系的加剧，即奴隶制和农奴制的再现。在巴纳吉看来，各种形式的"古老"劳工组织（奴隶制、农奴制、契约劳工）在历史上与资本主义生产方式的发展是相适应的。简言之，殖民地资本主义的发展与正式无自由劳动的消失之间没有必然的对应关系。

为了捍卫马克思对殖民主义的分析，可以证明，马克思并没有统一地假定英国帝国主义在清算所有前资本主义经济和社会安排方面总是有进步的结果。虽然，马克思在他的文章《不列颠在印度的统治》中提出，英国"在亚洲造成了一场前所未闻的最大的、老实说也是唯一的一次社会革命。"（Marx and Engels，1972：40），马克思对英国殖民主义在爱尔兰的影响的分析得出了完全不同的结论。关于爱尔兰，马克思指出，"英国的入侵，使爱尔兰的发展丧失了一切可能性并使它倒退了几个世纪"（Marx and Engels，1968：319）。马克思的这些段落可以被确定（Foster-Carter，1974）作为理论的起点，在某些情况下，马克思认为，资本主义殖民政策的低工业化和不发达的水平阻碍社会经济的发展，导致资本主义社会与其社会经济环境之间的关系不相适应。

　　这种对发展不平衡的担忧的另一种版本，可以在迈克尔·巴拉特·布朗（Michael Barrat Brown，1974）和贡纳尔·缪尔达尔（Gunnar Myrdal，1954）对帝国主义的经济分析中找到。在新古典主义曼彻斯特经济学（Lewis，1954）的背景下，该学说假设，落后的社会可以通过雇用来自自给部门的"无限的"剩余劳动力来扩大资本规模，缪尔达尔指出了资本主义不均衡的"反浪潮"效应，集中了特定地区的基本商业、工业和金融服务。同样，布朗认为，资本主义的发展在高工资、资本密集、高生产率部门和低工资、劳动密集型、低生产率中心之间产生了永久性的经济二元论。

　　许多当代马克思主义和社会学的总趋势是强调资本主义发展的不平衡性和矛盾性，强调封建主义和资本主义之间的连续性而不是间断性，资本主义生产方式（Poulantzas，1973）的保存性而不是消亡性，殖民地资本主义中"过时"的制度和劳动形式在从属的边缘社会的盛行。简言之，否认基础和上层建筑之间的对应关系是结构功能主义或庸俗经济主义的机械因果模型被拒绝的一个普遍特征。我们如何能给出一个更精确的理论公式来解释这种功能对应的否认？解决这些困难的方法在于区别"生产方式"与"具体社会模型"（Hindess and Hirst，1975）。生产方式的逻辑从来没有完全复制，也从来没有完全符合社会形成的偶然现实。在社会、经验水平上，社会阶级之间的偶然斗争不会产生任何必要或统一的影响。正如马克思和恩格斯在《共产党宣言》中指出的那样，阶级斗争是一种偶然的过程，其结果要么是对整个社会进行革命性的重建，要么是斗争阶级的同归于尽（Marx and Engels，1973：68）。因此，没有关于资本主义或社会主义的"捷径"的一般理论，因为阶级的特殊情况以及社会形成的特定历史和全球环境对军队发展和生产关系有着特殊的影响。英国资本主义的"特性"是这个问题的一个恰当的例证，并且伊朗很可能是另一个。我们不能想当然地认为，土地改革的引进或者石油生产关系导致了或者将不可避免地导致封建制度、古老的经济和社会关系的瓦解。我们也不能假设在社会形式中土地使用权的"现代化"与议会民主制的发展或法西斯政治在某种程度上是农业资本主义发展的一种不寻常的结果（Poulantzas，1974）。

总而言之，笔者的论点是，我们对伊朗的理解必须以对社会科学中确定理论立场的批判为开端。关于亚洲发展的传统方法受到了东方主义问题论、内部主义发展理论和对应理论的影响。为了令人更满意地看待伊朗问题，作为关于前资本主义生产方式辩论的序言，对东方主义进行更详细地描述是很重要的。

东方主义的传统试图将"伊斯兰社会"定义为一系列的缺失。孟德斯鸠（《露易丝的精神》，*Esprit des Lois*，1748）和贝贝尼·博苏（Benigne-Bossue）建立了一个传统，那就是东方专制主义制度的关键在于土地上没有私有财产。这种财产的缺乏，通过让所有的公民都沦为一群无名的无差别的个体，从而使其处于停滞和专制的状态。在马克思和恩格斯看来，土地上没有不动产，在这种情况下，国家成为唯一真正的地主，意味着在亚洲的生产条件下，没有社会阶级。东方国家缺乏作为所有传统生产方式溶剂的阶级斗争的活力。因此，亚洲社会并没有一个明确的阶级结构，而是把自己呈现为一个复杂的马赛克，分别是不同的部落、宗教派别、种族群体和清晰的社区。我们被告知（Coon，1951：2）关于中东社会最重要的人类学事实是"每个国家的人口都是由一群人组成的马赛克"。社会结构的多样性提供了一个环境，在这个环境中，专制的领主可以在没有组织和合乎逻辑的情况下进行分裂和统治。

就像"伊斯兰社会"的特征是缺乏私有财产一样，因此，它也缺乏真正的自治城市的环境。韦伯对这些自治的、内部整合的西方城市的历史意义印象深刻，这些城市拥有自己的民兵组织、政治集会和法律宪章。与此形成鲜明对比的是，东方城市发展为一种城市社区，基督教在其中侵蚀了种族关系。伊斯兰城市缺乏自治，因为它们缺乏法律性，缺乏内部一致性。出现这种情况的原因是"伊斯兰教从未克服阿拉伯部落和宗族协会的农村关系，而仍然是一个以部落和宗族为基础的征服者的宗教"（Weber，1958：100）。同样地，马克思（1973：479）评论道："亚洲历史是一种城乡淡漠的统一（真正的大城市必须被看作皇家的集中营，作为在经济建设上架设的技巧工程）。"在自治城市缺失的情况下，城市居民、城市虔诚和禁欲主义的发展条件是不存在的。简言之，伊斯兰教缺乏"公民社会"的典型特征（Al-Azmeh，1976）。

在东方主义模型中，这些社会特征是"伊斯兰社会"不享有经济和政治安排的稳定条件，这些条件对欧洲封建主义发展具有重大意义。特别是，没有一个正式的理性法律体系作为财产的制度保障。中东社会中缺乏正式的理性法律是韦伯特别感兴趣的，他声称，伊斯兰教法是通过启示来确定的，不能系统地适应经济和社会条件的变化。法律规范和社会实践之间的差距被任意的法律手段所填补（*fetwa*：根据伊斯兰教法规所做的判决）。另外，卡迪（*qadi*）司法的临时立法很好地服务了中央集权的世袭帝国的专断权力。在这一问题上，马克思主义的法律理论［如卡尔·伦纳（Karl Renner）和 E.V. 帕舒卡尼斯（E. V. Pashukanis）］和韦伯的社会学对资本主义的法律形式的影响几乎没有实质的区别，即法律的形式是一个抽象的、普遍的、正式的法律体系。恩格斯最初观察到，土耳其的统治，也和任何其他东方的统治一样，是和资本主义社会不相容的；所取得的剩余价值无法保证不受总督和帕夏的贪婪的劫掠；缺乏资产阶级从事经营活动的第一个基本条件，即保证商人的人身及其财产的安全。（Marx and Engels，1953：40）。

因为在"伊斯兰社会"中，没有一个城市可以让理性的、具有企业家精神的资产阶级自由地在不受国家干预的情况下发展起来，所以在伊斯兰社会中，没有任何个人权利理论和反对专制政府的政治合法性。伯纳德·刘易斯（Bernard Lewis，1972：33）声称，"西方反抗政府的权利学说与伊斯兰思想格格不入"，伊斯兰反对不虔诚的政府是徒劳的，因为没有任何机构可以让这一原则付诸实践。类似地，瓦提裘提斯认为，中东的现代史表现出频繁的政变、军事接管和叛乱，但没有真正和激进的革命使社会结构产生根本的变化。"不革命"这一命题是古典东方主义立场的现代代表，即东方没有历史（Turner，1978）。尽管人们常常声称，马克思系统地拒绝了黑格尔的形而上学的精神（Althusser，1969），但在亚细亚生产方式中，他可能参考了黑格尔的东方静止学说。

马克思写道："印度社会根本没有历史，至少是没有为人所知的历史。我们通常所说的它的历史，不过是一个接着一个的征服者的历史，这些征服者就在这个一无抵抗、二无变化的社会的消极基础上建立了他们的帝国。"（Marx and Engels，1972：81），而这个村庄体系使得亚洲社会"对解体和经济发展产生的抵抗，直到被资本主义的外力摧毁"（Marx，1964：38）。

近年来，出现了各种各样批评这些东方学者关于"伊斯兰社会"的假设的尝试。赛义德（1978年）将东方主义认为伊斯兰社会停滞不前的观点与西方帝国主义的发展明显联系了起来。他认为，"东方主义从对异国语言的学术调查转变成政治实践的理论，因为东方与欧洲的关系是由不可阻挡寻求市场、资源和殖民地的欧洲扩张决定的，还因为东方主义完成了从学术论述到帝国机构的自我蜕变"（Said，1978：95）。东方主义者对亚洲停滞的看法是对帝国主义政策的一种几乎不加掩饰的辩护，这一点在阿维内里将亚细亚生产方式作为对以色列社会发展的分析内容尤其明显。

阿维内里（1971 年，1976 年）从马克思关于殖民主义的著作中得出结论，即帝国主义的渗透程度越高，最终社会变革的可能就越大。在阿维内里看来，中东阿拉伯地区的落后是法国和英国通过委任统治制度间接进行政治控制造成的。这种间接的帝国统治允许传统的阿拉伯军事精英在英法控制正式退出之后，还能继续掌权。虽然阿拉伯社会在政治上没有社会革命，但以色列是由一场社会革命所形成的，在这场革命中，小资产阶级的欧洲犹太人在向下的社会流动的过程中成为具有社会意识的以色列人。

反对东方主义关于西方资本主义殖民主义必然有益的观点。其一，我们需要断言（Turner，1976，1978），在外围，资本主义的发展是一种阻碍而不是进步的推力，通过摧毁当地新兴的资产阶级，破坏了当地的资本主义发展，经济安排和特许权的破坏性甚大。因此，马克思关于英国统治阻碍爱尔兰发展的观点，更适用于对亚洲和中东的分析，比对印度和中国的新闻评论更有意义。其二，我们需要认识历史上在我们给"中东"或"亚洲"或"东方"贴上误导性标签的各个社会和地区所发生的社会结构变化和经济进程的特殊性，从而避免过于简化欧美和东方之间、充满活力的西方和停滞不前的亚洲之间的对比。虽然很少有严肃的学者愿意采用"基督教世界"这个概念来描述西欧将近两千年的历史和结构，但东方主义者倾向于把"伊斯兰社会"或"伊斯兰教"看成一个统一的分析对象。一方面，有必要论证埃及、叙利亚或伊朗历史的特殊性；另一方面，也要注意某些欧洲社会与某些中东和亚洲社会的社会经济特征之间的连续性。简言之，东方主义关注的是伊斯兰与西方历史之间的不连续性，而笔者将试图关注结构的连续性。

这些关于东方主义问题的初步评论可以总结为：我们缺乏令人满意的资

本主义发展的一般理论来解释资本主义最初在西方而不是东方发展的原因。在一篇关于民族主义的论文中，萨米·祖拜达（Sami Zubaida，1978）试图表明，我们不能有把民族主义作为"工业化"或"现代化"或"资本主义发展"等进程的伴随物而兴起的一般理论。这一主张源于他的观点，即资本主义生产方式的确立并不产生普遍或必要的社会后果。因此，"虽然'资本主义'在世界范围内的传播和扩张已经确立，但它对某些国家的影响必须在特定的情况下加以审查"（Zubaida，1978：59）。例如，将一个社会纳入资本主义的全球体系并不一定导致资本主义的关系或商品形式占主导地位。这一论点可以延伸到批判"东方"的一般的、永恒的模式和殖民资本主义传播的一般理论，以及资本主义生产方式与法律、政治和宗教的其他结构或上层建筑特征之间的对应关系。

对东方主义进行有效批判的问题，与马克思主义和社会学本身就包含着关于资本主义之前的中东和亚洲社会的结构与历史的各种东方主义假设这一事实有关。正是出于这个原因，笔者指出了马克思、韦伯和东方主义史学家的分析在某些主题上的相似之处。这一问题的核心是对马克思的前资本主义生产方式理论的一般相关性和亚细亚生产方式的特殊地位的争论。在试图说明伊朗社会的具体结构之前，笔者认为转向一个简短的对马克思亚细亚生产方式的讨论是非常重要的。

在英国社会学中，对亚细亚生产方式的科学地位持不同观点是巴里·辛德斯和保罗·Q. 赫斯特。赫斯特在《前资本主义的生产方式》（1975年）一书中通过采用阿尔都塞的概念，即在马克思思想发展过程中出现了"认识论的断裂"，辛德斯和赫斯特认为，《纽约每日论坛报》上刊发的大部分关于马克思对亚洲的评论发生在马克思成熟、科学的写作之前。因此，这些新闻评论不能为资本主义前生产模式的严格理论提供依据。前资本主义生产方式理论唯一的合适位置是在马克思的《资本论》中。在马克思的成熟著作中，马克思认为，在亚洲，国家既作为土地所有者，同时又作为主权者而同直接生产者相对立，那么，地租和赋税就会合为一体，或者不如说，不会再有什么同这个地租形式不同的赋税。（*Capital* III：771）。后来辛德斯和赫斯特断言，没有明显的和理论上一致的生产方式对应于"税收/租金"这种形式。这种税收形式的剩余产品占有"在这方面与社会总产品没有什么不同，社会总产品的水平由政治决定，是维持国家的手段"（Hindess and Hirst，1975：192）。因此，税收/租金组合作为一种盈余分配的形式，并不具有亚洲特色。然而，这一事实并没有对假设一个分析上一致的生产方式对应于税收/租金耦合提供任何理论依据。亚细亚生产方式的一点是它无法解释国家的状况。例如，如果由于缺乏财产而在亚细亚生产方式中没有经济上界定的社会阶层，那么就不能将国家说成是阶级斗争的产物。税收/租金耦合的先决条件是国家，但不能解释它的存在。

辛德斯和赫斯特的观点暗示，如果亚细亚生产方式在理论上是不充分的，那么在亚洲和中东历史上占主导地位的生产方式是封建生产方式（FMP）的一种变体形式。这种立场的一个问题是，它鼓励我们把所有前资本主义社会的历史看作封建主义瓦解的历史。简言之，它将我们推向"准普遍封建主义的僵局"（Anderson，1974：484）。那些不愿将中东所有经济变化纳入限制"封建主义"范畴的作家，往往会走向另一个极端，否认现有的资本主义生产方式概念与中东社会的相关性。例如，埃尔·科迪（El Kodsy）（El Kodsy and Lobel，1970）将阿拉伯世界划分为三个区域［马格里布、马什拉格（Al Mashraq）和尼罗河（Nile）地区］，并认为这些地区不是由其农村和封建特征决定的，而是由城市和商业因素决定的。埃及作为一个"农耕文明"社会，以从农民的耕种中提取剩余价值为基础，是这一规则的主要例外。鉴于干旱气候和低水平等因素影响经济的发展，在其他阿拉伯国家，从来没有足够的经济增长来支持占主要地位的地主阶级。另外，阿拉伯统治阶级依赖亚洲和欧洲之间贸易的商业利润——"归根结底，所得收入是统治阶级从农民那里榨取的剩余利润"（El Kodsy and Lobel，1970：6）。萨米尔·阿明（Samir Amin）在《阿拉伯民族》一书中提出了一个类似的论点，他认为，"殖民前的阿拉伯世界不是封建的，它是围绕着一种朝贡生产方式的一系列社会形态的组合。……这些半干旱地区农业生产力的发展较弱"（Amin，1978：7）。由于通过地租取得的盈余相对较少，阿拉伯社会主要特征的形成是通过长距离的贸易从其他社会中提取盈余来确定的。

拒绝将封建主义作为中东社会的适当模式存在着大量问题。其一，贸易和商人的存在与任何形式的剩余价值获取相一致，所以不可能从洲际贸易的角度来界定一种不同的生产方式。商人在任何一种生产方式下都可能存在，因为商人是在流通领域中经营的，所以我们不能推断出关于生产关系的任何事情。其二，由于气候条件单一和生产的弱力，埃尔·科迪和阿明有接受某种形式的简单技术决定论的危险。从农民耕作者身上提取的剩余价值的大小，并不能提供定义生产方式的手段。

有人认为，亚细亚生产方式并不是一个独特的令人满意的生产方式的概念。这种情况一旦被接受，我们就需要避免把所有的前资本主义生产方式定义为封建制度，并将其作为一种可能（除埃及外），永远不适用于中东地区拒绝封建生产方式的概念。在考虑这些一般性问题之后，我们现在可以讨论马克思主义的"生产方式"范畴在伊朗的应用问题。

伊朗的恺加（Qajar）王朝被埃文德·亚伯拉罕（Ervand Abrahamian，1974：1975）归类为东方专制主义，但亚伯拉罕认为，马克思的亚细亚生产方式作为对伊朗的透视，最充分的方面不是把国家作为地主或东方专制主义的真正基础那部分。在《资本论》中，马克思把"农业和手工业的融合"、"不可改变的劳动分工"和"不断自我繁殖的自给自足的社区"称为"亚洲社会不变的秘密关键"（Marx，1965，Vol. 1：338）。亚伯拉罕将亚细亚生产方式与中央集权的官僚主义进行了对比，这种"碎片化的论点"是为了证明后一种观点与伊朗社会结构的"不变"有关。在欧洲，封建阶层是"可行的集体"，而在伊朗社会，塔巴卡特（tabaqat，"命令"或"社会阶层"）则是内部分裂的、对立的，例如：

> 地主阶级分裂为世仇家族、敌对的酋长和对立的贵族。乌里玛分裂为地方教派、教法学派，信奉不同的教义。并且普通人群居住地，无论是城市还是农村，都被分割成相互冲突的地区。（Abrahamian，1975：138）

在欧洲，根据分裂理论，各种各样的封建阶层享有高度的社会凝聚力，并采取行动维护他们的企业自由和法律特权，而在伊朗，各种各样的塔巴卡特却永远不能团结起来，以保护自己不受外部政治控制。

亚伯拉罕想要正确地避免传统的东方专制主义模式的影响，但他仍然保留了许多关于伊朗的马赛克模型的标准假设，他强调的是内部的城市分裂和分裂主义。例如，这种内部的分裂结构的一个方面是"不同的语言和方言的马赛克"（Abrahamian，1975：140）。亚伯拉罕论点的另一个特点是，又一次遵循了东方主义的传统处理方式，即气候条件决定社会关系的方式。马克思和恩格斯在最初提出亚细亚生产方式问题时，他们强调气候的重要性以作为官僚国家参与农业灌溉和国防的解释。这种对农业灌溉在中央集权国家起源中的因果作用的关注，成了卡尔·A. 魏特夫（Karl A. Wittfogel）

在《东方专制主义》（1957 年）中关于水力经济的经典陈述的全部基础。以类似的方式，亚伯拉罕宣称，"社会分裂的基础是地理"（1975：138）。除了一般的"技术人员"或"还原论者"的立场所附带的一般理论难题之外，本书的具体问题在于，在干旱或半干旱条件下，不同的社会形态可能对应于灌溉工程的需要。换句话说，干旱不一定对应于在"水力经济"上的管理-官僚制国家（Hindess and Hirst，1975）。在对锡兰（Ceylon）灌溉工程的研究中，利奇（Leach）表明，在没有一个中央集权的国家或公共工程部门的管理下，灌溉工程需要在很长一段时间内才可以被完成，而实际上，这个时期的锡兰主要是封建的，而不是"亚细亚的"。

在伊朗中央集权的有效性问题上，亚伯拉罕确实打破了许多关于亚洲社会国家的传统观点。魏特夫描绘了一幅波斯国家的图景，它是一个拥有有效的政治体系，成功的中央通信、税收和政治控制的工具。恺加王朝积累了一系列令人印象深刻的头衔：他们是上帝在地球上的影子，是羊群的守护者，是气候的征服者，是王中之王。然而，作为恺加王朝真实力量的描述，这些头衔不可避免地会误导人。亚伯拉罕指出，恺加王朝统治者是"没有专制工具的暴君"（1975：135）。恺加王朝统治者在主要城镇之外几乎没有权威，因为他们没有强大的常备军、没有一个有效的官僚机构的支持：

> 常备军的规模不会比一支由恺加部落成员组成的队伍和 4000 名格鲁吉亚奴隶组成的护卫队还要大。而官僚机构，如果可以称呼的话，只不过是在中央和省会城市里随意聚集的世袭的穆斯塔夫斯（mustawfis）和米尔扎（加在皇族姓名下的尊称，mirzas）（Abrahamian，1974：11）。

令人印象深刻的官员和省级官员实际上是世袭的统治者或部落首领，

他们在恺加王朝那里享有虚拟的政治自治。据说这些官方的伊尔-可汗（il-khans），在王朝的控制下，是部落首领，他们收税并统治他们自己的地区，并没有来自王朝有效的外部控制。因此，强大、集权和专制的官僚主义的形象，是东方专制主义神话的一部分，它已经从孟德斯鸠传至魏特夫，在对伊朗社会形态的社会学分析中起不到任何作用。

伊朗历史上许多标准方法的持续错误之一是，认为伊朗的社会形态可以以一种生产方式为特征。因此，社会学分析在"朝贡生产模式"（Amin，1978）、"水力经济"（Wittfogel，1957）、"亚细亚生产方式"（Marx and Engels，1972）或"半封建模式"（GOPF，1976）等方面寻找了一个适当的解释。更适当的办法是研究由重叠的生产方式构成的伊朗社会形态。笔者想特别指出的是，第一，伊朗的历史是封建主义和资本主义之间振荡的结果，其中封建生产方式占主导地位。第二，我们需要注意到，伊朗的土地所有权模式一直是混合的。第三，关于封建生产方式的主导地位的论证使我们能够认识伊朗和无论是东方还是西方的其他封建主义形式的相似之处。因此，没有伊朗的"本质"允许东方主义区分西方民主和东方专制的历史。

虽然笔者一直批判韦伯关于东方社会通史的观点，但韦伯的"俸禄僧侣制度"概念在某些帝国结构的分析中确实具有一定的有效性。例如，与"亚细亚"的特征不同，韦伯的"俸禄僧侣制度"没有地理含义。"供给牧师会会员俸禄的教会财产"（Prebend）最初是一个教会术语，意指从教堂地产授予神职人员的土地中获得的津贴。韦伯用这一术语来表示"实物津贴"或"使用土地换取服务的权利"，这些津贴或权利并没有被赋予一个继承原则。它们为世袭统治者提供了对其军事下属的更大的控制权，由于与封建土地权不同，它们提供了有条件的所有权。在领土扩张的情况下，世袭统治者可以最充分地保障俸禄僧侣制度。然而，在帝国的紧缩时期，当世袭君主制国家遭遇财政危机时，政治和经济上的压力迫使君主将受俸的租借地转换为封建土地。因此，俸禄僧侣制度在本质上是不稳定的。所有的前资本主义社会形态都有强烈的分散和瓦解倾向。因此，世袭制帝国的封建化代表了对以前从属的官员、首领或贵族控制的一个强有力的瓦解。

在韦伯的观点中，随着税收被实物支付所取代，受俸帝国的崩溃代表了货币经济的萎缩。韦伯关于这一点的一个例证，涉及塞尔柱王朝和马穆鲁克王朝的奴隶部队向封建地主的转变：

> 当塞尔柱军队和马穆鲁克被分配土地和臣民的税收收益时，经济的封建化得到了促进；最终，国家把土地拥有权转让给他们，他们成为土地所有者。面对征税权力被抵押给独断专行的军队，纳税人在法律上极不安全，这可能使商业瘫痪，从而使货币经济瘫痪；事实上，自塞尔柱王朝时期以来，东方市场经济就一直处于衰退或者停滞不前的状态（Weber, 1968, Vol. 3: 1016）。

韦伯认为，世袭的统治者从俸禄僧侣制度向封建主义的发展，强化了对经济关系的传统态度，限制了对租赁的合理计算，限制了货币市场的发展，并以货币向消费的转变为方向。在鼓励贸易垄断的世袭国家，这些盈利的机会常常被留给贵族或行政管理人员。类似的，农业税收组织、军队供应和国家行政当局提供了资本主义发展的机会，但这经常"转向政治方向"（Weber, 1966: 355）。韦伯关于世袭帝国中资本主义的传统局限的观点并不一定全面再现了东方主义的全部假设。

（1）因为韦伯不想把"牧师的俸禄"或"教区牧师享有的教产"的存在视为亚洲社会的一种特性；

（2）韦伯并没有将"俸禄僧侣制度"视为固有的静态（事实上，由于自身的矛盾，它有一种内在的变化倾向）；

（3）韦伯不需要把受俸的国家视为强大和高效的，因为它们受制于强大的分权和封建倾向。

韦伯对世袭帝国中这些相互矛盾的进程的描述在泰国的政治结构中得到了很好的运用（Tambiah，1976）。韦伯对"永久租借"（feu）和"牧师会会员的俸禄"的区别也提供了一种对伊朗社会结构的介绍，笔者想将其看成一种集权和分权、俸禄僧侣制度和封建主义、牧区/游牧生产方式和封建主义生产方式之间的振荡。

早期的哈里发政权——倭马亚王朝、阿拔斯王朝、布韦希王朝、伽色尼王朝和塞尔柱王朝——主要采用受俸形式。被征服国家的土地被作为军饷分配，持有者享有征收土地税的权力。国家财政收入的来源包括对公有土地征税、对私有土地征收土地税、对非穆斯林征收人头税、天课［救济金，zakat（alms）］、对露天煤矿征税、关税、房地产税和铸造硬币的特许权使用费。税收来源的多样性与土地所有权类型的多样性相平行。这些土地是：（1）国家土地［阿拉迪-伊-迪瓦姆（aradi-yi-divani）］；（2）王室的私人领地［权贵（khassa）］；（3）宗教土地［瓦克夫（vaqfi or waqf）］；（4）无条件持有的私人土地［穆尔克（mulk，milk or arbabi）］。穆尔克财产完全符合欧洲对永久租借权的需求，因为它是无条件地持有，并且可以不受阻碍地出售或赠与。一般规律是，国家土地与穆尔克财产之间历史上存在拉锯的关系。征服或一个新王朝的兴起，往往导致了穆尔克财产的减少，并使其国有化。然而，总的趋势是从远离了受俸制向封建统治过渡。在倭马亚王朝和塞尔柱王朝的统治下，受俸的权利逐渐被转化为以服兵役为条件的世袭权利［伊克塔（the iqta）］，而13、14世纪在蒙古可汗［"臣属可汗"（subject khan）］的控制下，世袭的伊克塔和无条件的穆尔克以国有土地为代价大大扩大，导致土地集中在封建地主手中。从这一时期起，农民就被束缚在土地上，地主使用奴隶开发自己的土地，因为农民不提供徭役（corvée）。伊朗封建主义的基本特征可以用一段来自 I. P. 彼得鲁舍夫斯基（I. P. Petrushevsky）冗长的话加以概括：

> 伊朗封建主义在早期（蒙古）征服之前最典型的特点保存了下来。这些特点包括：灌溉的重要性；定居农业与游牧的和半游牧畜牧业共存；村子里缺少领主自留地产和徭役；封建大地主与小佃农相结合；产品租金占主导地位（货币和劳动力租金只占次要地位）；军事封地制度的发展；大商人、商队与一群封建领主之间的密切联系，甚至他们的联合；自治城镇的缺失，这是中世纪西欧的典型特征；以及在手工业和农业（灌溉和市场园艺）中广泛使用奴隶劳动，同时榨取农民的劳动成果（Petrushevsky，1968：514）。

尽管伊朗保留了一些可能非常特殊的特征，但我们可以说，伊朗的社会制度已经从 10 世纪普遍的俸禄僧侣制度发展到封建地主主义占主导地位。特别是，这种转变的标志是非世袭的、有条件的伊克塔下降到世袭的、越来越无条件的伊克塔，以及与国有土地相关的穆尔克财产越来越重要。在这方面，几乎没有证据支持和认为伊朗可以在亚细亚生产方式的存在方面与欧洲封建主义区分开来。

尽管彼得鲁舍夫斯基在游牧业和定居农业之间做了区分，但可以说，我们需要更有力地区分游牧/畜牧生产方式和占主导地位的封建生产方式。伊朗中央集权国家和部落首领的地方自治之间的政治平衡反映了"这两种生产方式之间的平衡"。在封建的条件下，国家的实力可以通过它是否成功地从属于地方或省级可汗及其部落权力基础来衡量。从伊本·赫勒敦的部落精英循环理论到弗雷德里克·巴特（Frederik Barth）对巴瑟利（Basseri）定居的研究（Barth，1961），部落游牧主义和定居农业主义之间的共生当然是分析中东的一个传统主题。在伊朗，游牧社会以侵略和征服的形式周期性地渗入农业社会中，带来了灾难性的长期后果。蒙古人在 13 世纪的征服活动具有重要的影响，导致了人口的减少、农业的衰退、城市生活的衰落和贸易的损失。

我们已经证实，与传统的东方主义对亚洲社会的描述相反，土地上的私有财产是无条件并且安全的，它确实在伊朗发展起来，并相应地区分了地主和农民阶级。诚然，在伊朗的封建制度中，国有土地远比欧洲封建社会更为普遍。彼得鲁舍夫斯基（1968：515）评论说，一个国家土地所有权的特性是国家利用其租户、村公社（jamma at-i dih），通过财政官员（ummal）……租金和税收一致，并且租户以现金和实物形式向国家支付租金或缴税（土地税等），随后作为工资、养老金、补贴、礼品等在军事种姓之间进行分配。因此，尽管彼得鲁舍夫斯基证明了前资本主义的伊朗社会是封建的，但他想要保留一些观念，即伊朗的封建主义在国有土地、税收/租金的耦合、缺乏自治城市和农业中使用奴隶劳动力等方面仍然是独特的。简言之，他的论点涉及一种以中央集权国家为主导的社会角色的理论。

马歇尔·霍奇森对萨法维帝国的研究参考了彼得鲁舍夫斯基对 13 世纪和 14 世纪伊朗国家地位的看法。霍奇森用"军事庇护国"来描述萨法维专制国家。在萨法维帝国时期，霍奇森声称，中央的官僚机构能够通过其民用和军事设备获得对地方和周边地区的有效控制。这一时期的伊朗国王能够将财富集中在帝国中心，减少乌里玛的自治权，使行会受到国家的监督，并扩大国家机器在整个公民社会的影响力。结果是"帝国正在屈服于农业专制主义的传统危险"，这使它"容易内部瘫痪"（Hodgson，1974，Vol.3：56-57）。

关于韦伯将欧洲封建制度中的国家与亚洲社会的世袭统治进行对比的一个问题是，霍奇森对"军事庇护国"与欧洲政治结构的看法是，这种理想的典型对比往往会压制欧洲的专制国家问题以及政治专制主义与资本主义兴起的关系。为了形成这种对比，我们需要对欧洲国家的发展进行更复杂的分析。13世纪，欧洲出现了一种新的政治模式，它赋予城镇更多的自治权，并加强了对国王的封建豁免权的利用。这些城市特权由扩大的民兵、防御工事和城墙来保卫。城镇的新企业身份是城市生产和商业关系分工增加的法律表现，这使城市居民有了更强的经济认同感和一致性。新独立的城镇与其他代表大学、神职人员、律师和政治团体利益的集会的发展相匹配。等级社会（standestaat）体系的发展与亚洲社会中合法自治的议会、立法机构和城镇的缺失形成鲜明对比，但这样的对比忽略了一个事实：在17世纪和18世纪，专制国家的出现大大削弱了等级社会体系。

城市市民、封建地主和君主之间的斗争，在不同的社会中产生了不同的结果。在法国，一个王朝成功削弱了地方自治，这个王朝围绕着君主制的中央集权建立了一个有效的国家机构。相比之下，在英国，议会在一系列政治斗争中（在17世纪的政治斗争中）实现了决定性的胜利，最终在1689年的《权利法案》中得到了确认。在德国：

中央集权是由领土统治者在相对较低的水平上进行的，他们成功地反对了更高层次的势力使帝国本身成为国家的企图。在德国的大部分地区，高层集权的失败意味着建立强有力的政治-行政结构在所有级别中都受到阻碍。主要的例外是普鲁士（Prussia）（Poggi，1978：
58-59）。

尽管专制主义的发展存在着地区差异，但有许多重要的共同因素。议
会对官僚国家权力的限制并不代表君主或传统的封建阶级被彻底击败了。
相反，中央集权的扩张是城市经济增长的必要条件。在国家的政治保护下，
统一的领土扩张经济比保护城镇内部经济更重要。相比于在一个自治的、
地方性的、以城市为基础的生产系统的体制下，专制国家为经济扩张提供
了更强的一致性和可靠性。城市市民和中央集权君主制之间的这种利益密
切关系，与 8~12 世纪欧洲封建制度的核心——军事制度的经济和政治权力
的下降相对应。城市商业的发展和黄金的流入削弱了封建势力的主要支撑，
即地租的价值。在英国都铎王朝时期，贵族是非军事化的商业集团通过买
通进入贵族阶层。在法国一个较晚的阶段，市民阶级中较富有的人可以购
买传统上由贵族所拥有的职位，这就产生了穿袍贵族（noblesse de robe）和
佩剑贵族（noblesse d'épée）的区别。

当然，专制国家与资本主义崛起之间的确切关系是一个有争议的问题。
波吉（Poggi，1978）认为 17 世纪政治权力的集中是资本主义发展的必要条
件。相比之下，安德森（1974 年）认为这是一个专制国家的封建阶级在政
治上受到威胁的一种反应，目的是保护自己不受城市商业阶级和农民的侵
害，他们已经获得了相当大的税费减免。然而，安德森也认识到，在试图
重新占有封建统治部分时，专制国家对新生的资本主义的发展发挥了重要
作用，为其提供了新的国家税收结构、编纂的法律、一个永久性的官僚机
构和一个统一的市场。笔者的论点是，无论如何看待专制主义，一定程度
的国家干预对资本主义来说是至关重要的，这种干预的资本主义模式在英

国占据主导地位之后，在欧洲大陆尤为重要。换句话说，英国资本主义的建立，阻止了欧洲所谓的"晚期发展国家"的自由放任经济政策（laissez-faire）。在德国、意大利、法国和俄国，城市资产阶级是脆弱和不发达的，国家成为资本主义发展的主要力量，主要通过以下方式：鼓励和提供投资、创建一个统一的国家政治和经济市场、保护新兴产业免受外国竞争以及开发通信和教育的新系统（Gerschenkron，1962）。例如，经常有人提出，中东和亚洲社会经济发展缓慢可能与这些社会缺乏一个独立的企业家阶层有关，或者这些社会在缺乏中产阶级的情况下，将被迫依赖于军事现代化精英（Alexander：1960；Halpern：1962；Meyer：1959；Perlmutter：1977）。然而，同样类型的论点也适用于欧洲资本主义的情况。欧洲资本主义通过各种各样的机构发展起来，如农业资本家和政治上从属的工业资产阶级（英国）之间的联盟，通过银行的投资（意大利），通过国家控制（德国）。资本主义依赖于原始积累的观点是由政治自治的资产阶级的禁欲主义动机带来的，这个观点只是一个社会学神话，它来源于亚当·斯密（Adam Smith）的"先验"概念。

笔者的论点是，对比欧洲等级社会系统与亚洲社会强大的中央集权官僚制度以作为亚洲缺乏独立的资本主义的一个解释，这在根本上是错误的。这个批判把非欧洲社会当作资本主义如何发展的特权模式，是不可能对自发资本主义的失败提出问题的。继弗兰克、巴拉特·布朗、巴兰和霍布斯鲍姆的论证之后，资本主义在亚洲和南美洲的不发达正是资本主义在欧洲发展的历史效应。如果资本主义有一套普遍条件，那么由于殖民主义和新殖民主义的"污染效应"，这些条件在亚洲就无法适用。但是，笔者认为在任何情况下，都很难阐明资本主义发展的一般理论，因为欧洲资本主义的经验有非常不同的形式。例如，我们只需要思考，在 18 世纪和 19 世纪资本主义发展的社会中，阶级形态的巨大差异。如果有一个共同的特点，那就是有一个强大的政治机构，即中央集权国家，它在建立资本主义路线的经济发展体制框架方面发挥了关键作用。亚洲——这里主要指伊朗——和欧洲社会之间的主要对比，并不是在亚洲出现了与创新的欧洲资产阶级相反的亚洲普遍国家，而是恰恰相反。这很可能是由于伊朗国家机器的软弱以及伊朗国家屈从于俄国和英国的经济利益而阻碍了其自身的经济变革。因为伊朗国家无法取代伊朗封建势力和游牧民族主义强大的分权力量，伊朗国家没有能力整合商人、资产阶级、神职人员、部落首领和封建地主不同阶级的利益，以构成权力集团。笔者在本章最后一部分的观点是，伊朗是一个封建社会，其独立的资本主义和商业发展的潜力受到 19 世纪欧洲帝国势力的影响。尽管 20 世纪的伊朗在中央集权体制的庇护下经历了农业和工业的资本主义发展，但这些发展是在资本主义的全球需求所决定的政治和经济约束的背景下发生的。

欧洲殖民主义对伊朗的影响很大程度上复制了北非（埃及）和大叙利亚所经历的不发达模式。在从欧洲进口制成品的影响下，当地小商品生产和小规模工业崩溃了，而欧洲的进口制成品具有特许权安排的优势。随着单一农作物出口的发展及不利的国际收支环境，伊朗更加对进口农产品的依赖了。后殖民国家的财政危机加重了对外国政府的依赖。某些经济部门的资本主义发展在社会内部产生了各种各样的社会矛盾，国家在外部压力下进行了一系列政治和社会的"改革"，目的是防止这些边缘经济体内部出现革命倾向。伊朗的这些进程可以追溯到伊朗-俄国战争（1828 年）、赫拉特远征军（1855 年）和英国-伊朗战争（1856 年）之后出现的伊朗与俄国和英国签订的不平等条约中。

伊朗这些与俄国和英国的不利经济关系产生了一些戏剧性的结果。萨法维王朝时期发展起来的制造业被摧毁，欧洲制造的商品取代了伊朗当地的商品，原材料的出口取代了制成品出口。在 19 世纪，伊斯法罕（Isfahan）、卡尚（Kashan）、大不里士（Tabriz）、亚兹德（Yazd）、克尔曼（Kirman）和马什哈德（Mashhad）的工业中心都衰落了（Ashraf，1970）。伊朗的主要出口产品是鸦片、烟草、棉花、杏仁和大米，英国的纺织工业通过倾销和低关税的政策破坏了当地的生产。外部的经济限制常常使伊朗的生产者无法从农业出口中获得经济盈余。例如，小麦的价格从 1871 年的每蒲式耳 1.5 美元跌至 1894 年世界市场上的每蒲式耳 23 美分。尽管从 1869~1894 年，布什尔（Bushire）的小麦出口量扩大了 8 倍，但小麦出口额几乎保持不变（McDaniel，1971）。在同一时期，伊朗农业生产受到了一系列自然灾害的冲击。1869~1872 年，主要的丝绸产业受到了低降雨量的影响；在 19 世纪 60 年代，蚕病的传播使吉兰（Gilan）的丝绸产量从每年 2 万包减少到 70 年代的 6000 包。在外汇收入减少和货币贬值的情况下，伊朗地主的对策是增加农民的租金，结果刺激了土地逐渐向少数人手中集中。虽然地主无法充分认识农业生产的价值，但独立的伊朗资产阶级也受到 19 世纪社会和经济条件的制约。根据阿什拉夫（1970 年）的说法，伊朗资产阶级受到的限制包括：

（1）外国资本主义利益的渗透，有利于欧洲资产阶级；

（2）本土工业的衰落；

（3）波斯货币交易商和商人未能建立一个自治的地方和国家银行体系；

（4）波斯商人更倾向于投资土地，而非工业生产。

这些情况使许多富有的波斯商人变成了俄国和英国商业公司的代理人，失去了自身的独立性。这两家殖民银行在波斯货币市场上的主导地位，亚洲统治者在分散的世袭制的情况下对地方资产阶级的冷漠，以及两大势力的干预，目的是保护他们的商人和投资者的利益，迫使波斯商人与外国公司合作以求生存。（Ashraf，1970：326-327）

如果说 19 世纪的伊朗经济史重演了整个北非、西亚和亚洲其他地区的经济从属格局，那么伊朗的政治史与整个伊斯兰世界的反殖民斗争如出一辙。反动政权及其买办精英受到知识分子、乌里玛和无家可归的商人联盟的挑战，他们以恢复原始、纯正的伊斯兰教为名，试图引入一些现代化和自由化的元素。回归伊斯兰教成为拒绝西方政治控制和经济殖民主义，并且同时拒绝接受西方的民主政治体制的主要方法。为了应对西方霸权，中东知识分子发现，公议（ijma）的真正含义是民主、公众舆论，"圣战"必须被解读为经济人的积极努力，玛什拉哈（maslaha）实际上是本瑟姆（边沁，bentham）的"效用"，塔格利德（taqlid，模仿）是对伊斯兰教不利的，"伊智提哈德（ijtihad，独立推理）的大门必须重新打开。"把伊斯兰作为反殖民主义意识形态的唯一重要选择，是重新发现前伊斯兰时期民族文化，展示了黄金时代的财富，与当代的衰落形成鲜明对比。伊朗和埃及一样，信奉两种形式的反殖民意识形态。

标志着伊朗与外部殖民统治进行斗争的政治事件无须详细记录（Upton，1960）。以五次危机的案例来考察伊朗的近现代历史是可能的（Halliday，1979）。第一次危机涉及两个相关的事件，即烟草抗议运动（1890~1892 年）和立宪革命（1905~1911 年）。纳西鲁丁·沙赫（Nasiruddin Shah）开展一系列社会改革（如改进报纸的印刷技术和增加发行量），这些措施仍然流于表面，而且是以扩大英国和俄国的特许安排为代价才实现的。1889 年，拜论·德·路透（Baron de Reuter）被授予了组建波斯帝国银行的特权，这是一家商业银行，在银行券发行方面享有一定的特权。在接下来的一年里，一家英国公司获得了烟草出口和国内烟草贸易的烟草专卖权。这种垄断对伊朗的所有社会阶层都产生了非常普遍的影响：烟草种植者会发现自己越来越受到外国的控制，小商人会被迫退出市场，吸烟者会从那些不洁的异教徒手中购买物品。在这种情况下，穆斯林改革者阿富汗尼说服穆智台希德（mujtahid）宣布，在外国垄断的条件下吸烟是违反宗教的。这种对烟草的宗教禁令导致了它作为一种虚拟商品的消失，并导致特许权的取消。阿富汗尼干预的重要性在于巩固了知识分子、商人和什叶派乌里玛与伊朗国王之间的同盟关系，他们的经济政策将伊朗抵押给了外国公司。商人、乌里玛和国王之间的裂痕在 20 世纪的头十年进一步加深，1950 年，许多神职人员和商人在德黑兰城外的阿卜杜勒·阿齐姆神殿外寻求国王的庇护。这一事件之后，大不里士、拉什特（Rasht）、伊斯法罕和设拉子（Shiraz）的人们对他们产生了同情心。巴斯提（bastis）主要是商人和行会人，他们要求宪法、国民议会、法典和普通法院对王室财务和管理进行检查。根据比利时宪法的规定，反对派要求建立以有限的选举权为基础的国民议会［伊朗议会（Majles）］。伊朗议会试图限制国王的权力，通过限制王室开支，将税收直接上缴国库而不是满足国王的个人需求，并建立国家银行。这些早期的宪法改革尝试遭到了伊朗国王、部落首领和俄国人的抵制，但也被第一次世界大战期间外国入侵所导致的社会动荡所淹没。

第二次危机是在第二次世界大战前，巴列维王朝企图建立一个自治的国家机构，以鼓励工业化和摆脱殖民列强并独立。巴列维王朝国王礼萨汗（Reza Shah，1925~1941 年在位）的统治与土耳其的阿塔图尔克（Ataturk）相比，礼萨汗试图将他的权力建立在一支现代化的军队基础上，例如，他在 1925 年引入征兵制。与阿塔图尔克一样，礼萨汗通过限制乌里玛（在教育和公共节日等领域）的力量来推行世俗化政策，通过禁止妇女戴面纱，并通过法律来改变传统服饰。新政权还试图通过关税保护政策来发展铁路、工业和生产。新政权也代表了中央集权国家权力的增强，以通过征兵、解除武装和定居的过程分散部队或部落群体为代价。与此同时，在政府垄断体制建立之后，政府对贸易和工业的控制也加强了。礼萨汗的经济战略的一大弱点是忽视了农业和灌溉，这严重限制了政府提高内部收入的能力。不过，在哈利德看来，"他创造的国家为伊朗的后资本主义发展奠定了基础，但其本身却不能在这个方向上发起所需的变革"（Halliday，1979：24-25）。

国家指导的工业变革方案被 20 世纪第三次重大危机终止，即 1941 年俄国和英国军队入侵伊朗。在库尔德斯坦和阿塞拜疆作为自治共和国解体后，巴列维政权重申了对整个国家的控制，而整个国家在战争时期留下了高通货膨胀和粮食短缺的难题。

第四次危机涉及穆罕默德·摩萨台（Muhammad Musaddegh）政府（1951~1953 年）企图将伊朗石油产业国有化，并对石油和炼油厂实现某种控制。随着礼萨汗国王的流亡和他的儿子穆罕默德·礼萨·巴列维的接替，伊朗的政府逐渐被议会控制。在这一时期，国民议会由保守的商人和地主把持，他们拒绝了走向政治自由化或农业改革的激进运动。然而，国民议会却愿意支持摩萨台防止向苏联实行石油特许权的政策，1951 年，国民议会支持将英国控制的油田进行国有化的决定。摩萨台也得到了乌里玛的支持，乌里玛试图在世俗化的礼萨汗政权倒台后重新确立其社会地位。尽管这是一种受欢迎的内部支持，但摩萨台的石油国有化战略作为国家独立的基础，很快被内部和外部力量的结合终止了。英国石油公司成功在世界市场上封锁了伊朗的石油，西方技术的流失影响了石油的生产和提炼。摩萨台未能获得艾森豪威尔（Eisenhower）政府的支持，美国政府认为，摩萨台与图德（Tudeh）党派关系过于密切，或者摩萨台政府无法控制共产主义影响力的传播。随着石油收入的减少，资产阶级分子很难保持对国民议会的忠诚。摩萨台也失去了民众的支持，因为他不得不通过戒严法、禁止罢工和劳工动乱、暂停参议院和国民议会的选举，以此来加强对民众的控制。效忠于国王的各种力量（军队、民族主义商人和有中央情报局支持的资产阶级）联合起来发动了一场反对摩萨台的政变，并将图德党打入地下。随着摩萨台被囚禁，穆罕默德·礼萨·巴列维甚至拥有了比石油国有化之前更强大的地位（Wilber，1958）。

哈利德描述的伊朗国家崛起的第五次危机涵盖了20世纪50年代初到20世纪70年代末伊朗国王倒台的整个时期。白色革命中的土地改革（1960~1972年）主要是为了回应来自肯尼迪政府的压力，它承认土地改革是确保亲西方欠发达地区或周边地区持续忠诚的合适战略。因此，人民法达伊游击队（Gueerrilla Organization of the People's Fadaee，GOPF）认为，封建主义的政治和文化上层建筑已经不能满足帝国主义的经济需要。维护这样一个古老的制度也不符合其政治利益：封建主义是一种过时的制度，它已经失去了它的效用，而且支持它是危险的（GOPF，1976：5）。白色革命标志着资本主义在农业和工业方面的快速发展。国家对工业化的控制得益于1971年前后石油收入的增加。资本主义工业发展的过程伴随着政治独裁的决定性进展，压制性的和具有意识形态性质的国家机器的发展，以及对少数民族权利和区域自治的限制。

这种对伊朗近代政治史的描述，并不是要为伊朗精英所面对的困境提供一个年表，而是要从社会学的角度，对周边封建社会的资本主义发展的政治经济学进行一些探讨。例如，如果认为巴列维国家只是萨法维时代军事庇护国的一个现代复制品，或者更普遍地说，是东方专制主义的延续，那就错了。在笔者看来，哈利德强调伊朗封建王朝与依赖资本主义发展条件下的巴列维王朝之间的深刻不连续性是完全正确的。因此，20世纪的巴列维王朝：

> 他们的统治方式与他们之前的统治者以及 19 世纪君主制有关的社会阶层截然不同……此外，尽管一个世纪以前，君主制对全国其他地区的权力很小，但现在它控制着一个统一的、高度中央集权的国家……（现代伊朗国家）控制着整个国家的领土，但另一方的势力主要集中在城市。它促进了经济发展，而另一方则忽略了它。它有一支庞大的常备军，而另一方几乎没有武装力量。它在相当大的程度上改变了伊朗农村的社会经济关系，而另一方则将农村置之不理（Halliday）。

换句话说，封建生产关系的解体需要一个相对自治的中央集权国家的干预，将封建地主阶级转化为农业资本家，并在雇佣劳动和买办资产阶级之间建立一个中间服务阶级。

资本主义的历史往往被描写成商人是封建生产的主要腐蚀剂。就伊朗而言，像阿什拉夫这样的作家认为资本主义发展有三个主要障碍。这些是：

（1）乡村部落权力的存在和频繁的部落入侵；

（2）经济能动性对国家的依赖性；

（3）殖民者的渗透破坏了传统的工匠资产阶级，形成了依附的资产阶级。

这些情况意味着商人可以以一种传统的方式行事，即"国库和货币交易商囤积的非理性做法、对奢侈生活的倾向以及由此产生的腐败对理性经济活动的发展形成了严格的限制"（Ashraf，1970：321）。这个解释忽视了一个事实，即流通领域的商人在历史上并没有对生产关系的发展做出贡献，商人在经济变革中在很大程度上扮演了保守者的角色。在这方面，马克思关于商人作为一个阶级的观点已经被一些历史分析所证实。在农业或工业生产中，商业资本并没有以一种创新方式被使用，直到封建解体的进程正在进行时，商人的干预才成为历史上的决定性因素（Hilton，1976）。英国资本主义的起源是在地主和农民之间的阶级斗争中的经济剩余，1348年封建农奴制崩溃后，黑死病消灭了一半的英国人口，土地收入危机和最终分离的农民生产资料转换成农业雇佣劳动。对于马克思来说，原始积累的秘密并不是亚当·斯密的先入之见或韦伯的禁欲主义，而是通过政治和经济的强制手段将农民与土地严格分离。然而，对于外围资本主义、没有外部殖民地的新生资本主义和年轻的社会主义来说，资本主义积累的秘密是什么呢？答案正如叶夫根尼·普列奥布拉任斯基（Evgeni Preobrazhensky）在《新经济学》（1924年）中所认识到的那样，在国家的主要控制下，内生盈余生产。巴列维国家的重要性在于它有能力组织社会力量，以瓦解农村的封建关系，并将石油收入用于工业化。然而，在这方面，伊朗与其他正在经历资本主义发展的社会并无本质上的区别，因为笔者已经说过，意大利、德国和俄国的资本主义发展也需要大规模的国家干预。从中得出的教训是，尽管欧洲和中东的资本主义条件在某些方面有所不同：

某些共同的因素，以及某些特定的因素，使得工业投资就像三个世纪前的欧洲一样，在该地区（中东）没有什么吸引力。因此，国家在重商主义时代的欧洲和工业化初期的土耳其、伊朗、埃及和日本都扮演着重要的角色（Rondinson，1977：142）。

在外围的依赖资本主义社会中，国家引导的积累问题是，正如我们从烟草抗议运动到巴列维王朝的崩溃中所看到的那样，一个国家内在的经济角色因外部世界的迫切需要，即资本主义世界经济的全球结构而受到严重限制。

从理论上讲，大量石油收入的存在，应该使第三世界的石油出口国能够迅速实现工业化，而无须大幅增加直接或间接的税收，也不会陷入严重的通货膨胀问题。作为第二大石油生产国，伊朗年平均收入为 200 亿美元，在 1975～1977 年期间，伊朗一直被认为是中东地区发展潜力最大的国家。然而，以石油收入为基础的经济和社会发展表现出一种特殊的形式。石油生产并不一定引起广泛的经济效应，因为它只雇用了一小部分劳动力，而许多熟练的体力劳动者和白领工人将会从东道国以外的国家卷入经济中来。石油生产并不一定引起制造业的发展，因为在像伊朗这样的社会中，大部分石油将直接用于出口。石油为国家提供了一种可以被视为租金形式的收入，我们可以视其为租金的一种形式（Halliday，1979：139），并且因此我们可以使用"食利国"这个术语（Mahdavy，1970）。在这种情况下，统治阶级的社会和政治背景变得至关重要，一方面是将投资导向制造业或消费、浪费和石油过剩的非生产性支出，另一方面是国家在全球范围内运作以塑造世界市场对原材料需求的能力。

很难否认，伊朗通过国家资助的糖厂、水泥厂、纺织厂和火柴厂，经历了一段工业化时期。生产工人的比重从 1956 年的 23% 增加到 1972 年的 29%。沙普尔（Shahpur）化学公司、伊朗肥料公司和艾亚美尔钢铁厂（Aryamehr Iron）在化学和化肥等方面发展了重工业。建筑业也有显著增长，交通运输也有重大改善。然而，尽管工业化和城市化的迹象明显，但经济增长和投资已经远远低于伊朗政府的经济计划以及外国经济评估的预期。一系列的经济问题给这些欠佳表现提供了解释。这些经济和技术的解释通常包括长期经济管理的不足、适当的熟练劳动力的短缺，对非正规经济部门保护、供应瓶颈、进口货物成本的攀升以及垄断市场对车间经济的不利影响（Wilson，1979）。

或许可以在食利国作为后殖民国家机器的概念中找到更充分的解释（Alavi，1972）。后殖民国家继承了一个过度发达的官僚军事机构，这需要维持人为的领土边界，并管理由地主、小型本土资产阶级和买办资产阶级组成的权力集团。官僚机构的招募创造了一个小资产阶级分子的委托人阶层，它们与统治阶级相对立。石油收入被分配给没有生产力的官僚阶级和军事人员。与其他食利国一样，伊朗的国民生产总值从 1959 年至 1960 年增长了32%，从 1974 年至 1975 年增长了 39%，这个国家经历了迅速发展，工业产值占国民生产总值的比重仅为 16%。军事开支占 1974 年国家预算的 32%，占 1973~1978 年计划支出的 31%，占国民生产总值的 9%。因此，国家雇用了大约 10%的就业人口。巴列维国家似乎是沿着典型的后殖民主义路线发展起来的，强调了社会构成的联合和不平衡的发展。农业部门的命运说明了这一不平衡发展的最重要的方面。尽管人口（3400 万）每年增长率约为3.2%，食品消费量每年增长率为 10%，但国内农作物产量每年增长率为2%，这一事实在某种程度上可以说明问题。这些关系的结果是，伊朗已经从一个粮食出口国变成了一个净进口国。为了理解这种转变，我们必须审视 20 世纪 60 年代的伊朗土地改革方案。

正如我们所看到的，在土地改革之前，伊朗的土地所有制是公有和私有的封建土地的混合体。更确切地说，我们可以区分国有土地与村庄、皇家土地与村庄、宗教（瓦克夫）财产、封建财产私有制和集体所有制、部落财产。大多数村庄（约 72%）为地主所有，而皇家村庄数量约占 2%，公共领地占比低于 4%，部落财产占比不到 4%。事实上，财产比这些百分比所显示的更加集中，因为据哈利德估计，37个家庭拥有1900个村庄。礼萨在20世纪20年代获得了大约2100个村庄，农民仅拥有他们耕种土地面积的5%。由于大多数地主居住在大城市，因此，这个村子里包含了许多不同的社会团体——本地的地主代理人、农民和无地劳动者（Askia，1979）。农民通过分成制和租赁安排与地主联系在一起。租赁合同是在短期的基础上安排的，以货币或实物支付。分成制是由当地的习俗规定的，以水、土地、种子、牛、劳动力五大生产要素为基础。拥有四种生产要素的农民将获得五分之四的收成，只有两种生产要素的农民则可以得到五分之二的收成，以此类推等。最常见的情况是地主占有三个生产要素（土地、水和种子），因此农民的分成是由牛和劳动力决定的。通过支付给村长、田野守护者、宗教官员、铁匠和其他人实物，农民的份额进一步减少。农民还需要缴纳附加税和提供个人服务，包括为地主提供无偿的强制性劳动。在农民的下面是没有土地的劳动者，他们没有耕种的权利［纳斯克（nassaq）或瓦萨格（wasagh）］，他们受雇于农民从事除草和脱粒等季节性的工作。这些劳动者占农村人口的30%~40%，为地主提供了一批廉价劳动力；这些劳动力可以被用来约束农民，因为地主可以将耕种的权利从不守规矩的农民手中转移到以前没有土地的劳动者手中。

在穆沙德时期和白色革命之前，土地所有权制度是一种封建制度。农民处于从属地位，因为他们虽然拥有土地的习惯权，但地主拥有土地，通过控制灌溉来控制生产过程，并通过当地的代理人进行政治控制。交换的方式是物物交换，货币的使用是有限的。农民从事生产是为了生存，而不是为了在市场上交换商品。在这种境况下，伊朗国王的土地改革被设计为一系列的政治目标：

（1）减少土地革命的可能性；

（2）削弱大地主的权力，为国家在乡村奠定更广泛的社会基础；

（3）削弱部落首领的政治权力。

土地改革的经济目标是提高农民的购买力，以扩大国内工业产品的市场，以及进一步提高农业生产力为资本主义工业提供更多的劳动力。为了实现这些目标，有必要重新分配土地并通过农村合作社制度提供长期信贷。

土地改革的第一阶段（1961年）旨在打破大规模土地所有制，并试图将土地所有权范围减少到相当于一个村庄［谢什布-东（Shesh-Dang）］。封建地主对这种情况的反应是将他们的村庄重新分配给他们的夫人、子女和亲属。此外，地主能够选择他们打算向政府出售的乡村土地，因此，他们能够保留最优质的土地供自己使用。法律的某些条款免除了果园、牧场、郊区村庄和机械化农场的出售，这些条款为重新将偏远村庄定义为"郊区"或作为"果园"的贫瘠土地提供了漏洞。这些对土地改革的法律回应的结果是，尽管农民通过农村合作社重新分配土地，并随之清算了大片地产，但地主仍然是社会的主要经济力量。在村级，合作社成为引进各种制成品（如洗衣粉和植物油）以及商品（茶和糖）的媒介。然而，合作社必须借钱来支付其土地和购买商品的分期款项，因为"社会在一个特定日期想要回他们的钱，农民往往需要以更高的利率向村里甚至城里的放债人和店主借款，以偿还贷款"（GOPF，1976：58）。这种情况的后果是，金融关系扩大到村庄，放债人的社会作用扩大，农民负债增加。

在地主和宗教领袖日益激烈的政治冲突下，土地改革的第二阶段（1962年）采取了保守的措施，将现有的局势正常化，并试图取消分成制度。新的土地改革措施为根据最初立法获得豁免的土地所有者提供了五种解决办法：将土地租给农民；把土地卖给农民；分享他们的土地；组建股份制农业单位；购买农民的耕作权并雇用劳动力耕种土地。关于租地的措施被证明是最受欢迎的措施的首要观点是，有超过一百万的农民参与了该计划。这些安排对农民不利，农民发现他们的新租金比传统的封建农业税更具剥削性，农民获得的土地往往太少或太贫瘠，无法养活他们的家庭。

在土地改革的第三阶段（1968 年），五种解决方法变为了两种，即销售、分配租赁土地（按比例分成），以及在股份制安排下的土地出售或分配。在这一阶段，政府还试图将宗教捐赠纳入土地改革政策，并为出售农民和地主共同拥有的果园提供适当安排。最后阶段的目的就是要完成消灭封建地主所有制的过程，并最终完成农耕阶级结构的转变。

全球公共政策基金的研究报告《土地改革及其对伊朗的直接影响》对这三个阶段的总体影响进行了精辟的总结，分为六个标题：

（1）机械化和农业投资的扩大；

（2）小地主阶级的增加（农场主）；

（3）失地雇佣劳动力数量的迅速增加；

（4）货币关系和官僚金融资产阶级的发展；

（5）果园的扩建；

（6）村民阶级意识的增强。

笔者的看法是，封建农业生产的这一转变过程，完美地说明了笔者的论点，即资本主义原始积累在依赖的、外围的社会是通过国家活动的延伸来实现的，但其代价是，一方面要把收入分配给服务部门的人，另一方面又要分配给资产阶级。

在本章中，笔者所关注的是挑战传统东方主义的观点，即像伊朗这样的社会可以被归类为东方主义或以亚细亚生产方式为主导的社会。东方主义的观点是，由于缺乏自治城市、独立的行会和商人、理性的法律和等级社会，因此，亚洲和中东社会被排除在资本主义发展之外。亚洲社会有一个本质上的缺陷是——没有可继承的私有财产和专权的统治地位集中于国家，它产生了一个无法进行内部变革的、僵化的经济秩序。针对这样的观点，笔者强调了伊朗早期封建关系的重要性，以及国家在瓦解封建生产关系中的重要作用。如果将欧洲的资本主义发展与伊朗资本主义发展进行有意义的对比，那么重要的区别不在于封建主义中无孔不入的伊朗国家权力的存在，而是它的对立面，即伊朗国家相对于公民社会的弱点，游牧和部落主义对建立一个有效的国家机器造成了决定性的破坏。

然而，笔者不愿意把这一观点上升到资本主义发展的一般理论的高度，即早期资本主义的所有原始积累都需要一个中央集权的国家，它能够自主地重新组织阶级关系，并为经济盈余的提取提供必要的基础条件。资本主义生产方式的一般抽象规律是在社会形态层面上运行的，其中存在着一系列偶然性的、上层建筑的、经济和阶级因素，这些因素可能符合或不符合生产方式的逻辑。在一个非常明显的水平上，事实是，英国工业化的基础是廉价能源资源、劳动力、密集型露天煤矿，内部和外部的水路，不断扩大的劳动力数量以及没有强大的竞争对手的约束。在新殖民主义的全球背景下，伊朗对石油收入的依赖产生了不同的社会影响。资本主义发展在特定社会形态中的特殊性似乎支配了统一性和普遍性。以一个相关的例子来说明，在我们通常指定的"资本主义"社会形态中，法律/政治上层建筑和资本主义生产方式之间没有重要的关系。最后以厄内斯特·盖尔纳的格言总结，如果资本主义不存在，就没有人可以发明它。

总的来说，马克思主义者和社会学家都没有特别成功地提出宗教和生产方式关系的理论。韦伯、涂尔干和马克思的经典立场是，资本主义是基督教的掘墓人，而世俗化和工业化必然联系在一起。法国年鉴（Annales）学派的历史研究和英国社会学家大卫·马丁（David Martin）的社会学分析，对基督教在封建社会中占统治地位的假设打了一个大大的问号。同样，宗教在欧洲和亚洲民族与区域自治运动中的中心地位让人怀疑在工业化、城市化和大众识字率提高的影响下宇宙毁灭的必然性。对于这一还原主义者对世俗化命题的明显否定的回应是，将宗教象征主义视为真正的政治和经济阶级利益的外衣，在这种情况下，世俗的象征要么是不恰当的，要么是不可用的。伊斯兰教的近代史，尤其是什叶派的历史给古典伊斯兰在社会学中的简化和东方主义的表述上带来了一定的困难。与其把这个问题放在一个非常普遍的层面上，不如提出这样一个问题：什叶派和伊朗之间的关系是什么？

人们经常注意到，就伊斯兰教而言，很难在宗教和政治之间做出明确的区分，因此，西方社会学家经常有可能在明显的世俗领域和神圣的现象之间引入误导性的对比。像厄内斯特·盖尔纳等作家，试图将伊斯兰教作为一种社会制度的特殊性与基督教作为一个不关心政治的、千福年解脱的、殖民统治集团的狂热宗教联系起来，而伊斯兰教在拜占庭和萨珊帝国之间的政治真空中创造了一个帝国。基督教和伊斯兰教的起源形成鲜明对比的一个结果是，伊斯兰教逊尼派没有真正的殉教传统。因此，人们对伊斯兰教的政治和宗教有两种解释。韦伯非常接近地说，伊斯兰教可以视为一场阿拉伯人从阿拉伯半岛向外迁移的世俗政治运动，在超经验利益和政治突发事件之间没有造成持久的内在紧张关系。第二种解释是由威尔弗雷德·坎特韦尔·史密斯（Wilfred Cantwell Smith）和马歇尔·霍奇森主导的，他们把伊斯兰教作为社会宗教体系和伊斯兰教是个人相对于造物主的个人信仰加以区分。

然而，逊尼派和什叶派之间的区别造成了更多的难题。有各种不同的方法来处理伊斯兰教的这种分裂。在某种程度上，逊尼派和什叶派之间的区别取决于天赐神力的继承者问题。在 632 年先知去世时，没有明确的政治继承者的指导方针来为新的伊斯兰社区创造一个领袖。有一种习俗建议，新领导人应由商议、指定和口头表决的方式选出，但另一种习俗则指出，根据血缘关系中的男性血统进行选择十分重要。前三任哈里发——艾卜·伯克尔、欧麦尔和奥斯曼。逊尼派根据第一原则，不接受阿里的政党（Shiat Ali），哈桑（al-Hasan）和侯赛因（al-Husayn）声称阿里是合法的哈里发，他是先知的堂弟，先知女儿的丈夫和先知男性后代的父亲。当阿里在 661 年被暗杀时，什叶派作为反对派政治力量出现了，它拒绝承认逊尼派哈里发政权的合法性。然而，什叶派也笃信伊斯兰教，认为哈里发不仅是社会的世俗领袖，而且是神秘知识和精神权威的魅力化身。什叶派领袖殉教同时也是一种政治和宗教上的牺牲。什叶派因此成为一种对立的、末世论的运动，围绕着对隐遁伊玛目（imam）回归的期望。因此，所有现有的政治安排都被认为是片面的、不充分的和暂时的。

伊斯兰教的这些基本特征在以下方面与穆罕默德·礼萨·巴列维的倒台问题有关。

（1）可以说，什叶派有一种内在的反对意识形态，它可以使国家作为社会中唯一的权威去合法化。笔者并不是说官方的什叶派是永久对立的，而仅仅是隐遁伊玛目学说，可以被轻易地用来为反对政治制度辩护。当然，乌里玛有充分的理由反对巴列维政权，该政权采取了世俗化的政策，并不认真对待前伊斯兰时代的波斯伟大神话。此外，图德党因其亲俄立场及其在摩萨台倒台期间所扮演的可疑角色而名声扫地，至少在短期内，没有现成的针对大众的、替代的对立意识形态。

（2）伊斯兰教比基督教具有更大的宗教空间感。这种空间感有两个方面。首先，伊斯兰教对伊斯兰教的地理维度有着强烈的认识，这与麦加和麦地那圣地朝圣的重要性有关，对什叶派来说，伊拉克和伊朗的圣地也很重要。地理完整性的丧失对伊斯兰教的宗教意义大于对基督教的宗教意义。尽管十字军东侵是明显的反例，但失去圣地对伊斯兰教和犹太教的宗教意义要大于对基督教的宗教意义。其次，这个宗教空间有一个政治维度，因为基督教更能容忍异己的、非宗教的政治控制，因为它可以将属于凯撒的东西还给凯撒。由于宗教空间感，伊斯兰教很快就被（名义上的）基督教西方的殖民主义反对。反对烟草抗议运动期间的让步和支持摩萨台的石油国有化政策是民众宗教反对异教徒殖民活动对神圣空间渗透的很好例子。阿亚图拉·霍梅尼对巴列维政权的反对完全基于这样一个事实，即国王的政策为外国人和伊朗内部的非穆斯林势力提供了便利。

（3）毛拉（mullahs）和阿亚图拉为反对派提供了一种全国性的工具，因为乌里玛是一个强大的国家和地方组织。当地的清真寺、毛拉和星期五的布道都提供了一个途径，通过这个途径，人们可以以相对开放的方式讨论对农村状况的不满。因此，宗教学校和圣城库姆（Qum）可能成为反对国王政权的保守性和传统性的中心。因此，宗教结构为民众反对巴列维王朝的权威提供一个制度化的渠道。

参考文献

1. Abrahamian, Ervand, "Oriental Despotism: The Case of Qajar Iran", *International Journal of Middle East Studies*, Vol. 5, 1974, pp. 3-31.

2. Abrahamian, Ervand, "European Feudalism and Middle Eastern Despotism", *Science and Society*, Vol. 39, 1975, pp. 129-56.

3. Alavi, Hamza, "The State in Post-colonial Societies-Pakistan and Bangladesh", *New Left Review*, No. 74, 1972, pp. 59-81.

4. Al-Azmeh, Aziz, "What Is the Islamic City", *Review of Middle East Studies*, Vol. 2, 1976, pp. 1-12.

5. Alexander, A. D. , "Industrial Entrepreneurship in Turkey: Origins and Growth", *Economic Development and Cultural Change*, Vol. 8, 1960, pp. 349-65.

6. Althusser, L. , *For Marx*, London, 1969.

7. Amin, Samir, *The Arab Nation*, 1978.

8. Anderson, Perry, *The Lineages of the Absolutist State*, 1974.

9. Ashraf, Ahmad, "Historical Obstacles to the Development of a Bourgeoisie in Iran", in M. A. Cook(ed.), *Studies in the Economic History of the Middle East*, 1970, pp. 308-32.

10. Askia, Mostafa, "The Significance of Agricultural Development in Iran", unpublished research paper, University of Aberdeen, 1979.

11. Avineri, Shlomo(ed.), *Kari Marx on Colonialism and Modernization*, 1968.

12. Avineri, Shlomo, *Israel and the Palestinians*, 1971.

13. Avineri, Shlomo, "Political and Social Aspects of Israeli and Arab Nationalism", in E. Kamenka(ed.), *Nationalism*, 1976.

14. Banaji, Jairus, "For a Theory of Colonial Modes of Production", *Economic and Political Weekly*, Vol. 7, 1972, pp. 298-302.

15. Banaji, Jairus, "Backward Capitalism, Primitive Accumulation and Modes of Production", *Journal of Contemporary Asia*, Vol. 3, 1973, pp. 393-413.

16. Barratt Brown, M. , *The Economics of Imperialism*, 1974.

17. Barth, F. , *The Nomads of South Persia*, 1961.

18. Coon, Carleton S. , *Caravan*, 1951.

19. Eisenstadt, S. N. , "Religious Organizations and Political Process in Centralized Empires", *Journal of Asian Studies*, Vol. 21, No. 3, 1962, pp. 279-295.

20. El Kodsy, Ahmed and Eli Lobel, *The Arab World and Israel*, 1970.

21. Foster-Carter, Aidan, "Neo-Marxist Approaches to Development and Underdevelopment", in Emmanuel de Kadt and Gavin Williams(eds.), *Sociology and Development*, 1974, pp. 67-105.

22. Frank, A. G. , *Capitalism and Underdevelopment in Latin America*, 1971.

23. Gerschenkron, A. , *Economic Backwardness in Historical Perspective*, 1962.

24. GOPF, *Land Reform and Its Direct Effects in Iran*, 1976.

25. Halliday, Fred, *Arabia Without Sultans*, 1974.

26. Halliday, Fred, *Iran: Dictatorship and Development*, 1979.

27. Halpern, M., "Middle Eastern Armies and the New Middle Class", in J. J. Johnson (ed.), *The Role of the Military in Underdeveloped Countries*, 1962.

28. Hegel, G. W. F., *The Philosophy of History*, 1956.

29. Hilton, R. (ed.), *The Transition from Feudalism to Capitalism*, 1976.

30. Hindess, Barry and Paul Q. Hirst, *Pre-Capitalist Modes of Production*, 1975.

31. Hodgson, Marshall G. S., *The Venture of Islam*, 1974.

32. Hoselitz, Bert F. and W. E. Moore(eds.), *Industrialization and Society*, 1963.

33. Koebner, R., "Despot and Despotism: Vicissitudes of a Political Term", *Journal of the Warburg and Courtauld Institutes*, Vol. 14, 1951, pp. 275–302.

34. Lewis, A., "Economic Development with Unlimited Supplies of Labour", *Manchester School*, Vol. 22, 1954.

35. Lewis, Bernard, "Islamic Concepts of Revolution", in *Vatikiotis*, 1972, pp. 30–40.

36. Mahdavy, H., "The Patterns and Problems of Economic Development in Rentier States: The Case of Iran", in Cook(ed.), 1970, pp. 428–467.

37. Marx, Karl, *Pre-Capitalist Economic Formations*, 1964.

38. Marx, Karl, *Capital*, Moscow, 1965.

39. Marx, Karl, *Surveys from Exile*, 1973a.

40. Marx, Karl, *Grundrisse*, 1973b.

41. Marx, Karl and F. Engels, *The Russian Menace to Europe*, 1953.

42. Marx, Karl and F. Engels, *On Ireland*, 1968.

43. Marx, Karl and F. Engels, *On Colonialism*, 1972.

44. Marx, Karl and F. Engels, *The Communist Manifesto*, 1973.

45. McClelland, D., *The Achieving Society*, New York, 1961.

46. McDaniel, Robert, "Economic Change and Economic Resiliency in 19th Century Persia", *Iranian Studies*, Vol. 4, No. 1, 1971, pp. 36–49.

47. Melotti, Umberto, *Marx and the Third World*, 1977.

48. Meyer, A. J., *Middle Eastern Capitalism*, 1959.

49. Myrdal, Gunnar, *Economic Theory and Underdeveloped Regions*, 1954.

50. Parsons, Talcott, "The Kinship System of the Contemporary United States", *American Anthropologist*, Vol. 45, 1943, pp. 22–38.

51. Perlmutter, Amos, *The Military and Politics in Modern Times*, 1977.

52. Petrushevsky, I. P, "The Socioeconomic Condition of Iran under the Il-Khans", in J. A. Boyle(ed.), *The Cambridge History of Iran*, Vol. 5, 1968, pp. 303–421.

53. Poggi, G., *The Development of the Modern State*, 1978.

54. Poulantzas, Nicos, *Political Power and Social Classes*, 1973.

55. Poulantzas, Nicos, *Fascism and Dictatorship*, 1974.

56. Rodinson, Maxime, *Islam and Capitalism*, 1977.

57. Said, Edward, *Orientalism*, 1978.

58. Stelling-Michaud, Sven, "Le my the du despotisme oriental", Schweizer Beitrage zur Allgemein-Geschichte, Vols. 14−18, 1960−1, pp. 328−346.

59. Tambiah, S. H., *World Conqueror and World Renouncer*, 1976.

60. Turner, Bryan S., "The Concept of ' Social Stationariness' : Utilitarianism and Marxism", *Science and Society*, Vol. 38, 1974, pp. 3−18.

61. Turner, Bryan S. "Avineri's View of Marx's Theory of Colonialism: Israel", *Science and Society*, Vol. 40, 1976, pp. 385−409.

62. Turner, Bryan S. , *Marx and the End of Orientalism*, 1978.

63. Turner, Bryan S. , "*The Middle Classes and Entrepreneurship*", *Arab Studies Quarterly*, Vol 1, No. 2, 1979, pp. 113−134.

64. Upton, Joseph M. , *The History of Modern Iran: An Interpretation*, 1960.

65. Vatikiotis, P. J. (ed.), *Revolution in the Middle East and Other Case Studies*, 1972.

66. Wallerstein, Immanuel, *The Modern World-System*, 1974.

67. Weber, Max, *The City*, 1958.

68. Weber, Max, *The Theory of Social and Economic Organization*, 1966.

69. Weber, Max, *Economy and Society*, 1968.

70. Wilber, Donald N. , *Iran, Past and Present*, 1958.

71. Wilson, Rodney, *The Economies of the Middle East*, 1979.

72. Wittfogel, Karl A. , *Oriental Despotism*, 1957.

73. Zubaida, Sami, "Theories of Nationalism", in Gary Littlejohn et al. (eds.), *Power and the State*, 1978, pp. 52−71.

第十章
农业资本主义：孟加拉国和埃及

孟加拉国曾两次摆脱殖民统治，第一次是在英国统治下（1757～1947年），第二次是在巴基斯坦统治下（1947～1971年），现在被认为是世界上最贫穷的国家之一。然而，由于殖民一体化意味着殖民经济最终被资本主义生产方式主导的经济所取代，这两种殖民条件都赋予了该国农业资本主义转型的特殊性。英国人继承的一种农业结构，在许多方面，它与引进的殖民政权农业结构相似，但它为了殖民资本主义的利益阻碍了原有生产方式矛盾的有机增长过程。例如，英国殖民主义摧毁了前资本主义生产方式的许多要素（如农村自给自足、简单的资本再生产和利用经济外的强制手段从实际生产者那里获得剩余），但它推迟了可能与大都市资本主义相反的成熟资本主义的出现。① 此外，巴基斯坦的殖民统治，正式废除了封建制度的所有残余，但是为了促进巴基斯坦（西方）工业资本主义的发展，重新建立了阶级和殖民剥削的双重大厦，从而限制了农业的资本主义改造。因

---

① Hamza Alavi, "India and the Colonial Mode of Production", in *Socialist Register*, London, 1975, p. 176.

此，这两种殖民条件都促成了一种限制该国农业的资本主义转型，这种转变在后殖民时期被新殖民主义控制。因此，本章试图从另一个国家的角度对孟加拉国资本主义欠发达的历史进行重构，即在许多方面有类似经历的埃及。

正是在孟加拉地区，英国为随后在印度的殖民扩张奠定了基础。历史学家现在几乎一致认为，18 世纪的孟加拉地区体现了诸如土地所有权、商品生产、货币使用、市场的存在、城乡之间的商品相互交换、一定程度的社会分层，在土著居民中组织商业信贷、保险和基本的存款银行业务等特征。根据哈比卜（Habib）的说法，这些所有的特征都让人想起文艺复兴时期的欧洲。[1]

就土地所有权而言，莫卧儿王朝（Mughal）的税收文件相当明确地规定了个人对农业土地的所有权。财产持有者的上层阶级被称为印度地主（zamindars）。该国有大型和小型的印度地主庄园。据一位消息人士称，在英国占领该国之前，一些大型的贵族地主家庭，如布德万（Burdwan）的王公（Rajas）、拉杰沙希（Rajshahi）、迪纳杰普尔（Dinajpur）、纳迪亚（Nadia）、比尔普姆（Birbhum）、比什纳普尔（Bishnapur）和杰索尔（Jessore），控制了孟加拉地区超过一半的土地资源。[2] 这些印度地主在国家授予的领土内持有他们的财产，条件是持有者支付固定税费，未能支付规定的金额可能导致他们被驱逐。[3] 莫卧儿王朝总督穆尔希德·奎利可汗（Murshid Ouli Khan）广泛实行以不支付税收为由将印度地主驱逐出他们土地的制度。据报道，

---

[1] Irfan Habib, "Problems of Marxist Historical Analysis in India", in S. A. Shah(ed.)*Towards National Liberation: Essays on Political Economy of India, Montreal, Canada*, 1973, p. 9.

[2] M. S. Islam, "Permanent Settlement and the Landed Interest in Bengal, 1793 – 1819", unpublished Ph. D. thesis, School of Oriental and African Studies, London, 1972, p. 113.

[3] Anjali Chatterjee, *Bengal in the Reign of Aurangzib*, Calcutta, 1967, p. 254.

穆尔希德·奎利可汗故意奉行一项政策：

> 奖励那些能够交付他所要求的增加金额的印度地主，并惩罚那些不能交付的人。他的回报往往是给成功交付的印度地主获得更多土地的机会，而他的惩罚通常包括人身骚扰，有时是监禁，或者将印度地主从他的属地管辖区驱逐出去。[①]

奖惩条款开辟了通过增加税收获得更多财富的途径，使土地所有者有可能改变其官方地位。[②] 因此，整个系统在农村社会等级的上层中具有相当大的活力。

除了印度地主在帝国直接控制的领土内拥有土地之外，还有一些人在领土之外拥有土地。他们被称为卡拉德（Karad rajas）的王公或边防酋长。[③] 这些通过向帝国当局进贡来保留对土地的世袭权。莫卧儿皇帝从不干涉卡拉德王公的内部事务，只要莫卧儿皇帝对其忠诚感到满意。[④]

然而，前殖民地时期的土地所有制与殖民地时期的区别在于，几乎所有的农民都是占有者。他们的财产是世袭的，他们有权对土地进行转让、抵押和出售。[⑤] 因此，孟加拉地区的农民没有从印度地主那里短期租借土

---

① P. B. Calkins, "Stability and Change in Landholding and Revenue Systems in Bengal", in R. D. Stevens, H. Alavi and P. J. Bertocci (eds.), *Rural Development in Bangladesh and Pakistan*, *Honolulu, Hawaii*, 1976, pp. 12−13.

② P. B. Calkins, "Stability and Change in Landholding and Revenue Systems in Bengal", in R. D. Stevens, H. Alavi and P. J. Bertocci (eds.), *Rural Development in Bangladesh and Pakistan*, *Honolulu, Hawaii*, 1976, p. 23.

③ Chatterjee, *Bengal in the Reign of Aurangzib*.

④ Chatterjee, *Bengal in the Reign of Aurangzib*.

⑤ B. R. Grover, "Nature of Land-rights in Mughal India", in *The Indian Economic and Social History Review*, Vol. 1, No. 1, 1963, pp. 1−23.

地，而是不断地占有土地。① 然而，由于被剥夺了自由转让权，农民的流动性受到了严重的限制。由于农民的数量比耕地所需人数少，农民不能离开土地，也不能拒绝耕种，除非他能找到继任者。② 在这种情况下，柯里（Currie）认为，对于莫卧儿帝国的农民来说，"耕作既是一种权利，也是一种义务"③。因此，该制度代表了通过使用武力榨取剩余的封建模式。④ 莫卧儿帝国的军队驻扎在重要的地方，协助下级官僚向不情愿的农民征收税费，这也证明了为了榨取剩余财富而使用武力的做法。⑤ 在 17 世纪和 18 世纪期间，莫卧儿帝国税收征收的压制性质在印度各地引发了多次农民起义。

这些起义体现了在既定的生活环境下农民意识的不同层次以及不同农民运动的相同表达。有些运动采取了"社会土匪"的形式⑥，如 18 世纪的图吉（Thugee）运动，而另一些则是被动的，是以摆脱压迫的民众方式表现出来的。充足的土地使后者的抵抗成为"农民"对饥荒和人类压迫的第一回应。⑦ 因此，前殖民时期的孟加拉地区不仅体现了土地上的私有财产和不同阶层的财产持有者的存在，而且也体现了基于社会矛盾的冲突。

莫卧儿帝国税收的一大特点就是以现金方式支付。反过来，现金税收需求是促成农村货币化的一个主要因素。因此，为了满足现金税收的需求，

---

① B. B. Chaudhuri, "Agrarian Economy and Agrarian Relations in Bengal 1859–1885", unpublished Ph. D. thesis, Oxford University, Oxford, 1968, p. 257.

② I. Habib, *The Agrarian System of Mughal India (1556–1707)*, London, 1963, p. 115.

③ K. Currie, *Problematic Modes and the Mughal Social Formation University of Lancaster (mimeo)*, 1979, p. 13.

④ H. Alavi, "India and the Colonial Mode of Production", Socialist Register London, 1975, p. 186.

⑤ W. C. Smith, "Lower-class Uprisings in the Mughal Empire", Islamic Culture, January 1946, p. 24.

⑥ E. J. Hobsbawm, "Social Bandits: A Reply", in *Comparative Studies in Society and History*, Vol. 14, No. 4, September 1972.

⑦ I. Habib, *The Agrarian System of Mughal India*, p. 117.

前殖民时期的孟加拉地区农民不仅种植水稻等主要粮食作物，还种植烟草、罂粟、甘蔗和蓝草等经济作物。[①] 与殖民地时期的农民不同，前殖民地时期的农民可以自由决定要种植的作物种类。同样的因素也促成了农民与市场的密切联系，以通过处置自己的农产品来上缴税款所需的现金。有许多市场分散在孟加拉农村地区。[②] 这些市场过去和现在仍然被称为"帽子"（hats）。许多农村市场的存在和农民与它们的密切联系表明，"初级生产者不仅关心交换仅仅是为获得缴税所需的现金而进行的一种经济活动形式，而且也关心生产过程本身已经部分依赖于交换关系"[③]。农村货币化的一个重要方面是，城市地区完全依赖村庄来供应城市工业的基本原材料和城市人口的其他必需品。因此，城市商人及其代理人经常光顾农村市场。此外，为了促进经济作物的种植，货币贷款也在很大程度上发展了起来，以弥补农民资金的不足。另一类放债人的存在，当地人称之为马哈扬（mahajans）就是这个事实的证据。[④] 在许多情况下，放贷与交易被集中在同一个人身上。因此，农民不仅受制于国家僵化的税收需求，而且受到商人和放债人的压榨。这些因素的结合抑制了农村货币化的延伸。这三个社会团体（印度地主、商人和放款人）对农民的生产提出了要求，使农民几乎没有多余的钱去建立一个农村的消费品市场。农民卖掉自己的农产品是为了缴税，现在农民需要现金，也许还得支付债主的债务，除非农民优先选择实物支付。其余的时间，农民的生活都在围绕着一种传统，即在农民、工匠和乡村仆人之

[①] M. Martin, *The History Antiquities, Topography and Statistics of Eastern India*, London, 1838, pp. 710-711.

[②] A. Chatterjee, *Bengal in the Reign of Aurangzib*, pp. 94-95.

[③] T. Raychaudhuri, "The Agrarian System of Mughal India", in *Enquiry n. s.*, Vol. 2, No. 1, Spring 1965, p. 117.

[④] Rajat Ray and Ratna Ray, "The Dynamics of Continuity in Rural Bengal under the British Imperialism: A Study of Quasi-stable Equilibrium in Underdeveloped Societies in a Changing World", in *The Indian Economic and Social History Review*, Vol. 10, No. 2, June 1973, p. 112.

间分配农产品。[1]

城市生产的本质加强了对农村货币化的限制。在前殖民时期的孟加拉地区，城市制造业发展到一个很高的程度。孟加拉棉纺织业，特别是著名的孟加拉平纹细布，享誉世界市场。这些纺织品的制造是在独立工人的村舍以及当地商人、莫卧儿贵族和欧洲公司开设的工厂进行的。[2] 在这三者中，欧洲公司可以因在前殖民时期的孟加拉地区引入制造系统和雇佣劳动来生产商品而获得借款。[3] 然而，由于生产仍然局限于贵族和国际市场的消费需求，城市地区无法向农村提供任何东西。农村经济继续生产村民所需要的一切东西。[4] 制造业部门的特征未能削弱农村经济的自给自足性质。因此，前殖民时期的印度经济，特别是孟加拉地区的经济，呈现货币经济和村庄自给自足经济并存的独特图景：

> 正是这两种相互矛盾的经济因素的存在，很可能导致社会矛盾一方面表现为农业个体生产方式的存在，另一方面又表现为农村社区组织的存在。[5]

在这样的背景下，孟加拉地区于 1757 年通过英国的殖民化融入了世界资本主义。

---

[1]　Raychaudhuri, "The Agrarian System of Mughal India", p. 119.

[2]　H. R. Ghosal, "Changes in the Organization of Industrial Production in the Bengal Presidency in the Early Nineteenth Century", in B. N. Ganguli (ed.), *Readings in Indian Economic History*, London, 1964.

[3]　T. Raychaudhuri, "European Commercial Activity and the Organization of India's Commerce and Industrial Production", in B. N. Ganguli (ed.), *Readings in Indian Economic History*, London, 1964, p. 72.

[4]　Habib, *The Agrarian System of Mughal India*, p. 112.

[5]　Habib, *The Agrarian System of Mughal India*, p. 119.

考虑到这些条件，印度是否准备好了在英国殖民主义之前进行自主的资本主义改革？回答这个问题时有一点必须记住，即商品生产（为市场生产）是与农业生产组织交织在一起的，这显然是非资本主义性质的，并且资本仍然主要局限于商业领域。在这种情况下，它所遵循的经济逻辑可能与支配商品间交易或资本积累的经济逻辑不同[1]，或者，鉴于商业资本未能实现任何独立发展，它可能会随着统治阶级的崩溃而瓦解。[2] 不管情况如何，关于印度在 18 世纪时总体上已经准备好以"革命方式"迎接资本主义崛起的说法，只不过是对实际情况的夸大。[3]

英国占领的最初几年以赤裸裸的掠夺为特征，这证明了商业侵占形式的特征。这些劫掠导致了 1770 年灾难性的饥荒，使该国约 1/3 的人口流离失所。[4] 正是这场饥荒使英国东印度公司意识到实行一种更持久的政府治理方式的重要性。鉴于此，该公司开始重组农村经济。殖民统治者为了使前资本主义的生产方式为英国资本主义服务，对财产所有权的概念进行了一些基本改变。产权关系的新概念将产生深远的影响，并标志着不发达进程的开始。在重组生产关系的过程中，英国东印度公司与前印度地主达成了永久的和解协议，即"1793 年永久定居协议"。新的土地占有政策的显著特点是：

（1）永久解决与印度地主的土地税收问题；

（2）以过高的利率满足税收需求，印度地主只允许保留其中的 10%；

（3）将所有"荒地"变为"公有土地"；

---

① Ernest Mandel, "Introduction to Capital", Vol. 1, *Harmondsworth*, 1976, pp. 14-15.

② Irfan Habib, "Potentialities of Capitalistic Development in the Economy of Mughal India", in *Journal of Economic History*, Vol. 29, No. 1, 1969, pp. 77-78.

③ S. C. Jha, *Studies in the Development of Capitalism in India*, New Delhi, 1963, pp. 36-38.

④ W. W. Hunter, *The Annals of Rural Bengal*, London, 1868, pp. 20-34.

（4）印度地主在规定时间内没有缴税而被剥夺财产，然后通过拍卖来支付欠款。[①]

在授予柴明达尔[②]土地所有权的问题上，殖民统治者剥夺了以前拥有土地的农民的土地所有权，并将他们变成了以前承租领主的佃户。然而，由于东印度公司领导者坚持过度和刚性的税收要求，以确保从殖民地获得源源不断的资源，新的生产关系并没有带来现有社会形态的转变。相反，新的生产关系基本上是建立在旧方式基础上的，并且"从他们的出发点开始"。[③]

税收要求的压力和对不缴税的驱逐的威胁鼓励印度地主创造了一个中间的地主阶层，并通过合并许多非法的田赋（cesses）增加土地的租金。他们对拖欠租金的农民使用同样的权力，并将农民从土地上驱逐，就像东印度公司为了拖欠税款反对印度地主的做法一样。于是，地主阶级以增加地租的形式将收入增长需求的负担转嫁给农民，以确保自身的连续性，使被剥夺的农民为了生存而以过高的地租争夺小块土地。根据一份报告，在永久定居点运作的头 25 年里，以公共收入需求计算，孟加拉地区约有 45% 的土地产权易手。在这 45% 中，不少于 1/3 的真正转让是由现有地主阶级购买的。印度地主和他们信赖的代理商受到当地的税务官员和贸易商的密切关注。[④]

土地使用权的商业化为农民阶级引入了新的力量。这一过程导致非耕种利益群体的数量急剧增加。到殖民统治结束时，孟加拉地区有 73000 个独立的庄园（西孟加拉邦和孟加拉）向王室缴税。[⑤] 城市专业人士，如政府公

---

① N. K. Sinha, *The Economic History of Bengal*, Vol. 2, Calcutta, 1962, pp. 147–181.

② 柴明达尔（zamindars），即负责征税的当地显贵。——译者注

③ Utsa Patnaik, "On the Mode of Production in Indian Agriculture-a Reply", in *Economic and Political Weekly*(*Review of Agriculture*), Vol. 7, No. 40, September 1972, pp. A–146.

④ "Islam, Permanent Settlement and the Landed Interest in Bengal, 1793–1819", p. 237.

⑤ J. F. Stepanek, *Bangladesh-Equitable Growth?*, New York, 1979, p. 94.

务员、律师、商人和交易员，开始获得土地，并实行以剥削和榨取农民剩余为基础的制度，他们中没有人冒险投资农业。在被剥夺的农民和他们之间激烈的竞争中，廉价劳动力的供应给土地所有者阶层提供了大量的空间，使他们除了获得高昂的租金和高利贷的利息之外，还能够从欠发达的生产力中获得巨大的利润。农业所需的其他生产资料保持与沦为殖民地前相同的水平。1940 年在孟加拉地区进行的农具普查显示，孟加拉地区几乎没有改良的农具。无论是由政府组织或鼓励的人工灌溉面积，都可以忽略不计。①

在这种普遍停滞的背景下，殖民统治下商品生产的迅速扩大导致了大规模农村无产阶级的出现。农民被困在无产阶级化的双重进程中。首先，农民的租金义务随着收租中介的扩大而不断增加。其次，农民被迫种植经济作物，如蓝草，这与他们的意愿相违背。农民因此越来越容易受到世界经济作物价格波动的影响。在这种情况下，农民只有牺牲自己的生计才能保证正常生产。他们不得不求助于加息借贷，或者削减自己的消费。据估计，在 20 世纪头 30 年里，孟加拉地区的农村债务上升到 10 亿卢比。② 因此，对于农村富人来说，最有利可图的投资方式就是租借和放高利贷，这最终导致了"古老"资本形式的出现，而不是生产领域的资本。在一个受帝国主义剥削的国家经济环境中，这是一个必然的结果。③

这些新兴的生产关系由于本土工业的被破坏而得到加强。为了建立一个国际劳动分工体系，殖民地统治者摧毁了本土工业，限制了现代工业的发展。孟加拉棉纺织业一直以来对英国新兴纺织业来说是一个挑战。因此，

---

① R. K. Mukherjee, "Economic Structure of Rural Bengal", in *American Sociological Review*, Vol. 13, 1948, p. 660.

② M. M. Islam, *Bengal Agriculture, 1920-1946: A Quantitative Study*, Cambridge, 1972, p. 115.

③ Patnaik, "On the Mode of Production in Indian Agriculture", p. 146.

殖民国家通过坚决的干预对孟加拉纺织业的早先破坏，是英国工业崛起的先决条件。[1] 破坏的过程开始于取消从印度进口的高关税壁垒。然而，最具决定性的打击来自城市上层阶级和农业的崩溃。[2] 城市上层阶级和贵族一样，青睐质量上乘的布料，而贫困人口则消费手摇织机生产的粗布。农业人口的日益贫困对传统手工业产生了不利的影响。[3] 由于旧工业没有被新建立的工业所取代，失业的工匠被迫从事农业活动，这是他们唯一的就业来源。新形势加剧了殖民地土地所有制所造成的本已萧条的局面。被驱逐的工匠创造的土地和就业的额外需求使得地主阶级的出租、高利贷和小额租赁更有利可图。

在殖民统治的背景下，实现资本主义大部分生产发展的必要条件仍然不完整。例如，一个庞大的农村无产阶级被创造出来，但是这些工人不得不在土地上生存。他们不是作为脱离生产资料的自由劳动力而出现的。同样，广义的商品生产是由外部强加的，生产的循环不是在一个一体化和平衡的经济体系中完成的，而是通过与大都市经济的联系及对进出口的依赖来完成的。[4] 然而，更重要的是，由在农村地区兴起的资产阶级财产关系所产生的统治阶级仍然是制度的寄生者。他们大多是作为大都市资产阶级的本土盟友而出现的，以促进向内和向外榨取剩余价值，而不是作为独立的农村资产阶级本身。

在这种扭曲的资本主义生产关系的强制再生产中，阶级之间的矛盾也在发展。过高的租金、高利贷的利息和外国种植园主的胁迫，种植像提取

---

[1] Hamza Alavi, "The Colonial Transformation in India", in *Journal of Social Studies*, No. 8, April 1980, p. 46.

[2] A. Maddison, *Class Structure and Economic Growth, India and Pakistan Since the Moghols*, London, 1971, pp. 54–55.

[3] D. R. Gadgil, *The Industrial Evolution of India in Recent Times*, London, 1954, p. 99.

[4] Alavi, "The Colonial Transformation in India", p. 61.

靛蓝这样的经济作物，农民之间产生了既反对本地居民，也反对外国剥削的运动。19世纪中期，孟加拉各地爆发了农民起义活动。在组织这些起义的过程中，农民不仅与"畸形"的资本主义生产方式的矛盾尖锐对立起来，也证明了他们有能力为自己的利益启动社会结构的变革。1860年的靛蓝起义和1873年帕布纳（Pabna）农民的租金罢工，这是农民决心反对这种经济剥削制度的例证。

在这种农民起义不断增加的背景下，殖民政府不得不在土地所有制度中进行一些重大的变革。这些变革包括对某些类别的农民的所有权的确认和对租金的控制。然而，将地契制度变化仅仅归因于农民起义来说，这是不正确的。尽管如此，他们为殖民统治者破坏经商人资本剥削而发展起来的生产组织提供了表面上的理由，以满足英国资本主义发展的最新阶段的利益。从19世纪中叶开始，当国家被直接置于国王的统治之下时，殖民政权正在将收入来源从土地收入转向资本主义，通过将农民经济从属于资本来提取剩余价值。[1] 然而，这个过程被商人资本所创造的财产和生产形式大大削弱了。在永久定居制度下建立的地主阶级，占用了农民生产的大部分剩余价值。例如，在20世纪40年代，农民和下层人民支付了1.2亿~2亿卢比，以确保将2680万卢比支付给国王。[2] 因此，尽管工业资本无意在印度建立自己的对应机构，但早期在生产组织中造成的破坏影响了必要生产资料的正常供应。[3] 在这种情况下，农业生产关系发生重大变革是绝对必要的。

通过所有权的转移将直接生产者置于市场的控制之下，并削弱了印度地主控制租金增长的权力，这些新变化标志着帝国主义剥削新阶段的开始。

---

[1]　Alavi, "The Colonial Transformation in India", p. 60.

[2]　Stepanek, *Bangladesh-Equitable Growth?*, p. 93.

[3]　Geoffrey Kay, *Development and Underdevelopment: A Marxist Analysis*, London, 1975, p. 100.

因此，实行永久定居制度后的土地立法，如 1859 年、1868 年和 1885 年的《地租法》，试图将殖民地农民逐步融入大都市工业资本主义中。在这样做的过程中，新的立法并没有削弱现有统治阶级的权力和地位，例如印度地主和被称为乔特达尔（jotedars，代表了当时当地的富农阶层）的从属终身所有者，因为这些法律通过租金和债务机制确保了定期的市场剩余。相反，为了满足英国靛蓝原料种植者的利益，1859 年的《地租法》将"耕耘者"定义为非耕种阶级的继续增长，削弱了贫苦农民的生产力。在发展不足的背景下，值得注意的是，即使在殖民统治结束并正式废除印度地主制度之后，土地的实际耕种者仍然无法获得生产资料的所有权。"土地所有权与劳动力之间的二元对立"[①] 在今天仍然充斥着农村地区，甚至对农业发展造成了损害。

在殖民统治结束的时候，农村阶级结构的特征是：印度地主、富农、商人、放债人、自给自足的农民、贫农，包括佃农（巴加达斯，bargadars）和农业劳动者。[②] 英国人离开后，巴基斯坦的殖民政权废除了柴明达尔制度，并将其土地所有权授予了前佃农。然而，1950 年的《土地改革法》未能消除早期《地租法》的不足之处，例如承认实际耕种者为土地所有者，因此未能消除土地中的所有非耕种权益。巴基斯坦时期的土地改革使这些类别的农村人口受益，例如穆斯林土地拥有者（大土地拥有者）和富农，他们希望从建立巴基斯坦国的社区基础中受益。自英国殖民统治结束以来，穆斯林农民在孟加拉地区的上层和中层农民中占了很大的比例，但是他们的独立发展却因为印度地主和商业放债人的大量存在受到了挫折。

---

① F. T. Jannuzi and J. T. Peach, "Report on the Hierarchy of Interests in Land in Bangladesh", The United States Agency for International Development(USAID), Washington, 1977.

② R. K. Mukherjee, *The Dynamics of a Rural Society: A Study of the Economic Structure in Bengal Villages*, Berlin, 1957.

正是从穆斯林土地拥有者和富农那里，孟加拉地区穆斯林城市中产阶级逐渐崛起，他们在英国和印度教统治下的令人沮丧的经历使他们加入了穆斯林联盟——印度穆斯林的政党，由旁遮普（Punjab）的大地主和北印度的贸易社区主导。因此，毫不奇怪，1950 年的土地改革仍然仅限于将穆斯林乔特达尔和富农从即将离开的印度地主手中非法侵占土地的行为合法化。然而，巴基斯坦的殖民政权没收了经济作物的剩余部分，以发展来自印度北部非孟加拉贸易移民社区的工业资产阶级，从而促进了"古老"资本形式的延续（高利贷、高额租金以及购买土地用于小规模租赁）。①

因此，在后殖民时期，没有柴明达尔的出现，整个农村的阶级结构仍然保持完整性。当时的农村阶级结构由以下几类农村人口组成。乔特达尔拥有 12 英亩以上不等的土地，控制总耕地面积的 16%，但仅占农村家庭的 1.23%。他们主要靠佃户地租和对雇佣劳动的剥削生活。乔特达尔从货币借贷中开展了高利贷，主要投资于投机买卖和土地购买。

富农拥有 5~12 英亩的土地。他们控制的土地总量超过了总耕地面积的 26%，但他们只占农村家庭的 5%。大多数富农是土地所有者或管理者和雇主。他们中的一些人还将土地出租给了佃农。富农直接参与市场，也沉迷于放债。他们在农村地区占主导地位，并通过与国家权力机构的联系，盗用国家对农业的投入资本。

中上层农民是下一个类别：大约 8% 的农村家庭属于这一类，并控制着大约占总耕地面积 21% 的土地。他们持有的土地面积从 3.01 英亩到 5 英亩不等。他们是自给自足的自耕农，也能产生适销对路的剩余。他们的部分经济盈余转向了货币借贷，而不是生产性投资。然而，由于农业资本主义

---

① G. D. Wood, "The Nature of Rural Class Differentiation in Bangladesh", Paper presented at the Peasants Seminar held at the Centre of International and Area Studies, University of London, 1977.

转型，他们代表着潜在的"富农"（Kulaks）和富农。

　　中下层农民属于占有农村家庭超过 7.5% 的一种类型，但他们占有土地的比例却不到总耕地面积的 13%。他们持有的土地在 2.01 英亩到 3 英亩不等。他们控制的土地数量不足，迫使他们以佃农为基础耕种土地，并追求小额贸易。中下层农民是农业资本主义转型的潜在受害者，因为他们无法应对市场力量的运作。在贫穷的农民之后，他们是孟加拉国最大的土地卖家。因此，在阶级斗争的情况下，中下层农民倾向于支持穷人和无地农民。

　　贫农属于农村家庭数量最多的一个类别。孟加拉国大约 45% 的农村家庭是贫农，但只有 25% 的耕地属于贫农，其持有的土地面积从 0.01 英亩到 2 英亩不等。大多数贫苦农民采取分成制，他们自己常常作为劳动者。他们长期负债于农村的放债人，因此受到农村上层阶级的压迫和剥削。

　　工人不可避免地没有任何土地。孟加拉国大约 33% 的农村家庭完全没有土地，他们以农业工人的身份谋生。在没有土地的人口中，那些拥有其他生产资料（比如两只公牛或者一把犁）的少数幸运儿，也分享耕地。一个农业工人的平均收入仅为 9.00 达卡[①]（Taka），仅够再生产劳动力花销，更不用说维持一个四口之家了。[②]

　　由于后殖民时期市场力量的介入，社会逐渐走向贫困化和两极化，不同阶层的人数出现显著差异。继列宁之后，我们观察到孟加拉国农村的"去农民化"过程，处于极端状态的两个阶级之间的关系出现两极分化，自给自足的独立中农面临解体的前景。1977 年的土地占用调查清楚地表明了阶级之间关系的分化程度。根据这项调查，10% 的农村家庭拥有全国一半的可耕种土地，另外 50% 的可耕种土地被 60% 的农村家庭占有，并且还有

---

　　① 塔卡是孟加拉国货币的单位。41 塔卡相当于 1 英镑。

　　② 农场规模、占总面积的百分比和住户百分比的数据取自 1977 年土地占用调查。有关详细信息，请参阅 Jannuzi and Peach，"Report on the Hierarchy of Interests in Land in Bangladesh"。

30%的农村家庭没有土地。然而，调查得出的结论是，出于所有实际目的，孟加拉国只有不到一半的农村家庭没有土地。[1] 后殖民政府的各种发展项目，如农业合作社、乡村政府和现代技术的引进，都加强了现有阶级的区分。

因此，孟加拉国在第三世界国家贫穷和欠发展的一般进程中并非例外。在所有这些国家中，殖民地时期和新殖民时期的资本主义发展过程，通过加深贫困，产生阶级分化和阶级冲突。然而，孟加拉国的与众不同之处在于，平均国民收入下降，其80%的人口日益贫困，富人却积累了大量的财富。[2] 就整个国家所创造的财富而言，这样一个极小的阶层积累的财富很难被证明是合理的。该国薄弱的工业基础和内部市场的缺乏，无法证明孟加拉国上层阶级财富的增加。该国经济的制造业只占国内生产总值（GDP）的10%。此外，大部分重工业（造船、钢铁和石化工业）都归国家所有。在这种情况下，只有在贸易和商业活动的扩大或诸如走私、黑市营销、囤积和贿赂等非法活动持续存在的情况下，才可以解释这些微不足道的上层阶级所积累的财富。在这两种情况下，资本积累的过程都意味着一种特殊情况，即不发达的资产阶级陷入新殖民主义都市经济之中。这种特殊形式的关系说明了地方利益与外国资本不同程度的融合，例如将当地人员纳入外国公司的行政工作中，为当地政治家提供资金，为当地商人提供海关和代理服务。[3] 鉴于其固有的弱点，孟加拉国资产阶级在国家资本主义发展中不能发挥它应有的作用。

与此同时，代表大多数城市人口的孟加拉国小资产阶级放弃了任何一

---

[1]　Jannuzi and Peach, "Report on the Hierarchy of Interests in Land in Bangladesh".

[2]　K. Grifin and A. R. Khan, "Poverty in the Third World: Ugly Facts and Fancy Models", in *World Development*, Vol. 6, No. 3, 1978, p. 299.

[3]　C. Leys, *Underdevelopment in Kenya: The Political Economy of Neo-Colonialism*, London, 1978, p. 17.

种革命的角色，仍然依附于当权者。事实上，小资产阶级政党——"孟加拉人民联盟"是通过小资产阶级在权力的推动下进行的"原始资本积累"。这样一种寄生的存在被认为是更可取的，因为通过国有化私营企业，国家增强了分配资金的能力。[1] 小资产阶级的农村出身有助于加强富人和中上层农民之间的联系，他们利用后殖民政府的农村发展政策，稳定了他们在农村的阶级地位。小资产阶级在维持现状的过程中也得到了大量的好处。

绝大多数贫农和工人都在为生存而战。农村地区的政治形势非常紧张，随着资本积累过程的加快，贫困和边缘农民的无产阶级化程度越来越高。贫困的增加引起农村地区的紧张和民众的不满。为了压制日益加剧的贫困和两极分化过程中民众产生的不满情绪，国家增加其专制权力，但实际上忽略了贫困和不发达的原因。事实上，现有的国家结构是无法解决贫穷问题的，原因在于现有生产关系和生产力的不发达。现有生产关系的变化相当于国家性质的变化。整个过程将严重破坏其联盟支持国家的阶级基础。

与此同时，日益加剧的贫困会产生紧张局势，加剧阶级冲突，但不能促使群众团结起来反对剥削和统治。极端贫困阻碍了组织团结的增强，因为农村无产阶级正在争夺土地等稀缺资源或就业机会。在这种情况下，斗争仍是局部的和短暂的。只要这些阶级不从"自有阶级"转变为"自为阶级"，这将继续是孟加拉国阶级斗争的本质。

为了研究殖民主义对埃及社会结构的影响，与孟加拉国相比，重要的是对 7 世纪阿拉伯征服后中东的发展和土地所有权要有一定的了解。前殖民

---

[1]　M. Hossain, "Nature of State Power in Bangladesh", in *Journal of Social Studies*, No. 5, October 1979, Dacca, Bangladesh, p. 28.

时期的土地所有权实际上是复杂的。① 阿拉伯人对埃及、北非其他地区、西班牙、叙利亚和伊拉克的征服主要发生在 632~750 年拜占庭和萨珊帝国衰落的背景下。早期的伊斯兰地区先后由两大王朝统治，倭马亚王朝和阿拔斯王朝。在 1258 年，巴格达被蒙古人占领，使布韦希王朝接近尾声。从那时起，该地区统治的特点是一系列帝国主义国家从未对伊斯兰文化地区实行全面霸权。后期有影响的三大帝国，即萨法维王朝、印度蒂穆里人（Timuri）王朝和奥斯曼帝国。其中，奥斯曼帝国尤其值得关注，因为它的土地制度为西方殖民主义给中东地区带来的革命提供了背景。

最初，穆斯林的征服并没有涉及被征服地区社会的彻底重建，可以说，它涉及在现存统治阶级上插入一层薄薄的外国政治/意识形态霸权，这在一定程度上是保守的。这也对土地管制产生了影响，从而导致了穆尔克和美里（miri）土地保有权的典型区别。穆尔克的土地保有权涉及绝对所有权，但通常只限于城镇的房屋和土地。穆尔克拥有两个权力：（1）拉卡巴（racaba）或绝对所有权；（2）保存（tasarruf）或使用收益权。所有其他土地均为美里的土地，即战争的战利品作为国家的正式财产。实际上，这两种类型的所有权之间的差别并不大，因为新统治者并不一定对这块土地的耕种感兴趣，因为这块土地是由原来的主人占有的。国家所有权意味着对其有效所有者征税的权力，或从他们那里榨取劳动力。它不涉及对土地使用权的控制。

在土地权利的性质上还有另外三个必须考虑的区别。第一，瓦克夫（waqf）的土地，这是一种专门用于某些虔诚目的的财产。这种形式的土地占有相对不受国家的世俗干涉，因为它受到了神圣法律的保护。第二，马特鲁卡（matruka）的土地。这并不是一个重要的类别，就马特鲁卡所有权

---

① D. Warriner, *Land and Poverty in the Middle East*, London, 1962; and D. Warriner, *Land Reform and Development in the Middle East*, London, 1962.

的范围而言。它指的是为某些公共目的预留的土地，如村庄打谷场。第三，尚未开垦的土地，即莫沃特（mawat）土地。任何想购买该土地来耕种的人都可以获得美里的所有权，即使用收益的权利。虽然这些区别具有正式的意义，但实际上它们之间的区别并不重要。保存的权力相当于完全所有权，即出售权、继承权和抵押权。国家保留了有条件的权力，即没有耕种的美里土地可以被国家恢复使用的权力。

有一种基本的阶级结构，与这些形式的土地控制和占有相对应。在整个中东地区，形成了一个由统治者和军事领袖组成的阿拉伯统治阶级，这个阶级与当地的统治精英截然不同。还有一个阶层是处于附庸地位的人（麦瓦利，mawali）或新皈依的穆斯林，他们正式拥有与其他穆斯林平等的权利，但实际上，他们是二等公民。这类人在反对阿拉伯人的封建领主的社会抗议活动中扮演了重要的角色，此外还体现在反对倭马亚王朝中。另外，还有所谓的米利特制度，他们是受保护的少数人，如犹太人和基督徒。这些少数人是税收的重要来源，特别是人头税。在国内和公共服务领域也有大量的奴隶。在某些条件下，如在奥斯曼帝国时期存在的，奴隶是统治阶级行政和军事部门的重要组成部分。这一事实证实了对奴隶制的分析，它指的是一种产权形式，而不是个人的从属关系。[①] 最后，游牧仍然是一种生存形式，很大程度上不受中央集权国家的控制。

人类学家通常区分三种基本的游牧类型。这些类型是真正的游牧（骆驼饲养）、半游牧（绵羊和山羊的饲养，通常与某种形式的临时土地耕种相结合），以及迁徙性游牧——整个村庄围绕一个决定性的牧区进行季节性迁移。沙特阿拉伯是真正游牧的代表；肥沃的新月地带是半游牧的代表；摩洛哥是迁徙性游牧的代表。游牧民族生活在受统治、定居的农业社区的边

---

① B. Hindess and P. Q. Hirst, *Pre-Capitalist Modes of Production*, London, 1975.

缘。当中央政府强大的时候，游牧民族就会被纳入税收的征收范围内。当中央政府弱时，他们通常接管国家。定居/游牧社会之间的关系显然非常不稳定。积累了足够财富的游牧民族往往成为定居的耕种者。① 游牧民族自身划分为不同的"阶级"。部落酋长通常拥有棕榈树林的肥沃土地，有时还拥有全部的绿洲。这些土地是由酋长的黑奴、解放的奴隶、佃农和游牧部落的穷人耕种的。这样的财产可以是个别酋长的私人财产，也可以被看作部落的共同财产。在后一种情况下，有效的控制仍然掌握在酋长手中。除了定居作用（sedentarisation），还有"贝都因化"（bedouinisation），即严重经济压力下的耕种者的不安（如压制性税收）。当整个部落定居下来后，他们创造了一个土地保有权制度，称为穆斯哈（Musha）。

为了了解殖民时期埃及土地改革的背景，了解奥斯曼帝国中东地区的社会结构是很重要的。首先，国家的官僚机构由皇室控制，而皇室管理阶层则是上层阶级，形成了典型的世袭的官僚制。其次，封建的西帕希骑兵（sipahi）传统上形成了贵族骑兵。西帕希骑兵因为服兵役获得了一份福利。韦伯区分了欧洲的封地和伊斯兰圣俸（他有时称其为受俸的封建主义）。声称圣俸是终身的，而不是世袭的，为其持有者提供报酬，以换取其真实或假定的服务；薪酬是职位的属性，而不是在职者的属性。这些支持西帕希骑兵的封地被称作蒂玛（Timar）或扎米特（Ziamet）。西帕希骑兵自己种地，并向农民收税。西帕希骑兵作为一种特别移动或有效的力量，因为很难让他们进行长期的军事行动；他们有强烈的经济理由希望返回或留在他们的地产上。素丹开始更多地依赖他的禁卫军（耶尼塞里斯或新部队，Yeni-ceris or New Troops）。

奥斯曼帝国在欧洲通过所谓的德西姆（devsirme）征兵制获得了奴隶。通

---

① F. Barth, *The Nomads of South Persia*, Oslo, 1964.

过这一手段招募的年轻男孩，要么被分配到皇室家庭，要么被分配去"当差"（实际上是高级"公务员"），这些都是"伊克欧古兰"（Ic Oglans）。其他人，阿塞米欧古兰（Acemi Oglans），进入了帝国的奴隶军队、禁卫军。这些奴隶部队被禁止从事贸易或任何工艺品加工。他们被剥夺了家庭或亲属关系。禁卫军和家奴绝不是无能为力的——他们履行了政府的主要职能，他们控制了军队。当皇室由于财务危机无法支付其军费时，禁卫军会迅速接管政府，任命他们自己的省长。在 1826 年，禁卫军最终被摧毁。在这种情况下，国家工作人员和统治阶级之间或国家机器和统治阶级的重叠是不可能的，而西帕希骑兵看起来就像一个封建统治阶级，经常反对矛盾的统治阶级和奴隶阶级。

17 世纪，奥斯曼帝国内部发生了深刻的危机。与此同时，西帕希骑兵开始衰落。如果西帕希骑兵死了，他的土地就会被国家征用，租给了农民。1692 年颁布的一项法令，建立了"生命农场"（马利坎，malikane），它实际上是一种私有财产，可以被买卖并转让给继承人，将费用返还给国家。在 1831 年，蒂玛被政府完全接管了。这些土地被出租给了多津（multezin）。在实践中，这并不是国家（美里）土地，因为纳税农民开始享受等同于永久占有的权利（穆尔克）。这种情况催生了强大的德雷贝斯（derebeys），他们实际上控制了乡村。它导致农民所受剥削比在蒂玛制度下要严重得多。19 世纪是爱斯基雅人（eskiya）反对由纳税的农民变成了地主的新剥削阶级的伟大时代。

奥斯曼帝国改革时期，试图改善土地保有权的状况。土地法规承认五种类型的土地［这个系统我们已经提到的穆尔克、美里、瓦克夫、马特鲁卡、荒地（mawat）］。这看起来很奇怪，因为我们已经看到美里和穆尔克之间的区别并不是特别重要。这些正式分类的真正意义在于对每一块土地征税，并通过登记其合法所有者来确立其所有权归属。国家声称所有权意味着该国不承认没有注册的所有权。政治上的意图是将政府的权力集中起来，反对封建或部落形式的存在。

当部落定居在土地上时，他们平等地将耕地分配给氏族。为了维持部落及其成员之间的平等，土地会定期在部落亚群及其成员之间重新分配（穆斯哈或共享系统）。穆斯哈系统代表了半游牧部落的公共财产与较定居地区（例如新月沃地沿海地区）完全分裂的财产之间的过渡阶段。穆斯哈的配额可以出售。由于原始家庭或部落群体分裂成个体家庭，并按继承权细分份额，不平等现象出现，个人耕种者所拥有的份额差异很大。

1858 年土地法通过引入分割私有制登记，试图破坏穆斯哈系统。村民们显然担心新的登记制度是执行新的剥削性税收或征兵制度的第一步，他们伪造了自己的纳税申报单。实际上，他们无视新的所有权头衔，继续按照旧的穆斯哈制度耕作。其结果是在村庄一级完全混淆了法律所有权和习惯所有权。

在 19 世纪，奥斯曼帝国尤其是埃及行省有各种各样的尝试，来推动社会改革和改变土地所有者的性质。穆罕默德·阿里（Muhammad Ali，1805～1849 年在位）试图将埃及的社会结构向许多重要的方向转变。特别是，包税制被废除，农民直接向国家缴纳税款。许多大型地产被授予了穆罕默德·阿里的亲属或追随者。公有制被农民享有事实上的所有权所取代。新的灌溉工程大大增加了耕地面积。1821 年开始商业化种植长绒棉。1824～1845 年出口到欧洲的棉花数量翻了一番。为了应对新的外销运动，通信（主要是航运设施）被发展出来。一种新的垄断体系被创造出来，穆罕默德·阿里以较低的固定价格从农民手中购买农作物，并转卖给外国出口商来获得巨大的利润。土地变成了商品。1858 年，土地税的集体责任被废除。

男人和女人的继承权得到充分肯定，还有权出售或抵押土地。外国人被授权购买土地。大规模棉花生产区域的土地受外国控制。外国投资找到了进入大银行、房地产、工业中的方式。埃及完全融入了世界市场。

　　尽管马克思对财产所有权稳定性质的一些观点在许多东方社会中是不贴切的，但它们确实对传统埃及社会结构的分析有一定的影响。虽然埃及的统治阶级更迭已久——法老、阿拉伯人、马穆鲁克，但直到 1798～1801 年拿破仑的远征和 1882 年英国的占领，土地私有产权才开始出现。[1] 在英国占领前[2]，统治阶级的个别成员获得事实上的土地权（包括转让和继承权）并不罕见，但这些权利是国家可收回的，国家保留了对土地的集中所有权。国家对农民的剥削是通过各种各样的机制来完成的——贡品、徭役或现金。它以一个村庄而不是单个农民为纳税单位，并且土地是分配在一个村庄而不是个人的基础上。在奥斯曼帝国统治下，国家通过基于承诺（iltizam）或税收法的系统筹集资金。[3] 在这些安排下，多扎明（multazamin）有义务从国家分配给他们的地区中提高税收水平。正如韦伯所承认的，这种制度是不稳定的，因为在国家统治相对薄弱的时期，税收农民获得了相当大的政治自主权，并且能够将税收资金重新分配到自己的口袋里。[4] 在法国占领期间，拿破仑开始通过在土地上赋予农民权利来打破多扎明的权力，但是他的土地改革是在穆罕默德·阿里的土地改革下进行的，农夫（fellahin）被赋予了使用权。与此同时，这些改革创造了一个从奥斯曼帝国官员中招募的、拥有土地的阶层，他们获得了庞大的家族财产。英国占领完成了这样一

① N. Tomiche, *L'Egypte Moderne*, Paris, 1966; X. Yacono, *Histoire de la colonisation francaise*, Paris, 1969.
② P. Mansfeld, *The Ottoman Empire and its Successors*, London, 1973.
③ B. Lewis, *The Emergence of Modern Turkey*, Oxford, 1961.
④ M. Weber, *Economy and Society*, Berkeley, 1978, Vol. 2.

个过程，即土地受到农业资产阶级的控制，他们在雇佣劳动的基础上为市场生产经济作物（棉花）。

在 19 世纪的埃及，农夫的地位特别不稳定。可耕种土地的面积受到水资源供应的限制，由于继承和负债，原有的土地面积不断减少。尽管徭役被雇佣劳动取代了，但农业或工业对劳动力的需求不足，无法保证季节性就业。虽然在 19 世纪末 20 世纪初，土地耕种面积有了大幅的增长，但这种增长从未跟上人口增长的步伐。鉴于这些经济限制，农夫们越来越多地被迫出租或分享额外的土地，或出租自己的土地，以期找到更多的就业机会。必须结合埃及在世界经济中的位置来看待农夫的困境。从 1870 年起，世界棉花价格呈明显下降趋势。与此同时，偿还债务耗尽了埃及用于再投资的所有资金。在这种情况下，农业资产阶级对经济增长坚持传统态度，满足于现有的出口利润。廉价劳动力不利于技术改进。最终，棉花种植面积占了可耕种土地面积的1/3；小麦的生产相应减少。随着经济作物生产的增长，以前由村庄控制粮食生产和经济作物种植的制度被土地的私人所有制所取代，并将重点转向以核心家庭作为主要的生产/消费单位。大型地产的数量相应增加，加上农民日益贫穷，农民土地支离破碎，以偿还抵押贷款和其他债务。放债和农民对小块土地的剥削限制了资本主义的全面发展，使旧的进贡制度得以延续。外国投资只是为了扩大棉花种植面积，而不是在埃及发展工业基地。

英国纺织业的利益刺激了棉纺织业的发展，而不是工业化，埃及商人主要对进出口管制感兴趣。同样地，埃及的地主也想要灌溉工程的发展，而不是工业的发展。英国政府阻止了埃及工业的发展，因为这威胁了英国的利益。关于资本主义在外围国家的"阻碍效应"已经写了很多。虽然马克思和恩格斯认为，英国资本主义必然会带动外围国家的发展，但他们有一个"少数派的观点"，如在爱尔兰，外国投资可能会阻碍工业化进程。大多数人对埃及持这种观点，例如，巴兰、阿明和弗兰克。[①] 不同的位置被克劳森（Clawson）取代。[②] 随着 20 世纪 30 年代金融资本在欧洲日益占据主导地位，埃及有更多投资来促进当地工业发展，因此，埃及工业部门受到外国公司的严格控制。由于本土制造业被外国进口商品倾销击溃，技术和投资的唯一来源是海外。然而，随着棉花价格的下跌，建立本地工业的尝试受到外汇问题和进出口国际收支不平衡的阻碍。尽管如此，埃及在第二次世界大战前转向了进口替代工业化政策。

民族主义政治势力的增长有力地支持了一项反对外国控制工业部门的政策。民族主义的发展将统治阶级分裂为传统农业资产阶级以及国家官员和工业资产阶级的新联盟。由于传统的耕种方式、生产方式和所有制形式都是向后看的，很明显，土地改革是实现这一目标的必要步骤，如果农民要转变为完全的受雇劳动力。1952 年的土地改革创造了一种国家资本主义制度，在这种制度中，负责乡村合作社的代理人实现了对农民的政治和经济控制。关于纳赛尔埃及的社会主义特征一直存在很多争论。[③] 总的来说，纳赛尔的革命产生了这样的效果：消除了上层的官僚机构，取而代之的是小资产阶级的官员，并消除了拥有土地阶级的上层。虽然大地产已经消失，但中产阶级［15~20 费丹斯（feddans）］和中上层阶级（20~100 费丹斯）并没有受到土地改革的严重影响。许多土地所有者通过在亲属间重新分配土地来避免土地被征用。这些改革似乎惠及了农民中相对较小的一部分

① 关于埃及的批判性评论文章，请参阅 E. Davis, "Political Development or Political Economy? Political Theory and the Study of Social Change in Egypt and the Third World", *Review of Middle East Studies*, Vol. 1, 1975, pp. 41-61。

② P. Clawson, "The Development of Capitalism in Egypt", *Khamsin*, Vol. 9, 1981, pp. 41-61.

③ A. Abdel-Malek, Egypt, *Military Society*, New York, 1968; P. Mansfeld, *Nasser's Egypt*, Penguin, Harmondsworth, 1969; R. Stephens, *Nasser*, London, 1971; P. J. Vatikiotis, *Egypt since the Revolution*, London, 1968.

（大约 8%），对没有土地的、流动的农民来说，却收效甚微。监督合作社制度可能提高了产量，但也扩大了政府对乡村生活的控制。纳赛尔的改革没有解决埃及的传统问题，负债和对外国金融的依赖程度大幅提升，并且贸易逆差在 20 世纪 70 年代达到惊人的比例。萨达特总统试图通过"门户开放政策"来减少对国家导向工业化的依赖，增加了消费品和奢侈品的生产和消费，但并没有刺激基础产业或增加农业生产。①

孟加拉国和埃及都经历了资本主义渗透和融入全球资本主义经济的漫长过程，但它们对这一外部经济秩序的依赖造成了内部社会和经济停滞的状况。资本主义公司创建了一个农业资产阶级，它得到了出口原材料的奖励，但这个阶级并没有实现推动社会进步的作用，因为它几乎没有动力投资于工业生产活动。

在这两个社会中，由于土地权性质的变化，农民基本上被剥夺了土地，转化为没有土地的受雇劳动力。然而，在缺乏工业就业机会的情况下，他们经历了日益贫困化的过程，却没有对他们的社会异化产生任何连贯的阶级意识。周期性的农民起义仍然是地方性的和偶然的；农民与城市工人的联盟是脆弱而短暂的。两个社会的农民也发现自己遭到了一个广泛军事化的国家和军队的反对，国家和这些军队继承了旧殖民列强的遗产。因此，在自然资源丰富的社会中，农民陷入了贫穷的恶性循环。正如我们试图证明的那样，对他们困境的解释，是在内部阶级关系和全球资本主义外部约束的复杂相互作用中找到的。内部和外部结构的动态影响使社会停滞、政治压迫和经济不发达的局面再现。

---

① M. C. Aulas, "Sadat's Egypt", *New Left Review*, No. 98, 1976, pp. 84−97.

第十一章
中东的社会结构

古典马克思主义文本并没有为中东社会的分析提供实质性的指导。马克思和恩格斯涉及这一地区的工作是很少的，可以简要地从两个主题考虑——亚洲社会和伊斯兰教。在早期马克思主义著作中，亚洲社会和亚细亚生产方式的特殊性意味着历史传统的变迁清单（奴隶制、封建制、资本主义和社会主义）的目的设想没有实现。然而，接受了亚细亚生产方式的理论，使马克思主义者接受了西方对东方历史的特权地位。此外，亚细亚生产方式的含义是，外因是社会变革的必要条件，尤其是西方帝国主义和殖民主义。

正如我们所看到的，马克思和恩格斯在 1853 年对亚洲社会的最初分析是基于詹姆斯·穆勒、弗朗索瓦·伯尼尔（Francois Bernier）和理查·琼斯（Richard Jones）的作品。① 在这些研究的基础上，马克思和恩格斯声称，亚洲社会的关键是缺乏私有财产和国家在监督公共工程方面对民间社会的支

---

① 全面的讨论参见 A. M. Bailey and J. R. Llobera（eds.），*The Asiatic Mode of Production Science and Politics*，London，1981，Part one。

配地位。然而，事实证明，即在英国殖民立法之前，亚洲的私有财产所有权是未知的。例如，绝大多数伊斯兰社会在殖民主义之前就拥有复杂的土地所有权制度，土地制度包括部落土地、与王室有关的土地、受俸土地以及个人作为合法所有人享有的财产。对前殖民地印度的当代历史研究表明，存在一种土地权利等级制度，在这种等级制度下，农民对小块土地拥有私有的、持续的个人所有权。① 阶级关系不只是英国土地注册的产物。然而，马克思和恩格斯在后来对印度和中国的评论中强调了亚洲社会的一套截然不同的特征。自给自足的乡村生活是使亚洲社会停滞不前的关键因素。这些自给自足的村庄在不改变其社会形态的情况下不断繁衍自己。在这种情况下，城镇主导着农村，而专制国家统治着一个固定的市民社会。尽管关于亚洲社会的主要特征有很大的争议，但马克思的分析重点是确定亚洲的停滞状态，相比之下，具体说明欧洲社会有利于西方资本主义经济发展的特征。尽管在马克思自己的社会变革理论中认为亚细亚生产方式的概念在演变，但马克思从未放弃过东方停滞的假设。尽管恩格斯在 1884 年的《家庭、私有制和国家的起源》中摒弃了代表一个独特历史时代的亚细亚生产方式的概念，但在俄国革命的背景下，亚洲的特殊性问题被重新纳入了政治讨论中。虽然马克思和恩格斯在 1853 年将俄国称为"半亚细亚"，恩格斯在 1877 年的《反杜林论》中阐述了孤立的俄国公社是东方专制基础的观点。虽然俄国民粹主义者试图争辩说，俄国公社是社会主义发展的一个可能的基础，但普列汉诺夫（Plekhanov）肯定了该公社往往与政治绝对主义相吻合的观点。最终，1931 年的列宁格勒会议否定了亚细亚生产方式的相关性，斯大林强化了这一立场，斯大林将正统共产主义置于单线历史观中。现在亚洲的前资本主义社会被视

---

① B. Chowdhury, "A Sociological Study of the Development of Social Classes and Social Structure of Bangladesh", unpublished doctoral thesis, University of Aberdeen, 1982.

为明确的封建社会。

在第二次世界大战战后时期，对亚洲社会的分析集中在对卡尔·魏特夫的《东方专制主义》①相关的争论上。魏特夫主要关注中国，他从韦伯对世袭官僚制的研究中获得了很多理论灵感。魏特夫对水利社会的研究关注的问题是，是否有可能有一个不一定拥有生产资料，但行使关键的政治和行政职能的统治阶级。《东方专制主义》的重要争议在于，它暗示俄国权力与行政的集中保留了专制权力的本质特征。然而，尽管封建主义的概念因在亚洲方面过于不精确而受到批评，但魏特夫的"水利社会"同样笼统。例如，魏特夫将各种社会——沙皇俄国、中国、埃及、西班牙和波斯纳入同一主题下。魏特夫的水利帝国理论并非没有涉及技术决定论的问题。魏特夫对国家和社会阶级的分析还涉及一些其他理论问题。②尽管在20世纪70年代，亚细亚生产方式的概念并未在马克思主义的依附和不平等交换理论的发展中发挥中心作用，但该概念对马克思主义的政治实践和理论发展的影响从未完全消失。③虽然马克思和恩格斯对比较宗教没有进行系统的陈述，但恩格斯对宗教的评论值得关注。恩格斯指出，任何对伊斯兰教的分析都必须关注游牧文化和定居文化之间的特殊波动，因为伊斯兰教是一种能很好地适应阿拉伯城镇居民和游牧贝都因人的宗教：

> 然而，其中存在周期性重复冲突的雏形。城镇居民变得富有、奢侈，对法律的遵守变得松懈。

① K. Wittfogel, *Oriental Despotism, a Comparative Study of Total Power*, New Haven, 1957.

② B. Hindess and P. Q. Hirst, *Pre-Capitalist Modes of Production*, London, 1975.

③ E. Mandel, *The Formation of the Economic Thought of Karl Marx*, London, 1977; U. Melotti, *Marx and the Third World*, London, 1977; G. Sofri, Il, *Modo di Produzione Asiatico: Storia di una Controversia Marxista*, Turin, 1969.

> 贝都因人穷困，因此道德操守严格，他们嫉妒和贪婪地凝视着这些财富和快乐。①

游牧部落定期团结在马赫迪身后，以铲除城镇的腐败文化，恢复真正的宗教。因此，前资本主义伊斯兰社会的一个动态的政治进程是城镇和部落联盟之间的斗争。恩格斯分析伊斯兰社会的参考文献几乎都源自伊本·赫勒敦，在考察当代马克思主义对中东社会结构的看法之前，有必要停下来更详细地研究伊本·赫勒敦关于阿拉伯社会的经典观点。

伊本·赫勒敦通常被认为是社会学的奠基人。② 他的社会理论的核心特征是对社会合作与冲突的解释。因为作为个体的人不可能实现自给自足，他们需要专门从事某些工作，交换商品，建立劳动分工体系：

> 由于人们的谋生方式不同，造成了人与人之间的状态差异，社会组织能够使他们朝着这个目标合作，从简单的生活必需品开始，然后达到生产便利装置及奢侈品。③

社会组织产生的两个主要环境是沙漠及城镇。由于贝都因人过度依赖游牧和骆驼，无法维持定居或耕种的生活，因此贝都因人拥有一种强大的"群体精神"（阿萨比亚，asabiyya），这对帮助游牧民族面对恶劣的沙漠条件很重要。此外，城市居民缺乏这种"群体精神"，不得不依靠法律、特种部队和围墙来维持社会秩序。阿萨比亚由三个部分组成——亲属、友谊、

---

① F. Engels, "On the History of Early Christianity", in K. Marx and F. Engels, *On Religion*, Moscow, n. d., p. 317.

② F. Baali and A. Wardi, *Ibn Khaldun and Islamic Thought-Styles, Asocial Perspective*, London, 1981.

③ Ibn Khaldun, *The Muqaddimah, an Introduction to History*, London, Vol. 1, 1958, p. 73.

宗教。基于伊斯兰教的真正的"群体精神"是社会优越感、权威和领导力的源泉。在伊本·赫勒敦看来，伊斯兰教提供了人类社会的主要基础，这种社会基础是受人类情感和社会斗争威胁的。游牧民族虽然有着极强的社会团结性，但是需要城市来供应必需品。因此，定居人口和游牧民族之间的关系是很复杂的。当城镇的政治统一崩溃时，游牧腹地得以维持其军事统治地位。当城市生活相对连贯时，城镇在沙漠地区的经济优势确保了城市商人和政治精英的政治霸权。因此，从历史的角度对中东进行的任何分析都不能仅依靠源自亚细亚生产方式传统观念中的一系列观念，它必须考虑游牧业对定居社群的重要性。①

中东社会内部存在着重要的区域差异，许多传统分析都忽视了这一点，因为人们接受了关于东方、亚洲或伊斯兰社会的过于笼统的概念。特别是，必须区分马格里布（尼罗河以西的阿拉伯社会）、马什拉格（大叙利亚、阿拉伯和伊拉克）以及最后埃及本身的社会结构。这种区分的重要性在于，只有在尼罗河流域，统治阶级的产生才以农民的剩余经济价值为基础。马格里布和马什拉格的主导阶层是商人和城市人口，通过国际贸易媒介从邻近社会获得盈余。正是这种商人文化主导了宫廷生活、信仰和社会关系，也正是洲际贸易的中心地位是古代阿拉伯社会阶级结构的关键。② 这种对"朝贡生产方式"的分析与对殖民前阿拉伯世界的研究和萨米尔·阿明的外围资本主义社会形态的特征密切相关。③

---

① J. S. Kahn and S. Llobera(eds.), *The Anthropology of Pre-Capitalist Societies*, London, 1981.

② E. Ashtor, *A Social and Economic History of the Near East in the Middle Ages*, London, 1976; E. W. Bovill, *The Golden Trade of the Moors*, Oxford, 1958; A. E. Kodsy and E. Lobel, *The Arab World and Israel*, New York and London, 1970; M. Lombard, *The Golden Age of Islam*, Amsterdam and Oxford, 1975.

③ S. Amin, *The Maghreb in the Modern World*, Harmondsworth, 1970; S. Amin, *Accumulation on a World Scale*, Hassocks, Sussex, 1974; S. Amin, *Unequal Development*, Hassocks, Sussex, 1976; S. Amin, *The Arab Nation*, London, 1978.

在罗马时代，穿越中东的贸易路线在古代世界的经济中扮演着重要的角色，在阿拉伯半岛产生了麦加等主要贸易站。随着伊斯兰教在 7 世纪和 8 世纪的迅速传播，伊斯兰国家在由语言、宗教和文化联系在一起的社会之间建立了一个庞大的贸易区。尽管韦伯认为新信仰的承载者是战士，但阿拉伯文化的真正融合却是由参与洲际贸易的商人带来的。随着贸易的扩大，的黎波里、亚历山大、阿勒颇和巴格达成为世界上主要的贸易中心。[1] 在这段经济增长时期，穆斯林法院成为学习科学和诗歌的重要中心。在行政阶层中发展了一种文雅的精英文化（阿迪布文化）[2]，但富有的商人急切地获得了这种文化，这些商人成了科学家和知识分子的重要支持者。当这种阿迪布文化的主要中心在马什拉格衰落时，它又重新出现在西班牙伊斯兰地区，成为西方的主要学术和欧洲知识复兴的摇篮。[3] 这种文化以及商人和管理人员作为一个阶级的统治地位，是在很大程度上基于洲际贸易的经济盈余的基础上形成的。除埃及外，耕地稀缺和降雨不足意味着农民的耕种面积受到限制。因此，长途贸易在中东阶级关系的性质中起了至关重要的作用，因为它"通过允许的利润垄断，使一部分盈余从一个社会转移到另一个社会成为可能"。[4]

对转换盈余的依赖产生了两个重要的后果。其一，统治阶级不再有动力发展社会形态的生产力来增加盈余。虽然银行业和交通设施高度发达，但是基本技术几乎没有发展，除了制作钟表和水轮技术的进步外，基础技术的发

---

[1] V. F. Costello, *Urbanization in the Middle East*, Cambridge, 1977.

[2] M. G. S. Hodgson, *The Venture of Islam*, Chicago and London, Vol. 1, 1974.

[3] H. Corbin, *Histoire de la Philosophie Islamique*, Paris, 1964; T. F. Glick, *Islamic and Christian Spain in the Early Middle Ages*, Princeton, 1979; M. Fakhry, *A History of Islamic Philosophy*, New York, 1970; D. L. OLeary, *How Greek Science Passed to the Arabs*, London, 1951.

[4] Amin, *Unequal Development*, p. 17.

展停滞不前。① 其二，建立在全球贸易基础上的文明很容易受到游牧民族的异议和竞争对手的崛起而带来的贸易路线中断的影响。因此，马格里布及马什拉格部落都建立在各自部落内和游牧部落之间不稳定的联盟基础上，这两者间的相互制约关系我们可能称之为"赫勒敦效应"。在马什拉格，蒙古入侵者、突厥人和其他军事化部落的周期性入侵使这一问题变得更加复杂，然而，他们中的大部分很快适应了伊斯兰教的习俗。总之，前现代的阿拉伯文化是由城市神职人员、商人和朝臣维系起来的，他们的经济主导地位依赖于长途贸易：

> 后者是这个阶级与游牧民族（它的商队）结盟的基础，也是隔离农业地区的基础，这些地区则保留了鲜明的特性——语言上（柏柏尔语）及宗教上（什叶派），但是在系统中都没有发挥重要作用。②

这种文化和经济制度与埃及社会结构的本质形成了鲜明的对比，在埃及社会结构中，从农民身上榨取的经济剩余价值是阶级结构的基础。

在埃及，由于需要集中管理灌溉、政治控制和从村庄抽取贡品，国家直接参与了经济的组织和对阿拉伯农民的镇压。尽管萨米尔·阿明认为对阿拉伯农民的剥削是在个人基础上进行的，但有力的证据表明这是对村庄的集体生产和征税的制度，而不是针对个人的征税。③ 国家通过经济外的强

---

① A. C. Littleton and B. S. Yarney (eds.), *Studies in the History of Accounting*, London, 1956; R. W. Bulliet, *The Camel and the Wheel*, Harvard, 1975; J. Needham, L. Wang and D. Price, *Heavenly Clockwork*, Cambridge, 1960.

② Amin, *The Arab Nation*, p. 21.

③ G. Baer, *A History of Landownership in Modern Egypt 1800 - 1950*, Oxford, 1962; G. Baer, *Studies in the Social History of Modern Egypt*, Chicago, 1965; G. Baer, "The Dissolution of the Egyptian Village Community", *Die Welt des Islams*, Vol. 6, 1959, pp. 56 - 70; A. N. Poliak, *Feudalism in Egypt Syria Palestine and the Lebanon 1250-1900*, London, 1939.

制手段，从这些自给自足的生产单位索取劳动力和商品。为灌溉、运河和其他公共工程提供劳动力的是村庄而不是个人。埃及作为原棉出口的提供者融入世界经济，导致了乡村社群的解体、私有土地权的发展、土地所有者的土地集中、核心家庭为市场而进行的生产，以及随着机械化生产和现代化肥的引进增加了农民的负债。现在农民获得土地的基础是他们筹集现金购买种子和肥料的能力，这反过来扩大了放贷人和商人的社会控制。国家对农民的控制现在从政治思想上的压制转变为直接的经济从属化。同时，乡村工匠的经济功能下降，因为随着现代技术的引入，他们的职业技能变得越来越无用。

埃及经济因此经历了两次转变过程。在 19 世纪，随着人造纤维使用的增加，原料出口和制成品进口使埃及经济在世界市场上受到棉花价格下跌趋势的影响。在 20 世纪，进口替代的工业化使得经济越来越依赖苏联和欧洲的外国投资。[①] 这些转变对埃及阶级结构的影响是复杂的。[②] 前殖民时期埃及的传统包税地主能够转变为大房地产的私人所有者，为市场生产产品并雇用劳动力。简言之，融入世界市场创造了一个农业资产阶级，但是这个阶级并没有发展生产力，因为它能够通过雇用廉价的、充足的劳动力来确保盈余。埃及的农村资本家将其利润投资在土地和个人消费上，而不是工业生产上。随着纳赛尔和萨达特领导下的城市工业资产阶级的发展，传统的统治精英与现代资产阶级之间的差距在公务员、军队和政治领导层的联盟之间发展。土地私有制的建立和作为生产单位的农村社群的消解，使大多数农民脱离了土地，却没有为他们提供城市工业的就业机会。占农村人口 3/4 的失地农民被迫不定期地从事农业工人或农民工工作。

---

① P. Clawson, "The Development of Capitalism in Egypt", *Khamsin*, Vol. 9, 1981, pp. 77–116.

② M. Hussein, *Class Conflict in Egypt 1945–1970*, New York and London, 1973.

拥有少量土地的农民发现，由于需要购买种子、化肥和家畜，土地不断减少，因此他们被迫与流动工人一道出卖劳力。其结果是，这些"群众陷入了无产阶级化的过程中，却不能成为无产阶级"。[①] 其结果是形成了恶性循环。农民劳动力无法实现家庭单位完全自给自足的再生产，迫使农民以雇佣劳工的身份获得非正规就业。但是，大量廉价劳动力的供应弥补了缺乏现代技术和生产工艺造成的不足。国家填补了这一差距，提供有限的技术，以换取农村合作社的盈余，从而维持现有的社会关系。[②] 显然，基于无限劳动力供应的刘易斯发展模型在埃及并不起作用，这不是因为对就业的季节性假设，而是由于生产关系的结构。[③]

虽然马格里布和马什拉格与世界经济的结合发展了相当类似的模式，但北非和新月沃土的情况由于全球贸易的历史性质以及城镇和游牧者的联盟而变得复杂。伊斯兰教的控制力衰退，并且在 11 世纪达到了一些作家认为的一种"静态社会"[④]，1600～1800 年发生了一些更重要的变化，与马歇尔·霍奇森所说的西方演变和传统洲际贸易根源的破坏一致。[⑤] 从 16 世纪开始，印度到亚洲各地海上航线的发展，对非洲的探索、大西洋贸易的发展和欧洲殖民地的建立，这些都是以欧洲海军力量不断增强为基础的。洲际贸易者从阿拉伯商人转变为英国、葡萄牙和荷兰的商人。随着贸易顺差的减少，阿拉伯的商人和城市文明开始衰落。这种反转的后果是多个方面的：伊斯兰社会分裂成许多竞争的王朝，而这些王朝只拥有局部的统一；

---

① M. Hussein, *Class Conflict in Egypt 1945-1970*, New York and London, 1973, p. 39.

② G. Stauth, "Subsistence Production in Rural Egypt", unpublished paper from Louvain-la-Neuve, Conference on Strategies of Development in the Arab World, 1978.

③ W. A. Lewis, *Theory of Economic Growth*, London, 1955. 相关评论参见 W. Elkan, *An Introduction to Development Economics*, Harmondsworth, 1973。

④ B. Lewis, "The Arabs in Eclipse", in C. M. Cipolla(ed.), *The Economic Decline of Empires*, London, 1970, pp. 104-120.

⑤ Hodgson, *The Venture of Islam*, Vol. 3, 1974, p. 179.

大贸易城市，特别是波斯的城市，规模和重要性都在下降；宫廷的阿迪布文化变得刻板守旧；伊斯兰王朝在东欧的军事能力受到削弱；通过不平等贸易以欧洲制造的特惠商品打开了伊斯兰市场。1827～1862 年，通过商业资本进行的殖民渗透破坏了当地的制造业和小商品生产，尤其是破坏了黎巴嫩、叙利亚和埃及的纺织企业。土耳其和埃及进行经济和社会改革的努力往往会增加外国银行家的国家债务，这只能通过进一步贷款和增加税收来解决。

欧洲国家在中东的渗透对城市人口、农民和游牧民族之间的传统关系产生了深远影响。我们已经看到，在埃及，土地私有制的建立和棉花生产市场的发展通过资本主义农业使农民离开了土地，却没有在城市职业中为其提供可供选择的工作。在阿尔及利亚，殖民地化迫使自耕农离开了平原和沿海地区的耕地，改变了游牧民族和农民之间不稳定的关系。人口变化加剧了人口分布问题，阿尔及利亚的人口数量从 19 世纪中叶的 300 万人增加到 19 世纪末的 600 万人。农村人口过剩、城市失业和政治动荡是阿尔及利亚农民起义的典型原因。[1] 纵观中东，社会变革的共同作用导致了乡村游牧社会的灭亡。游牧社会指的是一种经济生存形式，可以"定义为流动的草食性牧群为了寻找食物而对一系列空间分散的植物资源、水等进行开发"。[2] 在游牧社会中，羊群由家庭单位私有，但使用土地和水是一项公共权利。[3] 游牧经济的前提是通过传统的迁徙路线安全地到达牧场，反过来说这种安全，又需要与邻近的固定社会建立一些政治关系。骆驼游牧业是撒

---

[1] E. R. Wolf, *Peasants, Englewood Cliffs*, N. J., 1966; E. R. Wolf, *Peasant Wars of the Twentieth Century*, London, 1971.

[2] P. Bonte, "Marxist Theory and Anthropological Analysis: The Study of Nomadic Pastoral Societies", in Kahn and Llobera, *The Anthropology of Pre-Capitalist Societies*, p. 22.

[3] F. Barth, *Models of Social Organization*, London, 1966.

哈拉沙漠、叙利亚和阿拉伯沙漠游牧社会的特征，而季节性游牧在伊朗、阿富汗和巴基斯坦俾路支省更为常见。[①] 在 20 世纪，这些游牧社群已经存在。受制于强大的政治和经济压力，这带来了总体上的定居化过程。游牧民族在现代民族国家中被视为过时的产物并且作为一种政治反对派的媒介。[②] 随着现代交通的发展，传统的骆驼市场已经崩溃。在某些社会中，例如沙特阿拉伯，随着油田的发展，已经找到了游牧民族的替代性就业。[③] 正如《埃及沙漠法》中所表述的，传统部落土地转化为私有财产或由国家征得的这些土地，也对牧民的迁移产生了深远影响。[④] 然而，在民族主义复兴和伊斯兰改革的背景下，我们可以看到牧民的定居化，即面对西方渗透作为政治统一进程的一部分。

伊斯兰教对传统社会瓦解和衰落的文化反应可以分为三个阶段。在第一阶段，19 世纪末，伊斯兰改革者试图通过主张纯粹的伊斯兰教与现代理性社会相容，来向西方资本主义文化妥协。伊斯兰文化的衰落是由外来势力和民间宗教的狂热造成的，这些破坏了先知原始的启示。这个启示是一种积极的，苦行者对人类呼吁以负责任的世俗伦理来面对社会生存的挑战。自相矛盾的是，前进的道路是回到经文，正宗的和原初的《古兰经》道统。[⑤] 事实上，这种对西化的文化反应确实涉及对伊斯兰教的彻底重新解释，原则上，伊斯兰教已转变为更民主、积极和现代的意识形态。在第二

---

① R. Patai, "Nomadism: Middle Eastern and Central Asian", *Southwestern Journal of Anthropology*, Vol. 7, 1951, pp. 401–414.

② A. R. George, "The Nomads of Syria, End of a Culture?" *Middle East International*, No. 22, 1973, pp. 21–22; H. V. Muhsam, "Sedentarization of the Bedouin in Israel", *International Social Science Bulletin*, Vol. 11, 1959, pp. 539–49.

③ A. R. George, "Bedouin Settlement in Saudi Arabia", *Middle East International*, No. 51, 1975, pp. 27–29.

④ A. R. George, "Egypt's Remaining Nomads", *Middle East International*, No. 37, 1974, pp. 26–28.

⑤ B. S. Turner, *Weber and Islam, a Critical Study*, London, 1974.

阶段，伊斯兰改良主义被更为明显的民族、世俗信条所掩盖，这些世俗信条认为伊斯兰教是一种个人信仰，而不是一种工业化文明的市民信仰。民族主义思想政治的失败导致了第三阶段，在这一阶段中，民粹主义伊斯兰教成为一种对西方世俗主义和威权民族主义的彻底批判。[①] 尽管在像伊朗这样的社会中，民众普遍反对亲西方政权通常是受到诸如阿里·沙里亚蒂（Ail Shariati）之类的知识分子进步主义的启发，但革命后政权无法解决当前危机中的经济和政治问题。[②] 阿拉伯文化的统一是建立在城市商人与游牧部落结盟的基础上的，被基于民族国家自治的西方资本主义的发展所打破：

> 由于其朝贡性和商业性，阿拉伯世界不得不在其历史变迁中保持一种更加统一的特征——除非通过外部侵略，融入由欧洲主导的帝国主义体系，否则无法将自己定位于资本主义。[③]

当今世界上没有任何一个社会阶层能够超越分裂中东的众多地区、宗教和种族利益，拥有这种跨国忠诚。

在现代中东的背景下，不可能像沃伯顿一个多世纪前那样书写东方的"不变性"。这个地区一直被资本主义发展、革命、文化复兴和战争所鼓舞。正如马克思所预言的那样，资本主义已经按照自己的形象创造了一个世界，但马克思无法预见这种全球形象将变得多么多样化和复杂化。在以资本主义企业生产市场的交换价值为主导的世界经济中，东方与西方、传统与现代、落后与先进的划分毫无意义。

马克思还说，现在受制于过去的死手，这大概在中东无处不在且更加

[①] G. H. Jansen, *Militant Islam*, London and Sydney, 1979.

[②] M. M. J. Fischer, *Iran, from Religious Dispute to Revolution*, Cambridge and London, 1980.

[③] Amin, *The Arab Nation*, p. 23.

真实，这里殖民主义的遗产是压迫。一种新的社会平稳性可能正在发展，这是后殖民国家的特点。殖民地政府发展了广泛的国家官僚机构，以实现政治控制和内部安全。后殖民地国家在传统资本主义角色不发达的社会提供资助和就业机会。在阿尔及利亚和伊拉克，计划中的工业化发展因其商品缺乏国外市场而受阻。在人口稀少的沙漠石油王国，当地没有能力吸收石油出口带来的收入。在巴基斯坦和孟加拉国，长期不发达伴随着僵化的军事和官僚联盟。除了什叶派和逊尼派冲突外，伊斯兰文化区还因民族对抗和竞争而严重分裂。因此，全球经济不均衡的外部约束不断地加剧了内部阶级的分化。现在，全球经济中次要区域的阶级动力已与资本增长和衰退的动态过程紧密结合。

译后记

机缘巧合，2009年本人在主持关于马克斯·韦伯的国家社会科学基金项目的时候，初次接触到布莱恩·S.特纳的著作，深深被其研究方向所吸引。特纳的著作《韦伯与伊斯兰教》是这一领域的经典，要研究马克斯·韦伯，特纳的理论观点势必成为一个无法绕开的重要参考。随后本人不断收集特纳更多的著作和论文集，包括其为数不多的中译本著作。《中东资本主义与阶级：社会变迁与经济发展理论》就是其中之一。初见书名，本人就对其产生了浓厚的兴趣。2016年，本人再获一项国家社会科学基金项目，专门对特纳有关东方的社会哲学论著进行研究与编译，在完成结项成果的同时，《中东资本主义与阶级：社会变迁与经济发展理论》一书的部分译稿已经出来，本人想把它作为中译本出版的愿望也日益强烈。2020年下半年，本人委托社会科学文献出版社联系特纳教授授予版权，没想到他本人很快就欣然同意，并要了我的个人简介，于是我开始组织翻译团队将书稿其余章节翻译出来，在此向特纳教授表示由衷的敬意和感谢！

特纳在1945年1月出生于英国的伯明翰，剑桥大学教授，当代著名社会学家和哲学家，一身系新加坡国立大学亚洲研究所宗教群体研究团队的学术带头人、纽约城市大学社会学首席教授和宗教委员会主任和西悉尼大学宗教与社会研究中心主任等众多职务。特纳在新加坡国立大学亚洲研究所担任宗教群体研究团队领导一职时（2005~2009 年），将目光转向东南亚并将其作为他学术上的新起点，随着时间的推移，特纳成了全球化理论和伊斯兰教研究领域的大家。《中东资本主义与阶级：社会变迁与经济发展理论》一书是特纳教授等身著作中的一部，是在英国功利主义思想、法国实证主义、马克斯·韦伯社会分层理论以及马克思亚细亚生产方式的理论范式下所做的研究，其中既有对中东社会结构的宏观理论分析，又有对主要国家的个案研究，细致呈现了不同国家的社会结构特点。难能可贵的是，这种以欧洲近现代经典社会哲学，尤其是社会动力学和社会静力学，以及马克思主义的社会稳定论等理论作为基础来研究中东社会的著作尚不多见。相信该书在国内的翻译出版将在很大程度上弥补我国学界在中东社会研究领域的中文参考文献上的不足，并将为我们进一步了解和深入探究中东社会及其理论提供新的动力和激励。

本书由本人带领的翻译团队齐心协力，共同完成，团队成员都有外国哲学的专业基础，其分工如下：

翻译

万木婷　第一章、第二章

冯璐璐　第三章

顾思杨　第四章、第六章

海　兰　第五章、第八章、第九章、第十章

黄新佼　第七章、第十一章

各章核校

冯璐璐　尹志博　顾思杨　万木婷

全文统稿、审校

冯璐璐

　　感谢本翻译团队全体成员的辛勤劳动，感谢社会科学文献出版社和李明伟编辑对本译著出版的大力支持！

冯璐璐

图书在版编目（CIP）数据

中东资本主义与阶级：社会变迁与经济发展理论／
（英）布莱恩·S.特纳（Bryan S. Turner）著；冯璐璐
等译. -- 北京：社会科学文献出版社，2024.10
（中东观察）
书名原文：Capitalism and Class in the Middle
East：Theories of Social Change and Economic
Development
ISBN 978-7-5228-3132-9

Ⅰ.①中⋯　Ⅱ.①布⋯ ②冯⋯　Ⅲ.①资本主义经济
-研究-中东　Ⅳ.①F137

中国国家版本馆 CIP 数据核字（2024）第 024820 号

中东观察
中东资本主义与阶级：社会变迁与经济发展理论

著　　者／［英］布莱恩·S.特纳（Bryan S. Turner）
译　　者／冯璐璐 等

出 版 人／冀祥德
责任编辑／李明伟
责任印制／王京美

出　　版／社会科学文献出版社·区域国别学分社（010）59367078
　　　　　　地址：北京市北三环中路甲 29 号院华龙大厦　邮编：100029
　　　　　　网址：www.ssap.com.cn
发　　行／社会科学文献出版社（010）59367028
印　　装／三河市龙林印务有限公司

规　　格／开 本：787mm×1092mm　1/16
　　　　　　印 张：16.25　字 数：208 千字
版　　次／2024 年 10 月第 1 版　2024 年 10 月第 1 次印刷
书　　号／ISBN 978-7-5228-3132-9
著作权合同
登 记 号／图字 01-2022-1232 号
定　　价／89.00 元

读者服务电话：4008918866